Familien-Mediation und Kinder

Grundlagen · Methodik · Techniken

mitbegründet von

Hannelore Diez (†)
Dipl.-Soz.-Päd. (FH), Mediatorin (BAFM),
Mediations-Supervisorin,

bearbeitet von

Heiner Krabbe
Dipl.-Psych., Mediator (BAFM),
Mediations-Supervisor,

C. Sabine Thomsen
Rechtsanwältin, Mediatorin (BAFM),
Mediations-Supervisorin

3. überarbeitete und aktualisierte Auflage

Bundesanzeiger
Verlag

Bibliografische Information Der Deutschen Nationalbibliothek
Die Deutsche Bibliothek verzeichnet diese Publikation in der Deutschen Nationalbibliografie; detaillierte bibliografische Daten sind im Internet über **http://dnb.d-nb.de** abrufbar.

ISBN 978-3-89817-710-8

Herstellung: Günter Fabritius
Satz: starke+partner, Willich
Druck und buchbinderische Verarbeitung: Media Print, Paderborn

Printed in Germany

Vorwort zur 3. Auflage

Nach drei Jahren kommt nunmehr die dritte Auflage dieses Buches heraus, und wir freuen uns sehr über die kontinuierliche Nachfrage und die Rückmeldungen von Praktikern, die das Buch als wertvolle Unterstützung beschreiben.

Eine derartige Neuauflage gibt immer Anlass zu schauen, was sich in der Zwischenzeit verändert hat. Unser Autorenteam ist kleiner geworden, die Urheberin und wesentliche Designerin dieses Buches, Hannelore Diez, ist 2006 verstorben. Wir danken ihr an dieser Stelle noch einmal für die wichtigen Impulse, die sie der Mediation in Deutschland, insbesondere auch in der Arbeit mit Kindern und Jugendlichen, gegeben hat. Und wir danken ihr für die fruchtbare Zusammenarbeit, ihre Willensstärke und ihren Elan, ohne den es dieses Buch nicht geben würde.

Da der „Fall Peters" der Fall ist, den Hannelore Diez für dieses Buch beigesteuert hat, haben wir uns entschieden, diesen als Musterfall beizubehalten, den wir an einigen Stellen heute anders formulieren würden. Der Grundbauplan würde ebenfalls ein wenig anders ausfallen.

Wir können feststellen, dass die Familien-Mediation sich zunehmend ausgeweitet hat. Die Mediation mit Jugendlichen, insbesondere zwischen Eltern und Jugendlichen jenseits von Trennung und Scheidung, wird sehr stark nachgefragt. Aus diesem Grund haben wir an mehreren Stellen Ergänzungen vorgenommen.

Auch der Gesetzgeber war nicht untätig und hat einige Reformen in Angriff genommen; auch insoweit ist das Buch wieder auf aktuellem Stand.

Wir wünschen dieser Neuauflage, dass unser Anliegen, Kinder und Jugendliche wie selbstverständlich in die Mediation einzubeziehen, weiterhin diskutiert und erprobt wird. Die Einbeziehung sollte auch in neuen Formen der Mediation, z.B. der gerichtsnahen oder -internen Mediation, Eingang finden.

Wir danken unserer Lektorin, Frau Uschi Schmitz-Justen, die uns erneut begleitet hat, für ihre wertvolle Unterstützung.

Heiner Krabbe

Cornelia Sabine Thomsen

Vorwort zur 2. Auflage

Die erste Auflage des vorliegenden Buches ist nun seit vier Jahren auf dem Markt und hat unter Fachleuten großen Zuspruch erfahren. Inzwischen hat sich in unserer eigenen Arbeit mit der Familien-Mediation sowie auch im Familienrecht einiges verändert, so dass jetzt eine revidierte zweite Auflage notwendig wird.

In unserer eigenen Arbeit mit Familien und mit Kindern und Jugendlichen in der Mediation haben sich einige Schwerpunkte verschoben. So legen wir unser Augenmerk jetzt sehr viel mehr auf die Arbeit in der Vorlaufphase; wir beachten viel stärker die Übergänge zwischen den einzelnen Stufen der Mediation; wir arbeiten viel mit Wertebildern sowohl der materiellen als auch der immateriellen Werte (und nennen das jetzt nicht mehr nur ökonomisches Bild); außerdem arbeiten wir auch in den Familien jetzt mit Angebotsverhandeln als der für uns überzeugendsten Form mediativen Verhandelns; wir beachten sehr viel stärker das Verhandeln der impliziten oder endgültigen Vereinbarungen. Weil viele LeserInnen uns darum baten, haben wir außerdem dieses Buch durch ein Kapitel mit Hintergrundwissen über Gespräche mit Kindern ergänzt.

Die fachliche Diskussion über die Einbeziehung von Kindern in die Mediation wird seit Erscheinen unseres Buches weiterhin geführt und scheint noch nicht abgeschlossen zu sein, sowohl im Bereich der erweiterten Familien-Mediation als auch im Bereich des so genannten „Begleiteten Umgangs". Mit Freude haben wir von Kolleginnen und Kollegen gehört, dass sie viele Hinweise unseres Buches über den Bereich der Familien-Mediation hinaus hilfreich fanden, um sie z.B. in der Erb-Mediation wie in der Schul-Mediation zu verwenden.

Wir wünschen der zweiten Auflage unseres Buches, dass es weiter Mut macht, sich in diese Diskussion einzumischen mit eigenen Praxis- und Hospitationserfahrungen und mit eigener Reflexion über das Thema Kinder in der Mediation.

Wir danken unserer neuen Lektorin, Frau Uschi Schmitz-Justen, für ihre engagierte Unterstützung.

Hannelore Diez

Heiner Krabbe

Cornelia Sabine Thomsen

Vorwort und Einführung zur 1. Auflage

In diesem Buch haben wir versucht, unsere Erfahrungen mit Kindern und Jugendlichen in Familien-Mediationen zu sichten und zu systematisieren, um sie an Mediatorinnen und Mediatoren weiterzugeben, die an Konflikten arbeiten, bei denen Kinder und Jugendliche beteiligt sind.

Dieses Buch ist ein Praxisbuch. Wir Autoren haben deshalb fast durchgängig auf theoretische Abhandlungen, Zitate und Literaturhinweise verzichtet. Wir hätten viele Bereiche gern mehr vertieft, aber dies bedarf wohl eines weiteren ausschließlichen Methodik-Handbuchs. Familien-Mediation ist unserem Verständnis nach nicht allein Trennungs- und Scheidungs-Mediation, wir gehen vielmehr von einem erweiterten Begriff aus. Folglich wendet sich Familien-Mediation gleichermaßen an (Ehe-) Paare wie an homosexuelle Lebensgemeinschaften mit Kindern, Adoptiv- und Pflegefamilien sowie neu zusammengesetzte oder Inseminations-Familien - sie betrifft aber auch die Bereiche des Erbens und der Wirtschaft, zum Beispiel in der familiären Unternehmensnachfolge.

Das Buch richtet sich folglich nicht nur an Trennungs- und Scheidungs-Mediatoren, sondern auch an diejenigen, die in anderen Feldern der Familien-Mediation, aber auch in der Schulmediation und in benachbarten Gebieten arbeiten. Vielleicht mögen unsere Leserinnen und Leser unsere Erfahrungen und Anregungen auch in der normalen und alltäglichen Konfliktbearbeitung ihrer eigenen Familien erproben.

Die direkte Einbeziehung von Kindern und Jugendlichen in die Mediation ist unter Familien-Mediatoren nicht unumstritten. Vielfach wird sie abgelehnt, da sie nicht geeignet sei, den Kindern bei der Bewältigung ihrer Konflikte und Schwierigkeiten zu helfen. Dementsprechend wird sie deshalb in der Mediations-Ausbildung wenig gelehrt. Wir dagegen beziehen Kinder und Jugendliche seit vielen Jahren in die Mediation ein und erleben sie fast immer als Bereicherung und als eine Ressource, auf die wir nicht mehr verzichten möchten.

Wir möchten mit unserem Buch dazu beitragen, dass viele Mediatorinnen und Mediatoren ermutigt werden, ebenfalls Kinder und Jugendliche mit in die Mediation einzubeziehen. Gleichzeitig wollen wir die überfällige Fachdiskussion über Empirie, Methoden und Techniken bei der Einbeziehung von Kindern und Jugendlichen anstoßen.

In der Darstellung haben wir die Grundlagen und das Hintergrund wissen für die Familien-Mediation von der Darstellung der eigentlichen Prozessarbeit mit den Eltern und den Kindern getrennt. Wir zeigen diese exemplarisch an einem

Fall aus der Trennungs- und Scheidungs-Mediation, weil dies das erste Feld war, in dem wir Erfahrungen sammeln konnten mit der Einbeziehung von Kindern und Jugendlichen. Die methodischen und die technischen Bausteine für die Mediation mit Eltern und Kindern haben wir gesondert betrachtet. So bleiben sie ohne weiteres übertragbar für andere Familien-

Mediationen. Zum Abschluss des Buches geben wir praktische Anregungen.

Hinweisen möchten wir darauf, dass sich die im Werk dargelegten rechtlichen Aspekte (Familienrecht, Fragen der Rechtsberatung) exemplarisch auf die Bundesrepublik Deutschland beziehen und es durchaus Besonderheiten in anderen Ländern geben kann.

Wir danken insbesondere unseren drei wichtigsten Lehrern, Gary Friedman, Jack Himmelstein und dem bereits verstorbenen John M. Haynes. Was sie uns vermittelt haben, ist inzwischen so in unsere Arbeit eingeflossen, dass wir kaum mehr auseinander halten können, was von ihnen stammt und was wir daraus entwickelt haben. Des Weiteren danken wir den vielen Familien, mit denen wir in den Mediationen immer wieder neues gelernt und erfahren haben.

Wir danken auch den Teilnehmerinnen und Teilnehmern unserer Ausbildungen, die mit ihren Erfahrungen, Anregungen und Vorschlägen dazu beigetragen haben, dass dieses Buch in der vorliegenden Form erscheinen konnte, so wie unserem Kollegen und Co-Trainer Jan Martin Fehr für seine Unterstützung dieses Buchprojekts. Nicht missen möchten wir die zahlreichen Gespräche und die durchaus streitbaren Diskussionen mit unseren Mediationskolleginnen und -kollegen, mit denen wir in Co-Arbeit, in Teams oder in der BAFM zusammen gearbeitet haben bzw. zusammen arbeiten.

Ein besonderer Dank gilt der Lektorin, Frau D. Venator, die den Prozess dieses Buches geduldig unterstützt und gefördert hat.

Hannelore Diez

Heiner Krabbe

C. Sabine Thomsen

Inhalt

Teil 3 Basis-Methoden

Teil 4 Methodische Bausteine

Teil 5 Techniken für alle Stufen und methodischen Bausteine in der Familien-Mediation

Teil 6 Hintergrundwissen

Teil 7 Die Person der Mediatorin und des Mediators

Teil 8 Praxisfragen

Anhang Materialien

Teil 1
Grundlagen

I. Veränderte Welt der Familie

Mit Blick auf die gesellschaftlichen Veränderungen in der zurückliegenden Zeit können wir feststellen, dass nicht nur die traditionelle Ehe und Familie sich verändert hat, sondern dass sich darüber hinaus eine Vielzahl von neuen partnerschaftlichen und familiären Lebensformen entwickelt und inzwischen etabliert hat. Diese unterschiedlichen Lebensformen der Familie sind noch um weitere Aspekte erweitert worden, so z. B. um Bi-Nationalität, Gleichgeschlechtlichkeit, Bi-Konfessionalität. Wir finden einen Strukturwandel im Bereich von Ehe und Familie vor, der mehr Zwischen- und Nebenformen, Vorformen und Nachformen herausgebildet hat. 1

Im Folgenden wollen wir den Versuch unternehmen, stichpunktartig aufzuzeigen, welche „Paare" und „Familien" in die Familien-Mediation kommen, was ihren Typus kennzeichnet, welche Themen und Konfliktpunkte sie regeln wollen, welche möglichen zusätzlichen Regelungspunkte Kinder und Jugendliche in diesen Konstellationen haben und inwieweit die Familien-Mediation bereits professionelle Hilfen anbieten kann. Zusätzlich wollen wir auf weitere Lebensumstände eingehen, die bei den Paaren und Familien hinzukommen und in der Familien-Mediation berücksichtigt werden müssen. 2

1. Ehe und alternative Lebensformen

In den heutigen Paarbeziehungen treffen zwei Menschen aufeinander, die beide den Möglichkeiten und Zwängen einer selbst entworfenen Biographie unterstehen. Die Frage dabei ist, inwieweit in einer Zeit, in der Unabhängigkeit und Selbstverwirklichung von beiden Geschlechtern sehr stark mit dem Beruf verknüpft sind, noch Raum bleibt für die Partnerin bzw. den Partner mit eigenen Ambitionen. Es müssen neue Arrangements für Partnerschaft und Beruf, neue Regelungen und Umgangsformen gefunden werden. Da ein allgemein verbindliches Muster fehlt, muss im Einzelfall ausgehandelt werden, wessen Pläne und Vorstellungen Priorität besitzen bzw. welcher Kompromiss tragfähig erscheint. 3

Ehepaare und nichteheliche Lebensgemeinschaften kommen oft aus den gleichen Anlässen und mit ähnlichen Themen in die Familien-Mediation. Es zeichnen sich bei einem oder beiden Partnern grundlegende Veränderungen ab, die Auswirkungen auf die Gestaltung der Beziehung haben und neue Entscheidungen, Veränderungen erfordern. 4

Da allgemein verbindliche Modelle zur Gestaltung der anstehenden Fragen von einem oder beiden Partnern zunehmend in Frage gestellt werden, kommen immer mehr Paare zu der Einsicht, diese miteinander auszuhandeln und zu vereinbaren. Inzwischen hat sich die Ehe- und Paar-Mediation als ein Feld der Familien-Mediation etabliert. Zum einen kommen Paare in 5 die Mediation, um einen Ehe-Vertrag miteinander auszuhandeln. Zum anderen ist oft ein konkretes Problem Anlass für Paare, dieses Problem mit Hilfe einer Ehe-Mediation zu lösen, so z. B. bei beruflichem Wechsel eines Ehepartners, bei Geburt eines Kindes, beim Wunsch der Frau, nach einer Kinderpause wieder in den Beruf einzusteigen.

5 a Familien-Mediation ist darüber hinaus auch bei Ambivalenzen von Ehepartnern sinnvoll. Familien-Mediation kann die beiden Partner auch bereits zu einem Zeitpunkt unterstützen, in dem noch keine Entscheidung für die Fortsetzung der Ehe bzw. für die Trennung der Ehe möglich ist. Paare, die sich noch nicht entscheiden können, erarbeiten in der Ambivalenz-Mediation Regelungen sowohl für den Fall, dass sie zusammenbleiben, als auch für den Fall, dass sie sich trennen werden. Auf der Grundlage beider möglichen Regelungen verliert die Frage, ob die Ehe fortgesetzt werden soll oder das Paar sich trennt, ihren existentiell bedrohlichen Charakter.

6 Als weitere alternative Lebensform zur Ehe haben sich die Lebensform des Alleinwohnens und des Getrennt-Zusammenlebens („living-apart-together") entwickelt. Insbesondere die Zahl der Alleinwohnenden ist seit Mitte der 60er Jahre drastisch gestiegen. Wichtig für die Lebenssituation, die Identität und Zufriedenheit Alleinwohnender ist, wie ihr Bedürfnis nach Intimität und Sexualität, nach Kontakten zu Freunden befriedigt wird. Viele Alleinwohnende haben einen festen Lebenspartner. Aus dieser Lebenssituation ergeben sich eine Fülle von Themen und Konflikten, die geklärt werden müssen; so z. B. die Klärung, inwieweit Verpflichtungen zwischen den Partnern im Krankheitsfall oder bei finanziellen Problemen bestehen. Familien-Mediation im erweiterten Verständnis kann in der Form der Kurz-Mediation, begrenzt auf ein Thema und eine oder wenige Sitzungen, hilfreich sein.

2. Kernfamilie und andere familiäre Lebensformen

7 Auch die Familie hat einen bedeutsamen Strukturwandel durchgemacht. Zum Leitbild der modernen Kernfamilie haben sich noch weitere „Familien" herausgebildet: unverheiratete Paare mit Kindern, Nachscheidungs-Familien, Zweitfamilien, Adoptivfamilien, Pflegefamilien, Inseminationsfamilien.

a) Kernfamilie

8 Die Kernfamilie – Ehepaar mit Kindern – ist vom Leitbild der bürgerlichen Familie abgerückt. Sie ist zum einen stark kindzentriert, strukturprägend sind erzieherische Handlungsschemata; zum anderen hat sich die Polarität zwischen den Geschlechtern verstärkt. Dementsprechend sind die Themen, die von der Kernfamilie in der Familien-Mediation behandelt werden. So werden einerseits zahlreiche erzieherische Themen und elterliche Aufgaben untereinander verhandelt (pädagogische Absprachen, Betreuungspläne, Einbeziehung von Betreuungspersonen, schulische Angelegenheiten, Religion, Gesundheit, Krankheit etc.). Andererseits werden Konflikte um die Verteilung von Hausarbeit und Kinderbetreuung, um Familienzeiten und berufliche Tätigkeiten mit Hilfe der Familien-Mediation gelöst. Zusätzlich haben Jugendliche im Rahmen ihrer beginnenden Ablösung von den Eltern eigene Themen, die zwischen ihnen und den Eltern von Zeit zu Zeit neu vereinbart werden müssen (so z. B. Ausgehzeiten, Übernachtungen, Auszug, eigenes Konto, Berufsweg, Freundschaften, Alkohol).

Im Alltag der Kernfamilie ist mehr Aufwand als früher nötig, um die verschiedenen Einzelbiographien zusammenzuhalten. Konnte man in der Vergangenheit auf eingespielte Regeln und Rollen zurückgreifen, beginnt in der heutigen modernen Kernfamilie eine Inszenierung des Alltags. Die Kernfamilie hat sich zu einer „Verhandlungsfamilie" entwickelt. Bei so viel „Akrobatik des Abstimmens und Ausbalancierens" ist die Unterstützung durch Mediation sehr hilfreich, ist doch der Familienverband fraglich geworden und vom Auseinanderbrechen bedroht, wo die Abstimmungsleistungen nicht gelingen. **9**

b) Scheidungsfamilie

Die Familien-Mediation wird bisher noch vorwiegend von Trennungs- und Scheidungsfamilien in Anspruch genommen. Wo das Ereignis Trennung/ Scheidung eintritt, entwickeln sich die Lebenslagen – von Männern und Frauen, Eltern und Kindern – in unterschiedliche Richtungen. Da Trennung und Scheidung nur die Beziehungen zwischen den beiden Ehepartnern beendet, geht die Beziehung zwischen Eltern und Kindern weiter; es bildet sich die Scheidungsfamilie, mit eigenen Themen. **10**

Eine neue Alltagsorganisation ist nötig; es muss geklärt werden, wer die Wohnung bekommt, welche Teile des Hausrats, welche Erinnerungsstücke, wie viel Unterhalt gezahlt werden muss, wer mit den Kindern schwerpunktmäßig lebt, ob ein Wechsel der Umgebung, der Schule ansteht, wie mit den Kontakten zu Verwandten und Freunden umgegangen wird (zu den Wohnmodellen bei getrennten Familien siehe im Anhang Rn. 653). Neue Vereinbarungen werden gesucht. Es stehen sich dabei Einzelpersonen gegenüber, die je eigene Interessen, Wünsche zu behaupten und miteinander zu verbinden suchen. **11**

Die Familien-Mediation hat für diesen Familientyp ein umfassendes Repertoire an Methoden und Techniken zur Unterstützung der Eltern entwickelt. Sie gibt darüber hinaus auch den Kindern und Jugendlichen Gelegenheit, ihre eigenen Themen und Ideen mit in den Prozess einzubringen. So können Kinder ihre Bedürfnisse nach Kontakt mit beiden Elternteilen thematisieren, ihre Fragen zur praktischen Gestaltung des weiteren Familienlebens mit zwei Zuhausen einbringen. Jugendliche können zusätzlich in der Mediation ihre Themen im Zusammenhang mit ihrer Ablösung und ihrem Erwachsenwerden einbringen und z. T. mit den Eltern verhandeln. **12**

Familien-Mediation unterstützt die Familie im Prozess der Neustrukturierung. Sie gibt Raum für den Aufbau eines binuklearen Familiensystems (Zwei-Haushalte-Familien), für die Neuregelung der finanziellen Situation sowie die erneute Einbeziehung in ein soziales Netz. **13**

c) Alleinerziehende

Die Zahl der Alleinerziehenden hat deutlich zugenommen. Oft kümmert sich in Ein-Eltern-Familien jedoch auch der jeweils andere Elternteil um die **14**

Kinder, wenn auch im weit geringeren Maße als der Alleinerziehende. Bei den Alleinerziehenden geht es in der Familien-Mediation oft um ähnliche Themen wie in der Scheidungsfamilie. Hinzu kommt noch, dass die Koordination von Familie und Beruf geleistet werden muss, einzelne Lebensbereiche flexibler gehandhabt werden müssen, minimalisiert, nach außen verlagert werden müssen. Im Rahmen der Familien-Mediation können Vereinbarungen zwischen dem Alleinerziehenden und den Kindern oder/und dem anderen Elternteil erarbeitet werden, die der potentiellen Aufgabenüberlastung und emotionalen Überlastung entgegenwirken.

d) Zweitfamilie

15 Immer häufiger fallen biologische und soziale Elternschaft auseinander. Viele getrennte, geschiedene Eltern heiraten wieder oder leben mit neuen Partnern zusammen, die ihrerseits oft selbst schon verheiratet waren und eigene Kinder mitbringen. Zweitfamilien bringen zwei Familienkulturen zu einem gemeinsamen Haushalt zusammen.

16 Es müssen differierende Werte, Regeln, Routinen, Erwartungen, Arbeitsabläufe ausgehandelt und abgestimmt werden. Zudem ist die Klärung der Beziehungsstrukturen und die Abstimmung der Erziehungskonzepte notwendig. Für diese komplizierten Verhältnisse ist die Familien-Mediation in Form der Mehrparteien-Mediation hilfreich. Die beteiligten Familienmitglieder entwickeln oft erst in der Mediation eine gemeinsame Familiengeschichte, gemeinsame Regeln für ihre Zweitfamilie. Sie müssen die Beziehungen zu den außerhalb lebenden Elternteilen sowie die Rollen für den jeweiligen neuen Partner und dessen Kinder aushandeln und vereinbaren. Die Regelungspunkte beziehen sich auf die Fragen des Taschengeldes, der Tischmanieren, der Fernsehauswahl, der Schlafenszeit, aber auch der Zeiten beim außerhalb lebenden Elternteil. Kinder wollen zudem Klarheit darüber, wen sie zukünftig zu ihrer Familie zählen können, welche Form von „Verwandtschaft" sie zu ihnen haben, wie sie ihre „Verwandten" ansprechen sollen.

e) Adoptivfamilie

17 In Konflikten sind Adoptivfamilien auf die Familien-Mediation angewiesen. Immer häufiger setzen sich offene Adoptionen durch, bei denen die beteiligten Adoptionseltern und die leiblichen Eltern, insbesondere die leibliche Mutter, voneinander wissen. Juristisch haben die leiblichen Eltern keine Pflichten, aber auch keine Rechte mehr gegenüber ihrem Kind. Jedoch hat das Kind ab dem 16. Lebensjahr das Recht zu erfahren, wer seine Eltern sind. Somit geht es bei Adoptionen oft darum, dass die leiblichen Eltern oder das Kind den Wunsch nach Kennenlernen und Kontakt äußert. Die Gestaltung einer doppelten Elternschaft bzw. Mutterschaft ist letztlich das Thema in der Familien-Mediation mit einer Fülle praktischer Fragen insbesondere der Einbeziehung der biologischen Eltern in die Adoptivfamilie bzw. des Verhältnisses der Adoptierten zu ihren biologischen Eltern. Zurzeit gibt es ca. 160.000 Kinder und Jugendliche in Adoptivfamilien.

f) Pflegefamilie

Die Zahl der Pflegefamilien ist in den zurückliegenden Jahren stark gewachsen, da familienersetzende Dauerpflegschaften eine kostengünstige Alternative zur Heimunterbringung darstellen. Bei Pflegefamilien verbleibt das Recht über das Pflegekind weiterhin bei der Herkunftsfamilie oder beim Jugendamt. Daraus ergeben sich im Rahmen der Familien-Mediation eine Fülle von Themen und Konflikten. Thematisch geht es um das Leben mit der doppelten Elternschaft, die Kontakte der Kinder zu den sozialen und leiblichen Eltern, der beiden Eltern untereinander sowie zur beteiligten Behörde. Beteiligte einer Familien-Mediation können die Pflegeeltern, die leiblichen Eltern bzw. das Jugendamt und das Kind/der Jugendliche selber sein. **18**

g) Inseminationsfamilie

Hinzugekommen ist in den letzten Jahren eine weitere familiäre Lebensform; sie wird mit den Begriffen der Inseminationsfamilie oder der multiplen Elternschaft gekennzeichnet. Neue Formen der Unfruchtbarkeitsbehandlung wie künstliche Befruchtung, In-vitro-Fertilisation haben dazu geführt, dass für Paare die Möglichkeit geschaffen ist, ihren Nachwuchs mit einer Samen- oder Eispende künstlich zeugen zu lassen. In Deutschland gilt bisher als einzig zugelassenes Verfahren, dass die Eizelle der Frau mit der Samenzelle eines anderen als der des Ehemannes künstlich befruchtet wird (Heterologe Insemination). Geschätzt wird die Anzahl von Inseminations-Kindern zum heutigen Zeitpunkt auf etwa 29.000. Es ist zu erwarten, dass ihre Zahl steigen wird. Die Fortpflanzungstechnologien schaffen neue Handlungsmöglichkeiten. Für die Familien entstehen zugleich neue Fragestellungen. **19**

Die bio-soziale Einheit der Familie ist zur Hälfte nicht mehr gegeben. Damit stellt sich für diese Familie das Thema der doppelten Vaterschaft. Hinzu kommt das Problem der asymmetrischen biologischen Beziehung beider Eltern zum Kind. So sind auf Seiten des sozialen Vaters besondere Überlegungen – und Anstrengungen – erforderlich, wie er das Kind ohne biologische Absicherung als eigenes Kind annehmen kann. Zugleich muss geklärt werden, ob und wenn ja, welche Funktionen der biologische Vater in der Familie haben soll, ob das Kind mit ihm Kontakt aufnehmen kann, ob eine Beziehung gefördert werden soll. **20**

Struktur und Dynamik unterscheiden sich erheblich von der auf „natürlichem Wege" entstandenen Familie. Um der Gefahr der „Normalisierung als ob" zu entgehen, könnte die Familien-Mediation diese Familien darin unterstützen, ihrer Andersartigkeit Raum zu geben und die damit zusammenhängenden Themen und Konfliktpunkte zu regeln. **21**

3. Weitere Inhalte und Besonderheiten familiären Zusammenlebens

Die bisher beschriebenen Ehe- und Familienformen bieten jeweils eigene Themen und Konfliktpunkte an, die in der Familien-Mediation geklärt wer- **22** den können. Für jede dieser partnerschaftlichen und familiären Formen können jeweils noch weitere Inhalte und Besonderheiten hinzukommen, die sich im Zuge der gesellschaftlichen Veränderungen entwickelt haben und inzwischen in der Gegenwart fest verankert sind. In der Familien-Mediation kommen somit als zusätzliche Faktoren bei den Paaren und Familien noch hinzu: Bi-Konfessionalität (christlich, jüdisch, moslemisch, buddhistisch), Bi-Nationalität, Bi-Lingualität, bi-kultureller Hintergrund, gleichgeschlechtliche Partnerschaften mit und ohne Kinder, behinderte Partner. Diese Faktoren können oft zusätzlich noch Konflikte hervorrufen bzw. verstärken.

23 Am Beispiel der bi-nationalen und bi-kulturellen Paare soll dies nochmals verdeutlicht werden. Bereits jede achte Ehe, die in Deutschland geschlossen wird, ist eine gemischt-nationale. Bi-nationale und bi-kulturelle Paare stehen vor der Frage, nach welchen Regeln sie ihren Alltag gestalten sollen. Mehr noch als die Paare aus einer Nation, einem Kulturkreis, die heute vor der Aufgabe, ihre eigene private Welt, in der sie leben, selbst zu schaffen, sind in gemischt kulturellen Ehen die Beteiligten aufgefordert, eine interkulturelle Wirklichkeit, eine interkulturelle Lebenswelt, eine bi-kulturelle, eine bi-nationale Familienkultur zu erschaffen.

24 Da es hierfür keine Regeln gibt, müssen die Partner ihre eigenen Arrangements entwickeln. Vieles, was sich sonst mehr oder weniger selbstverständlich eingespielt hat, muss entschieden, abgewogen, ausgewählt werden: Wo wollen wir leben; wollen wir für immer hier bleiben oder später umziehen; wer hat wo welche Chancen; wer muss wo welche Belastungen tragen; wer lebt wo ungeschützt, was Rechtsstatus, Arbeitsmarkt, Alterssabsicherung angeht? In welcher Sprache findet die Verständigung statt; welche Feste und Feiertage wollen wir feiern; wie halten wir es mit Familienbesuchen; wie mit der Arbeitsteilung in der Familie? Mit welchen Erziehungsnormen sollen die Kinder groß werden; mit welcher Religion; in welcher Sprache sprechen wir mit ihnen; welche Vornamen wählen wir?

25 Zusätzlich zur gewählten familiären Lebensform gibt die Familien-Mediation beiden Realitäten von bi-nationalen und bi-kulturellen Paaren und Familien den notwendigen Raum, um eigene Lösungen zu entwickeln jenseits der herrschenden gesellschaftlichen Norm. Letztlich ist oft die Familien-Mediation die einzige Chance für bi-nationale und bi-kulturelle Eltern, eine eigene Vision und Praxis für ihre Art von Familie zu entwickeln.

II. Veränderte Welt von Kindern und Jugendlichen

Die Veränderung familiärer Lebensformen hat Konsequenzen für die Sozialisation und Persönlichkeitsentwicklung von Kindern und Jugendlichen. Dies können wir zum einen beim Wandel der Kindschaftsverhältnisse beobachten. Zudem können wir Veränderungen im Eltern-Kind-Verhältnis feststellen, hier insbesondere bei der Machtbalance zwischen Eltern und Kindern. Schließlich hat sich auch der außerfamiliäre Freizeitbereich der Kinder und Jugendlichen gewandelt. **26**

1. Kindschaftsverhältnisse

Die statistischen Daten zu den Kindschaftsverhältnissen lassen den Schluss zu, dass immer weniger Kinder während ihrer gesamten Kindheit und Jugend in einer „Normalfamilie" aufwachsen. Ihre Sozialkontexte sind vielmehr durch eine Fluktuation relevanter Bezugspersonen gekennzeichnet. Wir können inzwischen davon ausgehen, dass die Wahrscheinlichkeit für Kinder gestiegen ist, bis zum Erreichen der Volljährigkeit nicht mehr mit beiden leiblichen Eltern zusammenzuleben. Entsprechend ist die Zahl der Minderjährigen, die bei alleinstehenden Eltern leben, in den zurückliegenden Jahren gewachsen. **27**

2. Eltern-Kind-Beziehungen

Mit den gesellschaftlichen Veränderungen in den privaten Lebensformen können wir beobachten, dass neue Anforderungen und Konflikte in den Eltern-Kind-Beziehungen entstanden sind. Die Umgangsformen zwischen Eltern und Kindern haben sich im Durchschnitt mehr in Richtung Gleichberechtigung entwickelt. Die Erziehungsziele haben sich damit ebenfalls verändert. Elterliche Strafpraktiken werden nicht so schnell eingesetzt; stattdessen bemüht man sich mehr um vernunftbetonte Kommunikationsformen. **28**

Die Aufsicht der Kinder und Jugendlichen ist reduziert worden im Sinne einer Förderung von Selbständigkeit und freiem Willen; bisweilen ist die Aufsicht gar auf ein Minimum beschränkt worden. Insbesondere die Heranwachsenden haben steigenden Einfluss auf innerfamiliäre Entscheidungsprozesse bekommen. Die streng hierarchiestrukturierte Beziehung zwischen Eltern und Kindern („Befehlshaushalt") ist zu einer eher ausgewogenen Machtbalance („Verhandlungshaushalt") übergegangen. Die Kinder sind an der Gestaltung des familiären Lebens mitbeteiligt. Sie nehmen als Partner am Familiengeschehen teil. Beide Seiten reden miteinander, suchen nach Kompromissen und fühlen sich für das Gelingen des Familienlebens mitverantwortlich. **29**

Das moderne Eltern-Kind-Verhältnis ist geprägt von einer familiären Verhandlungsstruktur. Es wird nicht mehr von den Eltern einseitig bestimmt, wie hoch das Taschengeld ist, wie lange man außer Haus bleiben darf, welche Aufgaben im Haushalt anfallen, wie viel Zeit mit Freunden verbracht werden darf, ob der neue Freund übernachten darf, wie viel Zeit vor dem **30**

Fernseher verbracht wird, bis wann die Schularbeiten erledigt sein sollen, wie der Einkauf für die Familie organisiert wird. Anstelle von Geboten und Verboten ist ein Aushandeln, zähe Verhandlungsarbeit getreten. Kinder und Jugendliche haben gelernt, ihre Interessen offen zu formulieren und dafür einzutreten gegenüber den Erwachsenen. Sie wollen faire Verhandlungsergebnisse.

3. Freizeitbereiche der Kinder

31 Neben dem familiären Kontext hat sich für die Kinder und Jugendlichen auch der Freizeitbereich verändert. Kindliche Aktivitäten sind verstärkt in die Wohnung verlagert, das kindliche Spiel findet häufig in halböffentlichen, institutionalisierten Spielräumen (Spiel-, Sportplätze, Vereine etc.) statt, die zudem noch in größerer räumlicher Distanz von der elterlichen Wohnung liegen. Da diese Spezialräume meist unverbunden an verschiedenen Orten liegen, kann man von einer „Verinselung des kindlichen Lebensraumes" sprechen.

32 Kinder arrangieren und planen ihren sozialen Umgang täglich selbst. Sie müssen ihre Spielkontakte individuell herstellen, werden zu „Zeitmanagern", die ihre privaten Beziehungen und ihre Termine in Vereinen, Kursen etc. abstimmen müssen. Dies erfordert eine raumzeitliche Koordination. Dabei muss sich das Kind zunehmend den rationalen Zeitstrukturen der Erwachsenen anpassen.

33 Die Wirkungen, die von diesen veränderten Lebensbedingungen der Kinder ausgehen, haben zwei Seiten: Einerseits bedeuten sie für die Kinder eine Entsinnlichung ihrer Lebenszusammenhänge; spontanes Handeln ist erschwert, die Unverbindlichkeit in den Beziehungen wird begünstigt. Andererseits hat sich für sie ein Zugewinn an Autonomie und vermehrter Selbstbestimmung entwickelt, da die Orientierung an unterschiedlichen Rollenkontexten hohe Anforderungen an ihre Planungsfähigkeit stellt. Nach unseren Erfahrungen in der Familien-Mediation haben diese Kinder und Jugendlichen gute Lernmöglichkeiten, ihr soziales Leben selbst zu arrangieren und zu planen.

4. Veränderte Welt von Jugendlichen

33a Die Lebensphase Jugend hat sich in den letzten Jahren zeitlich sehr stark ausgedehnt. So ist zum einen der Beginn der Pubertät nach vorne verlagert worden. Die Jugendphase beginnt bereits im 12. Lebensjahr. Zum anderen ist der Übergang in das Erwachsenenleben durch Verlängerung der Schul- und Ausbildungszeit aufgehoben. So kann sich die Jugendphase bis zum 27. Lebensjahr erstrecken. Der vorberufliche Sozialisationsprozess als Jugendphase erfasst die Zeit zwischen dem Ende der Schulpflicht (18. Lebensjahr) und dem Durchschnittsalter am Ende des Studiums (27. Lebensjahr).

Die Freizeitgestaltung von Jugendlichen ist in starkem Maße durch den Computer bestimmt. In der parallelen Wirklichkeit ist bei den Jugendlichen der Fernseher durch den Computer vom Spitzenplatz verdrängt worden. Bei ihnen kann man von einer Mediatisierung des Alltags sprechen.

III. Veränderungen im Familienrecht

Angesichts der dargestellten Änderungen in der Familie verwundert es nicht, dass es auch im Familienrecht in den letzten Jahren kontinuierlich bedeutsame Änderungen gab. Denn Gesetzgebung und Rechtsprechung sind in diesem Bereich bemüht, mit den gesellschaftlichen Entwicklungen Schritt zu halten und regelmäßig nach einer Zeit des Abwartens Regelungsmöglichkeiten für die neuen Fragestellungen zur Verfügung zu stellen. Die wichtigsten Änderungen im Familienrecht in den letzten drei Jahren betrafen das Unterhaltsrecht und die Reform des Abstammungsrechts. Wichtige Reformgesetze zum Familiengerichtlichen Verfahren (FamFG), zur Reform des Güterrechts, zur Strukturreform des Versorgungsausgleichs und zur Modernisierung des Erb- und Pflichtteilsrechts sind in Arbeit. **34**

1. Elterliche Sorge und Umgang

Im Bereich elterliche Sorge und Umgang sind die Neuerungen des Kindschaftsreformgesetzes von 1998 im wesentlichen umgesetzt. Im Zusammenhang mit der Diskussion um das sog. „Cochemer Modell" und dem Anliegen, die Familien durch schnelle gerichtliche Entscheidungen einerseits und Unterstützung im praktischen Alltag andererseits zu entlasten, wurden in verschiedenen Städten und Gemeinden neue Modelle entwickelt, so z. B. das „Münchner" oder „Heidelberger" Modell. Ihnen allen ist gemeinsam die Kooperation von Jugendämtern und Beratungsstellen (und damit die Bereitstellung der notwendigen finanziellen Mittel) mit Familiengerichten, Anwaltschaft und Mediatoren, um den Familien die bestmöglichen Angebote für Kriseninterventionen zu machen. Damit einher geht oft in Vorwegnahme des FamFG ein früher erster Termin bei Sorge- und Umgangsangelegenheiten sowie der Hinweis an die Eltern auf Beratungs- und Mediationsangebote. **35**

In diesem Zusammenhang soll auch auf die an einigen Gerichtsorten unternommenen Versuche hingewiesen werden, im Rahmen von „gerichtsnaher" (d.h. im Gerichtsgebäude ist eine gerichtsunabhängige Mediationsstelle angesiedelt) oder sogar „gerichtsinterner" Mediation (durch in Mediation ausgebildete und dafür vom Gericht freigestellte FamilienrichterInnen) den Parteien Mediation anzubieten, die bereits ein Gerichtsverfahren angestrengt haben. **36**

Um den zunehmenden heimlichen Vaterschaftstests entgegenzuwirken, gibt es seit 2008 ein Verfahren zur Klärung der Abstammung ohne Statuswirkung (1598 a BGB). Danach haben Vater, Mutter und Kind gegenüber den jeweils anderen beiden einen Anspruch auf Einwilligung in eine genetische Abstammungsuntersuchung und die Entnahme der dafür erforderlichen Proben. **36a**

Außerdem wurde die Unterscheidung von Ehelichkeitsanfechtung und Vaterschaftsanfechtung aufgegeben und durch ein einheitliches Verfahren der Vaterschaftsanfechtung mit übereinstimmenden Anfechtungsfristen ersetzt (§§ 1600 – 1600 e BGB). **37**

2. Unterhalt

38 Im Unterhaltsrecht wurden sämtliche Unterschiede zwischen ehelichen und nichtehelichen Kindern aufgehoben. Der Kindesunterhalt richtet sich nach denselben gesetztlichen Vorschriften (§§ 1601 ff. BGB).

Der Kindesunterhalt kann in dynamisierter Form festgelegt werden, und zwar gleichermaßen in einer Unterhaltsvereinbarung, einer -urkunde oder in einem Urteil. An die Stelle der bisherigen RegelbedarfsVO ist jetzt der Mindestbedarf gem. § 1612 a BGB getreten, der sich am steuerlichen Existenzminimum orientiert.

39 Zum 1.1.2008 trat eine Unterhaltsreform in Kraft, die wesentliche Veränderungen für Familien in Trennung oder Scheidung bewirkt hat. Der bisherige Gleichrang zwischen Kindern und betreuendem Ehegatten wurde aufgehoben. Nunmehr haben die Kinder den ersten Rang; es folgen die wegen Kinderbetreuung unterhaltsberechtigten Elternteile, unabhängig davon, ob sie verheiratet sind oder nicht.

Das hat Auswirkungen für Mediationen: Bisher wussten nichtverheiratete Paare, dass Unterhaltsansprüche des kinderbetreuenden Elternteils nur in begrenztem Umfang bestanden, also die gerichtlichen Möglichkeiten zu ihrer Durchsetzung über das dritte Lebensjahr hinaus gering waren. Das hat sich geändert.

40 Im Gegenzug ist die Sicherheit des kinderbetreuenden – verheirateten – Ehegatten, für eine lange Zeit Unterhalt zu bekommen, nicht mehr berechtigt. Das frühere, von der Rechtsprechung entwickelte Altersphasenmodell, wonach bis zur Vollendung des achten Lebensjahres eines Kindes keine und bis fünfzehn Jahre nur eine Halbtagserwerbsobliegenheit des betreuenden Elternteils bestand, ist nicht mehr gültig. Vielmehr müssen sich Mütter und Väter von kleinen Kindern, die wegen ihrer Kinder nicht oder nur geringfügig gearbeitet haben, darauf einstellen, erheblich früher als bisher halb- oder ganztags zu arbeiten. Die Beurteilung, inwieweit sich Kinderbetreuung und Erwerbstätigkeit vereinbaren lassen, hat sich – nicht zuletzt im Hinblick auf erweiterte Möglichkeiten zur Kinderbetreuung – wesentlich geändert.

41 Seit dem 1.1.08 haben sich die Regelungen für den nachehelichen (§ 1570 BGB) und den Betreuungsunterhalt der nichtehelichen Mutter (§ 1615 l BGB) in der Dauer angeglichen. Ein „Basisunterhalt" kann grundsätzlich für die ersten drei Lebensjahre des Kindes verlangt werden. Danach ist Betreuungsunterhalt nur aus Billigkeit geschuldet, für die der betreuende Elternteil die Gründe darlegen und beweisen muss; es soll eine individuelle Beurteilung der Verhältnisse erfolgen. Dabei sind die Belange des Kindes und die Möglichkeiten der Kinderbetreuung zu berücksichtigen. Aus verfassungsrechtlichen Gründen sollen hier eheliche und nichteheliche Kinder gleichbehandelt werden. Daneben können elternbezogene Gründe (vereinbarte und praktizierte Rollenverteilung, gemeinsame Ausgestaltung der Kindesbetreuung) eine Verlängerung rechtfertigen, und auch hier können sich die Unterschiede zwischen verheirateten und nichtverheirateten Paaren bei längerem Zusammenleben nivellieren.

Unterschiede bleiben allerdings weiterhin bei der Berechnung der Höhe des Unterhaltsanspruchs; dieser richtet sich beim Ehegattenunterhalt nach der Lebensstellung in der Ehe, bei der nichtehelichen Mutter nur nach der eigenen Lebensstellung. **41a**

Die Einzelheiten dieser Neuregelung wird die Rechtsprechung in den kommenden Jahren entwickeln. Die Chance für Mediationen besteht darin, individuelle Regelungen vereinbaren zu können. **41b**

Die Neuregelung hat bei vielen Verheirateten, insbesondere Frauen, Auswirkungen auf die Bereitschaft, sich scheiden zu lassen. Es ist zu erwarten, dass MediatorInnen angefragt werden, neue Formen und Inhalte für längerfristiges Getrenntleben zu mediieren. Wenn z. B. der unterhaltspflichtige Elternteil eine/n neue/n Partner/in hat, wird der unterhaltsberechtigte Partner möglicherweise nicht mehr unbedingt gleich die Scheidung forcieren, da er/sie seinen Unterhaltsanspruch verlieren könnte. Es könnte sein, dass Paare neue Formen von Absprachen für diese Situation entwickeln. **41c**

Die verstärkte Berufstätigkeit beider Eltern und damit verbundene zusätzliche Mehrkosten für Fremdbetreuung führen ebenfalls zu neuen Berechnungsmodellen. **41d**

Auch die veränderte wirtschaftliche Situation hat Auswirkungen auf das Unterhaltsrecht. So kann nach Auffassung zahlreicher Oberlandesgerichte ein Unterhaltsschuldner, der seinen Verpflichtungen aufgrund von Kreditverbindlichkeiten nicht nachkommen kann, gezwungen werden, die Privatinsolvenz zu beantragen. Das würde ermöglichen, dass Unterhaltszahlungen bevorrechtigt erfüllt werden. **41e**

Die Reformgesetze von Hartz IV haben ebenso beachtliche Auswirkungen auf das Unterhaltsrecht.

3. Erbrechtliche Gleichstellung

Auch die Benachteiligung nichtehelicher Kinder im Erbrecht wurde abgeschafft. In der gesetzlichen Erbfolge, die immer dann eintritt, wenn der Erblasser verstirbt, ohne ein Testament errichtet oder auf andere Weise eine letztwillige Verfügung getroffen zu haben, werden nichteheliche Kinder nun wie eheliche behandelt. Vor der Gesetzesänderung hatte ein nichteheliches Kind kein gesetzliches Erbrecht, sondern nur einen auf Geldzahlung gerichteten „Erbersatzanspruch“. Die neue Rechtslage führt dazu, dass bei fehlendem Testament eheliche und nichteheliche Kinder des Erblassers gleichberechtigte Erben in einer Miterbengemeinschaft sind. **42**

Derzeit ist eine umfassende Reform des des Pflichtteilsrechts geplant (s.u. Rn. 510a).

4. Weitere Änderungen im Familienrecht

Eine Reihe von Reformvorhaben der Bundesregierung wird Auswirkungen auf Familien-Mediationen haben. Diese sollen hier nach dem jetzigen Stand aufgezeigt werden. **43**

44 Am 1.9.2009 tritt eine grundlegende Reform des familiengerichtlichen Verfahrens in Kraft (FGG-Reformgesetz). Bei Sorge- und Umgangsverfahren soll zeitnah verhandelt werden, d.h., ein Gerichtstermin soll spätestens innerhalb eines Monats stattfinden.

45 Außerdem sollen die Gerichte noch mehr als bisher den Versuch einer einvernehmlichen Regelung unternehmen. Dabei soll auch über Mediation informiert werden.

46 Es wird ein Großes Familiengericht gebildet, dessen Zuständigkeit bisher ausgegrenzte Rechtsstreitigkeiten im Zusammenhang von Ehe und Familie erfasst. Die Vormundschaftsgerichte werden aufgelöst. Zusätzlich werden Betreuungsgerichte eingerichtet, die zusammen mit den Familiengerichten die früheren Aufgaben übernehmen.

47 Des Weiteren ist eine Reform des Güterrechts geplant. Hier sollen Ungerechtigkeiten und Benachteiligungen des geltenden Rechts beseitigt werden. Der Schutz gegen das Beiseiteschaffen von Vermögenswerten in der Trennungszeit soll verbessert werden; außerdem soll es einen Ausgleich dafür geben, wenn Schulden aus der vorehelichen Zeit in der Ehe getilgt werden.

47a Im Bereich des Versorgungsausgleichs steht eine Strukturreform an, die zu einer Vereinfachung und größeren Transparenz führen soll. Hier sind die parlamentarischen Beratungen noch nicht abgeschlossen.

47b Das Ergebnis der Reformbemühungen wird sein, dass die individuell vertraglichen Regelungen zunehmen – und deshalb das Interesse an Mediation steigen wird.

IV. Gedanken zur Grundhaltung in der Familien-Mediation

Als Mediatorinnen und Mediatoren in der Familien-Mediation brauchen wir für unsere Arbeit eine tragfähige Grundhaltung, weil unsere Einstellungen und Haltungen das Gelingen einer Mediation mit beeinflussen. Im Folgenden nennen wir einige der wichtigsten Grundhaltungen für unsere Arbeit, insbesondere auch für die Mediationen mit Kindern und Jugendlichen. 48

- **Allparteilichkeit und innere Balance** 49

  Hier besteht sicher bei allen Familien-Mediatoren Konsens. Trotzdem ist die Allparteilichkeit schwer durchzuhalten, wenn Mediatoren gleichzeitig noch Gutachter, Schlichter, Verfahrensbeauftragte, psychosoziale oder juristische einparteiliche Berater, Richter etc. sind. Die innere „Einparteilichkeit" bzw. der Gedanke der parteilichen Vertretung wird sich immer wieder einschleichen. Da bedarf es einer konsequenten eigenen Überprüfung dieser Grundvoraussetzung in der Mediation, notfalls auch in Supervision (siehe unten Rn. 574 ff.). Zur Allparteilichkeit und Balance gehört auch eine ausbalancierte und allparteiliche Körperhaltung (siehe unten Rn. 556) sowie ein allparteiliches Setting in der Mediation (siehe unten Rn. 595 ff.). Gary Friedman und Jack Himmelstein haben diese Grundhaltung der Allparteilichkeit auch als positive Parteilichkeit bezeichnet und meinen damit mehr als nur den üblichen Begriff der Neutralität. Wir brauchen diese Haltung der parteilichen Allparteilichkeit auch für den Verlauf der Mediation und ihre Ergebnisse, besonders wenn sie mit unseren eigenen Wertvorstellungen, unseren eigenen religiösen, weltanschaulichen oder politischen Bedingungen und Wertvorstellungen kollidieren.

- **Grundannahme, dass Menschen sich ihre Wirklichkeit selbst konstruieren und auch in Konflikten grundsätzlich die Fähigkeit haben, sich ihre neue Wirklichkeit selbst schaffen zu können** 50

  Wir halten diese Grundeinstellung in der Familien-Mediation für unabdingbar, weil sie uns vor einer fatalistischen, depressiven oder problemorientierten Sicht- und Arbeitsweise bewahrt.

- **Autonomie und Selbstverantwortung von Menschen in Konflikten** 51

  Diese Grundeinstellung schließt sich direkt an die systemorientierte Sichtweise der selbst konstruierten Wirklichkeit an (zum systemischen Ansatz siehe unten Rn. 548 ff.). Sie deckt sich mit dem juristischen Grundsatz der Privatautonomie im Familienrecht und ist insofern eine unserer interdisziplinären Arbeitsgrundlagen in der Mediation. Sie findet ihren Niederschlag in der Arbeit mit der Selbstverantwortung und Selbstbehauptung sowie dem völligen Verzicht auf Ratschläge, Bewertungen und Kommentierungen seitens der Mediatoren.

52 • **Eigenverantwortlichkeit – Freiwilligkeit – Vertraulichkeit – Informiertheit – Ergebnisoffenheit – Veränderbarkeit**

Diese Grundsätze sind inzwischen in der Familien-Mediation mehr oder weniger Konsens, und es ist viel darüber veröffentlicht worden, sodass wir uns hier kurz fassen können. Weniger klar ist jedoch oft die Prüfung der Ergebnisoffenheit, die wir in der Vorlaufphase von vielen Familien-Mediationen für unerlässlich halten, besonders wenn es sich um Mediationen mit fremden Auftraggebern handelt.

Veränderbarkeit betrifft ebenfalls die eigene Haltung des Mediators und ist gleichzeitig durchgängiges Prinzip in der Mediation. Dieses Prinzip ist oft schwer durchzuhalten, wenn wir uns als Mediatoren zu früh auf mögliche Lösungen festgelegt haben und nicht mehr optional denken und arbeiten können. Diese Grundhaltung der Veränderbarkeit brauchen wir auch, wenn wir z. B. nach Abschluss der Verhandlungsstufe geduldig noch einmal von vorn beginnen müssen, weil sich bei den Erwachsenen oder bei den Kindern etwas Neues ergeben hat.

53 • **Optionalität**

Optionalität ist gleichzeitig Methodik und Technik der Optionenentwicklung und eine Grundhaltung in der Mediation. Als MediatorInnen sind wir zuallererst selbst gefragt. Wir werden bei uns selbst kein Entweder/Oder zulassen, sondern in unserem Kopf immer noch Räume freihalten für weitere Möglichkeiten. Das wird sich in der Art unseres Fragens ausdrücken (siehe unten Rn. 394 ff.), in unseren Vorstellungen über Vergrößerung, Verbreiterung, Vertiefung, Vervielfältigung von Möglichkeiten und Ressourcen der Mediamden.

54 Um diese Haltung der Optionalität behalten zu können, muss ich meine eigenen Wertvorstellungen und Beschränkungen, auch meine Fallen gut kennen und möglichst bearbeitet haben, so dass ich selbst das unmöglich Scheinende denken und mediieren kann. Auf dem eigenen Feld von Beziehung, Ehe, Trennung, Ambivalenz, Kindern und Familie gibt es für jeden Mediator viele mögliche Einschränkungen, die besonders in der Familien-Mediation und bei der Einbeziehung der Kinder wenig förderlich für die Sicht der Ressourcen sein können. So sollten wir z. B. nie in eine Sitzung gehen, ohne mindestens drei Optionen für die verschiedenen Konfliktfelder, drei verschiedene Methoden für die Arbeit, drei Lösungsmöglichkeiten im Kopf zu haben. Wir werden durch die ganze Mediation hindurch immer wieder denken und fragen: „Und noch – und noch – und noch?" Sonst bleibt die viel beschriebene „Vergrößerung des Kuchens" in der Familien-Mediation Makulatur. Wenn wir trotz unserer guten Vorsätze eng und ausschließlich normativ lösungsorientiert bleiben, sollten wir für uns nach Wegen suchen, um aus der Enge herauszukommen (z. B. Supervision).

- **Ressourcengeleitete Einstellung und Haltung zu Konflikt, zu Unterschiedlichkeit, zu Trennung** 55

  Wer zu schnell in der Familien-Mediation Harmonie und Gemeinsamkeit anstrebt, wird seiner Rolle als Vermittler in diesen Konflikten oft nicht gerecht. Wir sehen mit Edward de Bono Konflikte als Quelle von Weiterentwicklung und Neuschöpfung und halten diese Sichtweise für eine wirklich tragfähige Arbeitsgrundlage in der Mediation, zumal in einem Feld, das so genuin auf Wachstum, Veränderung und Neugestaltung angelegt ist wie das der Familie. Mit dieser Sichtweise wird alles, auch Trennung und Scheidung zu einem wachstums- und ressourcenorientierten Prozess, der durch eigene neue Regelungen etwas Neues entstehen lässt: andere Lebensformen, andere Beziehungen, andere Familienstrukturen.

  Unterschiedlichkeiten z. B. beim Erziehungsstil, bei kulturellen, konfessionellen oder religiösen Einstellungen in einer Familie sind zwar oft der Anlass für Konflikte, gleichzeitig jedoch auch die Quelle für kreative Lösungen, wenn Regelungen gefunden werden können, diese Unterschiedlichkeiten nutzbringend zu erhalten. Für Kinder bieten komplementäre Angebote größere Entwicklungs-Chancen als einseitige (symmetrische) Angebote – jedenfalls wenn Regelungen gefunden werden, dass alle Konfliktpartner diese Komplementarität akzeptieren können. 56

  Unsere Haltung zu Konflikten stammt aus unserer Herkunftsfamilie – je nachdem, mit welcher Botschaft über Streit und Konflikt wir ins Erwachsenenleben entlassen wurden, werden wir in der Familien-Mediation auf Konflikte reagieren. Es ist wichtig, die eigene Einstellung zu Konflikten immer wieder neu zu überprüfen und daran zu arbeiten, um zu einer wirklich ressourcenorientierten Haltung zu kommen. Andernfalls wird uns der Zugang zum kreativen Konflikt (de Bono) versperrt bleiben, wir werden ihn wegmediieren wollen. Manchmal hilft dann Supervision oder eine andere Art von Selbsterfahrung. 57

- **Grundhaltung zu Lebensformen und Familiengestaltung, zu sexuellen Beziehungen, zu Kindern, zu Trennung und Scheidung** 58

  Hier, wo es um Nähe oder Trennung geht, sind unsere eigenen Erfahrungen oft am schmerzhaftesten und können zu hinderlichen Fallen werden. Hier verlieren wir am schnellsten unsere Allparteilichkeit und innere Balance, wenn Medianden ihre Beziehungs- oder Familien-Situationen auf uns übertragen oder wir unsere auf sie. Da können Übereinstimmungen genau so wie Ähnlichkeiten oder Andersartigkeiten uns schwer zu schaffen machen. Diese können betreffen:

  - Sexualität – Mehrfachehe – Abtreibung
  - Kinderlosigkeit – künstliche Befruchtung
  - Homosexualität – außereheliche und Neben-Beziehungen
  - Trennung – Scheidung – jahrelange Ambivalenz

- „passive" oder „aktive" Anteile bei Trennungen – Schuldfragen in Beziehungen
- Kinder in Trennungen
- Kinder mit mehreren Lebensmittelpunkten – Kinder mit Kontakten zu neuen Partnern oder Stieffamilien
- Scheidung
- Insemination – Adoption
- Religiöse, politische, kulturelle oder ideologische Einstellungen zu Familie oder anderen Beziehungsformen durch Zugehörigkeit zu bestimmten Gruppierungen mit klaren Festlegungen – aber auch eigene „Dogmen" und Wertvorstellungen

59 • **Grundeinstellung zu Geld, Besitz, Reichtum, Armut und Schulden in Familien**

Hierfür ist es wichtig, dass wir unsere Fallen kennen, die im Zusammenhang mit ökonomischen Aspekten in einer Familien-Mediation vorkommen können. Wenn ich aus einer sehr armen oder sehr reichen Familie komme, kann ich Armut oder Reichtum in Familien oft nicht gut aushalten. Oder ich habe Glaubenssätze aus meiner Herkunftsfamilie oder meiner eigenen Biographie im Kopf, die meine Allparteilichkeit beeinträchtigen (z. B. „Schulden machen kommt nicht in Frage", „Man lebt nicht vom Geld anderer", „Kinder sollen lernen, mit wenig Geld auszukommen", „Ich will ja auch keine Bezahlung dafür, dass ich drei Kinder geboren und aufgezogen habe" etc.) Wenn wir diese eigenen Einstellungen zu Geld und anderen positiven oder negativen Werten nicht reflektieren und bearbeiten, werden wir die materielle Seite und die „Schätze" der Familien schlecht mediieren können. Ein Ausweg ist ein Co-Mediator oder eine Co-Mediatorin, der/die einen anderen Zugang zu diesen Themen hat.

60 • **Haltung und Einstellung zu anderen Kulturen und Religionen**

Die zahlenmäßige Zunahme von multikulturellen und multikonfessionellen Familien wird in Zukunft auch mehr Familien aus anderen Kulturkreisen bzw. mit unterschiedlichen religiösen Bindungen in die Mediationen bringen. Diese Familien haben in Mediationen besonders gute Chancen, Vereinbarungen zu treffen, die ihrer speziellen Situation gerecht werden und alle Seiten leben lassen. Auch hier sind wir als Mediatoren herausgefordert, insbesondere wenn wir die fremde Kultur oder Religion nicht kennen, kaum eigene Bindungen oder sehr starke Bindungen dorthin haben. Wenn wir unsere Vorurteile oder vorschnellen Antworten nicht klären und bearbeiten können, sollten wir überlegen, die Mediation an KollegInnen abzugeben, die damit besser zurechtkommen. Auch hier empfiehlt sich u. U. Supervision (siehe unten Rn. 574 ff.).

- **Haltung und Einstellung zu Recht, eigener Gerechtigkeit, zu Schuld und Sühne, zu materiellem und immateriellem Kontenausgleich** 61

Wie bei den vorhergehenden Haltungen und Einstellungen können uns auch hier unsere eigenen Erfahrungen und Fallen beim Mediieren blockieren. Erfahrungen, Gefühle, Kränkungen und Enttäuschungen aus eigenen Beziehungs-, Familien- oder Trennungsgeschichten, die mit Recht, Gerechtigkeit, Schuld oder Sühne verbunden sind oder waren und nicht aufgelöst worden sind, können diese Blockaden noch verstärken. Wenn wir uns nicht auseinander gesetzt haben mit Gedanken von materiellem oder immateriellem Schuld- und Kontenausgleich besonders bei Trennungen in Familien (auch in der Mehrgenerationen-Perspektive), könnte unsere innere Balance und Neutralität empfindlich gestört sein, wir könnten uns leicht verbünden mit den Konfliktpartnern, die ähnliche Gefühle und Bedürfnisse von Wiedergutmachung, Schuld, Gerechtigkeit, Sühne, Kontenausgleich etc. haben wie wir. Besonders wenn wir schlechte Erfahrungen mit dem Recht oder dem Bemühen um eigene Gerechtigkeit gemacht haben, sollten wir unsere möglichen Fallen genau überprüfen, da wir sonst Schwierigkeiten haben könnten, die Optionen-Entwicklung sowie die Entwicklung von Optionen und Fairness- und Gerechtigkeitsvorstellungen in den Familien vorurteilsfrei mediieren zu können.

Wenn wir diese Fallen gut kennen und bearbeitet haben, sind wir als MediatorInnen für Familien mit derartigen Konflikten besonders geeignet, weil wir dann auch wacher und neugieriger sind für die Ressourcen, die diese Familien haben. 62

V. Besonderheiten der Eltern-Jugendlichen-Mediation

1. Allgemeines

62a Für den Mediator ist es bei dieser Form der Mediation notwendig einzuschätzen, ab welchem Alter und bei welchen Konfliktanlässen Jugendliche eine eigene Verhandlungspartei gegenüber den Eltern sein können und mit ihnen verbindliche Vereinbarungen eingehen können. Anders als beim „Einbezug aller Kinder der Familie in die Mediation" besteht für den Jugendlichen ein eigener Konfliktanlass, den er mit seinen Eltern verbindlich aushandeln möchte. Bisweilen weigern sich Eltern, angesichts des Entwicklungsstandes ihres Jugendlichen, bereits jetzt mit ihm zu verhandeln, insbesondere rechtlich verbindliche Vereinbarungen zu treffen. Bisweilen werden neben den elterlichen Verhandlungen zu Trennung und Scheidung jedoch auch eigene Verhandlungen der Eltern mit dem Jugendlichen notwendig und parallel durchgeführt.

62b Für die eigene Einschätzung, ob eine Eltern-Jugendlichen-Mediation durchgeführt werden kann, hilft dem Mediator neben der Anfrage der Eltern oder der Jugendlichen auch sein entwicklungspsychologisches und juristisches Hintergrundwissen, ob und inwieweit verbindliche Verhandlungen zwischen Eltern und Jugendlichen auf gleicher Augenhöhe geführt werden können. Diese Mediation verläuft dann ähnlich wie jede Familien-Mediation oder Trennungs- und Scheidungsmediation zwischen den Eltern.

62c Zusätzlich sind einige Besonderheiten zu berücksichtigen:

- Bei der Gestaltung des Settings sollte der Mediator zum einen den Zeitumfang berücksichtigen. Jugendliche wünschen sich oft nur ein bis zwei Mediationssitzungen zur Konfliktklärung; sie benötigen zwischenzeitlich Pausen. Die Form der Kurz-Mediation kommt diesen Bedürfnissen sehr entgegen
- Der Mediator sollte bei der Sitzordnung darauf achten, dass der Jugendliche einen eigenen Platz erhält und nicht zwischen den Eltern sitzt. Bereits die Sitzordnung soll vermitteln, dass der Jugendliche in der Mediation eine eigenständige Verhandlungspartei ist. Der Mediator kann zudem mit dem Jugendlichen vereinbaren, dass dieser eine Person seines Vertrauens mit in die Mediation bringen kann, wenn auf der Seite der Eltern beide an der Mediation teilnehmen.
- Bei der Anrede des Jugendlichen sollte der Mediator darauf achten, dass er gesiezt wird. Er gehört der Generation der Eltern an. Die Generationsgrenzen sollten besonders geachtet werden. Der Jugendliche wiederum kann mit seinem Vornamen oder Hausnamen angesprochen werden; das ist verhandelbar. Als Verhandlungspartei, insbesondere wenn er schon älter ist, sollte er gesiezt werden.
- In jedem Fall sollte die Prozessstufe der Erarbeitung von Fairness- und Gerechtigkeitskriterien in die Eltern-Jugendlichen-Mediation eingebaut sein. Dies macht viel Sinn, da Jugendliche oft von den Eltern abweichende Vorstellungen haben über das, was fair und gerecht ist.

In den Konflikten zwischen Eltern und Jugendlichen geht es oft explizit um Fairness und Gerechtigkeit. Beide Seiten zitieren oft in der Mediation zahlreiche Beispiele von Unfairness in der Vergangenheit.

Vor der letzten Prozessstufe sollte zunächst Zeit für die Erprobung, für das Training der vorläufig getroffenen Vereinbarungen eingeräumt sein. Erst wenn die Praxis von allen Beteiligten überprüft werden konnte, kann man zur letzten Stufe der endgültigen Vereinbarung übergehen. Bisweilen muss nachverhandelt werden. Sinnvoll ist es zudem, einen regelmäßigen Termin zur Überprüfung und gegebenenfalls zur Abänderung aufzunehmen. In der letzten Stufe sollten die vorläufigen Vereinbarungen nochmals an den Fairnesskriterien jeder Partei überprüft werden. Erst diese „subjektive Kontrolle" durch die Parteien gibt der Vereinbarung den Bestand für die Zukunft. **62d**

2. Typische Konfliktthemen in der Eltern-Jugendlichen-Mediation

Bei Meinungsverschiedenheiten zwischen Jugendlichen und ihren Eltern gibt es neben individuellen Anlässen auch zentrale Konfliktthemen. Eltern nennen jedoch andere Konfliktthemen als Jugendliche. **62e**

Jugendliche nennen vor dem Hintergrund ihrer Autonomieentwicklung Themen wie Kleidung / Anziehen, außerfamiliäre Kontakte (Freund / Freundin, gegengeschlechtliche Freundschaften), Kaufentscheidungen (Taschengeld, Neuanschaffungen), politische, religiöse Themen, Schule, Umgang mit Meinungsverschiedenheiten.

Aus der Perspektive der Eltern gehen die Konflikte hauptsächlich um die Aufrechterhaltung familiärer Strukturen mit den Themen Hausaufgabenpflichten, gemeinsame Mahlzeiten, Aufenthaltsort, Fernseh-, Computer- und Alkoholkonsum.

Brisante Konfliktthemen in der Eltern-Jugendlichen-Mediation drehen sich zudem um den Bereich des Sexualverhaltens der Jugendlichen.

Die Auseinandersetzung mit diesen Themen im Rahmen der Eltern- Jugendlichen-Mediation gibt den Jugendlichen die Chance, neue Rechte und Sicherheiten zu gewinnen. Den Eltern gibt sie die Möglichkeit, das Erwachsenwerden der Jugendlichen zu respektieren und sich wieder eigenen Aufgaben zuzuwenden. **62f**

Teil 2
Kinder und Jugendliche im Mediationsprozess

I. Vorbemerkung

Im Folgenden wird die Einbeziehung von Kindern und Jugendlichen in den Mediationsprozess am Praxisfall einer Familie aus der Trennungs- und Scheidungs-Mediation dargestellt. Dieser Praxisbereich ist nicht der einzige Bereich der Familien-Mediation, in dem die Einbeziehung von Kindern sinnvoll ist; vielmehr könnte die Einbeziehung an der ganzen Bandbreite der Familien-Mediation gezeigt werden; es wären daher auch andere Felder der Familien-Mediation infrage gekommen. **63**

Wir haben uns für einen Fall aus der Trennungs- und Scheidungs-Mediation entschieden, weil dies bei uns das erste systematisch und methodisch durchgearbeitete Praxisfeld war und viele unserer Kolleginnen in diesem Feld arbeiten. Zugleich hoffen wir, dass die Anregungen aus diesem Buch helfen, dass die aufgeführten Erfahrungen entsprechend in andere Felder der Familien-Mediation übertragen werden. **64**

Aus Datenschutzgründen und zum Schutz der Kinder wurde der Fall verfremdet. Aus Gründen der Aktualität wurden die im Fall maßgeblichen Geldbeträge in Euro umgerechnet und an heutige Lebenshaltungskosten angepasst. **65**

Der Beispielfall der Familie Peters wird in den fünf Prozessstufen der Mediation dargestellt. Dabei wird je Stufe der kommentierende Blick sowohl auf die Mediatorin als auch – eingerückt – auf die Familie Peters gerichtet. Diesen Erläuterungen folgen, als Anregungen, Praxiserfahrungen zur jeweiligen Prozessstufe. Daran anschließend wird dargelegt, ob und wie Kinder und Jugendliche auf dieser Stufe einbezogen werden. **66**

II. Beispiel der Familie Peters

67

Familie Peters
Inge Peters (36)
Klaus Peters (37)
Thomas (13 Jahre)
Anna (7 Jahre)

Die Lebenssituation

Herr Peters arbeitet nach einer kurzen Zeit von Arbeitslosigkeit jetzt als Diplom-Ingenieur in einem mittleren Unternehmen, Frau Peters stundenweise als Arzthelferin in einer Praxis. Sie hat kürzlich ihren Abschluss als Heilpraktikerin gemacht und würde gern demnächst eine eigene Praxis aufmachen.

Frau und Herr Peters sind seit 13 Jahren verheiratet. Sie haben geheiratet, weil Frau Peters mit Thomas schwanger war. Sie hätten sonst wohl nicht geheiratet. Herr Peters wollte kein zweites Kind. Ihre sexuelle Beziehung war von Anfang an schwierig, was besonders Frau Peters immer unzufriedener machte. Sie wollte mit ihrem Mann eine Ehetherapie machen, die er aber strikt ablehnte.

Herr Peters hat seit einem halben Jahr eine angeblich lose Beziehung mit einer anderen Frau, mit der er manchmal Bergtouren unternimmt. Zu diesen Touren nimmt er meist Thomas mit, die Freundin hat zwei Söhne im ähnlichen Alter.

Frau und Herr Peters leben im eigenen Haus am Rande einer großen Stadt, zusammen mit der Mutter von Herrn Peters, die in diesem Haus ein im Grundbuch verbrieftes Dauerwohnrecht hat. Die Großmutter mischt sich seit längerem in die Familiensituation ein, auch mit nicht unerheblichen Geldzuwendungen an die Kinder. Momentan wird im Haus viel gestritten, weil unklar ist, wie es weitergehen soll und was mit dem Haus, den Kindern, dem Geld geschehen soll. Frau Peters möchte, dass entweder sie oder ihr Mann möglichst schnell auszieht.

Auch die Elternbeziehung von Frau und Herrn Peters ist schwierig. Jeder hat „sein" Kind: Thomas ist eher der Bündnispartner des Vaters, Anna steht der Mutter näher. Die Mutter geht lässiger mit den Kindern um und fördert mehr ihre Kreativität. Der Vater setzt mehr Grenzen und fördert mehr ihre Leistung, besonders die von Thomas in der Schule. Thomas hatte im letzten Schuljahr Schwierigkeiten im Gymnasium und möchte jetzt lieber in eine andere Schule gehen oder eine Lehre machen. Er wird zunehmend aggressiver, besonders gegen die Mutter. Anna ist eher der „Sonnenschein" der Familie. Allerdings nässt sie seit einiger Zeit nachts wieder ein. Frau Peters hat sie deshalb – ohne Rücksprache mit ihrem Mann – zu einer Spieltherapie angemeldet.

Frau und Herr Peters kommen in die Mediation auf Empfehlung der Spieltherapeutin von Anna. Sie haben sich nach einer ersten Informationssitzung zur Mediation entschlossen und haben vereinbart, zunächst keine juristischen Schritte zu unternehmen.

Die finanzielle Situation

Herr Peters verdient zurzeit 2.100 € netto, Frau Peters etwa 450 €. Die Großmutter zahlt ihnen 300 € Miete, was Frau Peters schon lange zu wenig findet. Das Haus hat momentan einen Wert von etwa einer halben Million €, der Marktwert beträgt aber durch das verbriefte Dauerwohnrecht der Mutter (65 Jahre) nur etwa 250.000 €. Es hat ursprünglich 340.000 DM (entspricht rund 175.000 €) gekostet, die sie finanziert haben mit 150.000 DM (entspricht rund 77.000 €) als Schenkung von der Mutter von Frau Peters, mit 50.000 DM (entspricht rund 26.000 €) vom inzwischen verstorbenen Vater von Herrn Peters und mit einer Hypothek von 140.000 DM (entspricht rund 72.000 €), die aber bis auf etwa 10.000 € abgetragen ist. Die monatliche Belastung für das Haus beträgt zurzeit etwa 800 €. Herr Peters hat mit seinem Vater viel Arbeit und vom Vater weiteres geschenktes Geld (etwa 22.000 DM – entspricht rund 11.500 €) hineingesteckt.

An sonstigem Vermögen ist nicht viel vorhanden: Auf ihrem Sparbuch sind etwa 1.000 €, auf seinem etwa 1.200 €. Herr Peters hat eine Lebensversicherung mit einem derzeitigen Rückkaufwert von etwa 5.500 €, Frau Peters eine mit einem Rückkaufwert von 4.800 €. Sie fahren beide relativ alte Autos im Wert von etwa je 3.500 €. Im Haus gibt es noch einige inzwischen wertvolle Grafiken, die sowohl Frau Peters wie Herr Peters für sich haben möchten.

III. Die fünf Stufen der Mediation

68 Es gibt in der Literatur – besonders in der amerikanischen – mehrere Versuche, den Ablauf der Mediation mit ihren verschiedenen Prozessstufen zu systematisieren. Die Einteilung in fünf Stufen hat sich seit Anfang der 90er Jahre als sinnvoll sowohl für die praktische Arbeit wie für die Didaktik von Mediations-Ausbildungen herausgestellt und ist im deutschsprachigen Raum fast überall übernommen worden. Dies gilt sowohl für den Bereich der Trennungs- und Scheidungs-Mediation wie für andere Praxisfelder der Familien-Mediation.

69 So gehen wir auch im vorliegenden Buch von dieser Einteilung in fünf Stufen aus, wobei die einzelnen Schritte innerhalb der Stufen sich nicht immer genau trennen lassen von denen in anderen Stufen und manche Stufen innerhalb des Gesamtprozesses auch mehrfach vorkommen können. Die fünf Stufen sind:

- Einführung und Mediationskontrakt (Rn. 70 ff.)
- Themensammlung (Rn. 88 ff.)
- Interessen und Bedürfnisse – Konfliktbearbeitung – Optionenentwicklung (Rn. 103 ff.)
- Verhandeln – Entscheiden – Vereinbaren (Rn. 121 ff.)
- Inkrafttreten der Vereinbarungen (Rn. 146 ff.)

1. Einführung und Mediationskontrakt

a) Die 1. Stufe

70
- Information
- Erwartungen an die Mediation und an die Vereinbarungen
- Rolle des Mediators
- Regeln für die Mediation
- Sicherheitsbedürfnis/Schweigepflicht
- Notwendige Daten
- Regeln für die Einbeziehung der Kinder und Jugendlichen in die Mediation
- Bereits getroffene Vereinbarungen, Verträge etc.
- Rolle der Anwälte
- Kosten für die Mediations-Sitzungen
- Mediationskontrakt
- Evtl. notwendige Übergangsregelungen

71 In dieser ersten Phase der Mediation stecken wir sozusagen das gesamte Feld der Mediation bereits ab. Wir geben Informationen über die Grundbe-

dingungen einer Mediation und über den Unterschied zur rechtlichen oder psychosozialen Beratung bzw. zur Therapie. Wir fragen nach dem Überweisungskontext: Es könnte sein, dass die Erwartungen des Überweisers (Jugendamt, Gericht, Beratungsstellen, Kindertherapeuten etc.) abweichen von den Erwartungen der Mediainden. Wir klären bei beiden Partnern, was genau ihre jeweiligen Vorstellungen, Kenntnisse und Ziele für diese Mediation sind.

Wir informieren über unsere eigene Rolle als Mediatoren und darüber, wie wir die Kommunikation und den Prozess der Konfliktlösung unterstützen werden. Es gibt Mediatoren, die hier ihre eigenen Regeln für die Mediation einführen, z. B. über Gesprächsstil oder Dauer von Redebeiträgen. Für den Prozess und den Modellcharakter der Mediation hat sich als effektiver herausgestellt, die Regeln für die Mediation zu mediieren, d. h., bereits in dieser frühen Stufe der Mediation zu zeigen, dass die Inhalte der Mediation, also z. B. auch die Regeln über den Umgang mit Redezeiten, über den Umgang mit Gefühlen und der Vergangenheit, über den Umgang mit Kosten für die Mediations-Sitzungen die Sache von den beiden Partnern ist und von jedem akzeptiert werden muss. **72**

> Im Fall der Familie Peters hieß das konkret, dass Frau P. bei Auftauchen von starken Gefühlen von der Mediatorin gefragt werden wollte, ob sie trotzdem weiterarbeiten könnte, Herr P. wollte eine Pause machen können. Sie waren sich einig, dass nicht mehr an den Kränkungen ihrer Ehe gearbeitet werden sollte. **73**
>
> Als Regeln für die Redezeit wollten sie „ausreden" dürfen. Nur wenn sich ein Ungleichgewicht herausstellen sollte, wollten sie, dass die Mediatorin mit ihnen eine neue Regel erarbeiten sollte.
>
> Für die Einbeziehung von Anwälten wollten sie die Regel, dass spätestens in der dritten Sitzung dieses Thema noch einmal angesprochen werden sollte, dass aber bis dahin keiner von ihnen juristische Schritte unternehmen würde.
>
> Der gleiche Zeitraum sollte für die Einbeziehung der Kinder in die Mediation gelten. Das konnte sich Herr P. zum jetzigen Zeitpunkt überhaupt nicht vorstellen.
>
> Die Kosten wollten sie einstweilen hälftig tragen, aber beim Punkt Finanzen noch einmal aufgreifen.

Wir klären mit beiden Seiten ab, wie diese vorläufigen Regeln – es sind ja eigentlich bereits Mediations-Minivereinbarungen – festgehalten werden, z. B. durch Protokolle der Mediatorin, durch Protokolle der Medianden, durch Aufschreiben z. B. auf einer Flipchart. **74**

> Peters entschieden sich dafür, dass sie abwechselnd die Protokolle machen wollten, wenn das aber nicht funktionieren sollte, wollten sie die Mediatorin um die Protokollierung ihrer Ergebnisse bitten und das dann auch extra bezahlen. **75**

In dieser ersten Stufe ist weiter wichtig, dass wir uns ein Bild machen über den Stand der Medianden im Trennungsprozess und ob beide die Trennung mehr oder weniger akzeptieren. Zu den emotionalen und Verlaufsphasen einer Trennung siehe unten Rn. 455 ff. Wenn das nicht der Fall sein sollte – **76** und häufig ist das nicht der Fall – bedeutet dies, dass die Form der Mediation u. U. eine Ambivalenz-Mediation sein muss, also eine Mediation mit zwei möglichen Vereinbarungen (zur Ambivalenz-Mediation siehe Rn. 201 ff.).

77 Bei Frau und Herrn P. war es zur Zeit des Erstgesprächs so, dass er sich in der Ambivalenzphase, wenn nicht sogar noch in der Phase von Ehekonflikten befand, während Frau P. bereits in der Phase von Trennung und Scheidung war. In den emotionalen Phasen befanden sie sich ähnlich weit auseinander, er fast noch in der Verleugnung der Tatsachen, eher mit depressiven Anteilen, sie bereits beim Verhandeln und Neuorientieren. Die Arbeitshypothese (siehe unten Rn. 179 ff.) war: Die Situation war wahrscheinlich für die Kinder sehr schwer auszuhalten und eine Einbeziehung von ihnen in die Mediation würde bald notwendig sein. Auch würde die Mediation schwierig werden, weil der langsamere in der Trennungsentwicklung das Tempo der Mediation bestimmen musste und die Frage war, ob Frau P. das aushalten würde.

78 Wir müssen als Mediatoren in dieser frühen Phase bereits auch die juristisch relevanten Fakten und Implikationen für die Mediation klären, so die Offenlegung von Daten und Fakten, die Rolle der Beratungsanwälte, evtl. bereits vorhandene Verträge und Vereinbarungen. Wir reden auch über die juristisch relevanten Sicherheitsbedürfnisse der Klienten und ihre eigene Schweigepflicht, u. U. auch über ihr Zeugnisverweigerungsrecht bei Gericht. Wir klären, ob es für einige Bereiche Übergangsregelungen geben muss, z. B. für die Versorgung der Kinder und/oder die laufenden Finanzen. Wir müssen auch klären, ob sich beide Partner klar sind über die eventuellen rechtlichen Konsequenzen von solchen Übergangsregelungen, so z. B. bei vorläufigen Unterhaltsregelungen bzw. bei vorläufiger Regelung des Lebens-Schwerpunkts für die Kinder. Im Zweifelsfall schikken wir die Medianden zu Beratungsanwälten oder wir überlegen, ob wir einen juristischen Co-Mediator zuziehen müssen.

79 Wir sprechen in dieser Phase auch die Möglichkeit vom Abbruch der Mediation an, die sowohl für die Medianden wie für uns gilt, und darüber, was in einem solchen Fall mit den Informationen aus der Mediation passiert.

80 Im Fall Peters war dies kein Problem, beide schienen über ihre finanziellen und vermögensrechtlichen Belange gut informiert, auch die Eintragung des Dauerwohnrechts der Mutter von Herrn P. war für sie unbestritten.

Als Übergangsregelung wollten sie den Kontakt und die Einflussnahme der Großmutter auf die Kinder einschränken und für die Kosten der Kinder vorläufig eine Art „Kinderkasse" einführen, in die auch die unkontrollierten Gelder der Großmutter einfließen sollten.

Für Herrn P. waren diese Übergangsregelungen in Ordnung, weil sie auch für den Fall einer Nicht-Trennung taugen würden.

81 Zum Schluss dieser ersten Phase der Mediation, die manchmal bereits die Themensammlung mit einschließt, verteilt die Mediatorin noch den Mediationskontrakt (siehe unten Rn. 666) und als Vorbereitung für die nächsten Sitzungen Formulare für die zukünftige Haushaltsplanung und für die Betreuung der Kinder (siehe unten Rn. 663 ff.).

Im Fall Peters bedeutete dies, dass beide die Pläne doppelt mitnahmen, um sie beide sowohl für den Fall der Trennung wie der Nicht-Trennung auszufüllen, was sehr viel mehr Arbeit machen würde, aber die Bedürfnisse von Herrn P. ernst nahm. Frau P. war damit einverstanden, äußerte dazu aber, dass sie die Hoffnung habe, dass sich über dieser Arbeit auch die Trennung klären würde. Dass ihre Mediation wahrscheinlich etwa 10–15 Sitzungen dauern würde, war für beide kein Problem. **82**

b) Praxiserfahrungen

- Unsere Erfahrung zeigt, dass diese Stufe manchmal eine halbe Sitzung oder auch eine ganze dauert, manchmal aber auch zwei Sitzungen. Manchmal gehen wir bereits in dieser ersten Stufe bereits in die Themensammlung, damit die Mediaanden bereits das Gefühl bekommen, etwas „geschafft" zu haben. **83**
- Wir lassen oft die Entscheidung für die Weiterarbeit und einen nächsten Termin offen, um keinen Druck zu machen und die eigenen Entscheidungen zu fördern.
- Wichtig scheint uns, in dieser ersten Stufe bereits eine Art „Mini-Mediation" zu zeigen, z. B. über die Art der Kostenbeteiligung und die Bezahlung, über Zeiten der Mediation, über die Einbeziehung der Kinder, über notwendige „Notlösungen" etc.
- Wenn Medianden in dieser ersten Stufe bereits Druck machen und sobald wie möglich fertig sein wollen, ist es für uns sehr wichtig, dafür Regeln zu entwickeln, aber evtl. auch bereits vorläufige Lösungen zu entwickeln.
- Wichtig scheint uns in dieser Stufe auch die Information über Einzeltelefonate mit jedem der Konfliktpartner zu sein (so wie wir diese erste Sitzung auch erst ansetzen, wenn wir mit beiden telefoniert haben): Wir werden keine Einzeltelefonate führen, sondern bei solchen Krisenanrufen immer auf die nächste Sitzung verweisen und dies im Erstgespräch auch deutlich sagen.

c) Einbeziehung von Kindern und Jugendlichen in der 1. Stufe

In dieser ersten Stufe des Mediationsprozesses halten wir die direkte Einbeziehung von Kindern und Jugendlichen für nicht sinnvoll, es sei denn, die Eltern wünschen dies ausdrücklich oder bringen die Kinder gleich bei der ersten Sitzung mit. In diesem Fall mediieren wir trotzdem die Einbeziehung, denn erst, wenn für alle klar ist, an welchen Stellen dies wozu gut sein soll – auch für die Kinder und Jugendlichen selbst – und dies auch alle Beteiligten wollen, können sie wirklich einbezogen werden. **84**

Außerdem ist erst einmal der Kontakt zwischen den Eltern und uns als Mediatoren wichtig. Viele Eltern sind durch den ständigen Streit in ihrer Elternkompetenz geschwächt und fürchten, durch die Mediation noch mehr geschwächt zu werden. Erst wenn sie merken, dass diese ihre Elternkompetenz in der Mediation eher wieder gestärkt wird, sind sie auch bereit, **85** die Kinder und Jugendlichen mit ihren eigenen Interessen und Bedürfnissen wirklich mit in die Mediation einzubeziehen.

86 Sinnvoll kann jedoch die indirekte Einbeziehung der Kinder und Jugendlichen in dieser ersten Phase der Mediation sein, z. B. durch Aufstellen von Stühlen für die Kinder und Jugendlichen in dieser Familie oder auch durch das Aufzeichnen eines Geno- oder Familiensoziogramms (siehe unten Rn. 446 ff.), was sich besonders in komplizierten Familiensystemen als hilfreich erweist.

87 Weiter kann es für die indirekte und später die direkte Einbeziehung der Kinder wichtig sein, über den Ablauf einer solchen Sitzung mit den Eltern zu reden und dafür auch Regeln zu entwickeln, z. B. über die Dauer, über den Umgang mit heftigen Gefühlen bei den Kindern oder den Eltern während dieser Sitzungen, über mögliche Inhalte der Sitzungen, über den Umgang mit den kleinsten Kindern, über die Vermittlung der Einladung an die Kinder und Jugendlichen oder über die Rolle der Mediatorin in diesen Sitzungen in ihrem Verhältnis zu den Eltern. Damit werden Eltern in ihrer Kompetenz gestärkt und die Motivation geweckt, die Kinder und Jugendlichen zu bestimmten Sitzungen einzuladen.

2. Themensammlung

a) Die 2. Stufe

88
- Sammlung der Regelungs- und Konfliktpunkte
- Gewichtung
- Erarbeitung einer gemeinsamen Rangliste
- Evtl. Unterteilung großer Streitpunkte in kleinere Einheiten
- Offenlegung aller Daten und Fakten

89 In dieser Phase sammeln wir alle zur Regelung anstehenden Themen und Streitpunkte möglichst auf einer großen Flipchart mit zwei oder mehreren Spalten. Auch die bereits geklärten Punkte führen wir hier auf, um deutlich zu machen, dass in der Mediation alles auch weiterhin veränderbar und verhandelbar bleibt. Es empfiehlt sich, große Streitpunkte in kleinere, später besser verhandelbare zu unterteilen oder eine Unter-Themensammlung anzulegen. Hilfreich ist auch, bei der Themensammlung für jeden Teilnehmer Gewichtungen der Themen zu machen und für alle möglichst eine gemeinsame Reihenfolge der Bearbeitung zu mediieren.

90 Auch die Sprache ist dabei wichtig, mit der die Punkte aufgeschrieben werden, aber manchmal lassen sich die Konfliktpartner nicht von ihrer „Kampfsprache" abbringen. Es kann auch gut sein, die juristischen Begriffe positiv umzuformulieren, also z. B. nicht „Umgangsrecht" aufzuschreiben, sondern etwa „Kontakt der Kinder zu jedem Elternteil" oder statt „Unterhalt" etwa „Zukünftige Finanzierung der Kinder". Manchmal allerdings bestehen die Eltern auf den juristischen Ausdrücken, und dann müssen sie auch so aufgeschrieben werden.

Gleich lautende Punkte gehören auf jede Seite – meist haben sie trotzdem für jeden eine andere Wertigkeit. Es ist wichtig, die Reihenfolge der Nennungen zu mediieren – oft hält es der andere nicht aus, wenn einer seine ganze Liste bereits aufschreiben kann. Hier kann hilfreich sein, zu erklären, dass es für die großen Themen (z. B. „Kinder", „Geld", „Haus") noch einmal detaillierte Unterthemenlisten geben wird. Durch Nummerierung oder andere Zeichen stellen wir dann für jeden eine Gewichtung der eigenen Punkte her und mediieren dann die gemeinsame Rangliste, nach der vorgegangen wird. 91

Manchmal werden nicht mediierbare Punkte bei der Themensammlung genannt, z. B. „Aufarbeitung der Ehe-Kränkungen". Es ist sinnvoll, diese Punkte trotzdem aufzuschreiben und später zu mediieren, was damit geschehen soll. Die Wertigkeit der Punkte ist bei den Partnern ohnehin meist verschieden: jeder gibt dem Bereich die oberste Priorität, in dem sie/er am meisten zu verlieren hat. Oft sind dies bei den Frauen die Punkte, die mit der finanziellen Zukunftssicherung zu tun haben, und bei den Männern die Punkte, die den weiteren Kontakt mit den Kindern bedeuten. Zu diesen Punkten gibt es dann später noch eigene Themensammlungen, weil beiden Partner bei diesen Unterpunkten wiederum ganz andere Aspekte der Klärung wichtig sind. 92

Die Themensammlung von Frau und Herrn Peters sah folgendermaßen aus: 93

Frau Peters	**Herr Peters**
– Finanzen	– Hauptwohnsitz von Thomas und Anna
– Haus	– Kontakte der Kinder zu beiden Eltern
– Kontakte der Oma zu den Kindern	– Haus
– Dauerwohnrecht der Oma	– Unterhaltsverzicht Frau Peters nach 5 Jahren
– Unterhalt	– Pädagogische Absprachen
– Finanzierung meiner Praxis	– Auto
	– Lebensversicherung

Die Gewichtung sah dann bei jedem so aus: 94

Frau Peters	**Herr Peters**
1. Unterhalt	1. Hauptwohnsitz von Thomas und Anna
2. Finanzierung meiner Praxis	2. Kontakte der Kinder zu beiden Eltern
3. Finanzen	3. Haus
4. Dauerwohnrecht der Oma	4. Unterhaltsverzicht v. Frau Peters
5. Kontakte der Oma zu den Kindern	5. Pädagogische Absprachen
6. Haus	6. Auto
	7. Lebensversicherung

95 Sie einigten sich auf die vorläufige Reihenfolge:

1. Hauptwohnsitz von Thomas und Anna
2. Finanzen und Unterhalt
3. Kontakte der Kinder zu beiden Eltern
4. Kontakte der Kinder zur Oma
5. Haus
6. Finanzierung der Praxis
7. Pädagogische Absprachen

b) Praxiserfahrungen

96
- Wir haben die Erfahrung gemacht, dass es den Mediandenleichter fällt, ihre Punkte zu nennen, wenn sie wissen, diese Liste ist vorläufig, veränderbar und kann fortgeschrieben werden.
- Leichter wird die Liste auch durch einen Hinweis auf die mögliche spätere Unterthemen-Liste oder auch durch Anlegen eines sog. „Parkplatzes", auf den Punkte kommen können, die erst einmal hier nicht hinzupassen scheinen.
- Manchmal gibt es Verwirrung, wenn den Medianden nicht klar ist, ob es sich hier um „wichtige" Themen oder schon um eine Reihenfolge handelt. Das muss man erklären.
- Wenn wenig Themen auf einer – oder auch auf beiden Seiten – genannt werden, kennzeichnen wir dennoch durch ein Zeichen diese gewissermaßen noch möglichen Punkte.
- Es empfiehlt sich, die Medianden zu bitten, ihre Themenlisten abzuschreiben, zu Hause zu vervollständigen und darüber nachzudenken.

c) Einbeziehung von Kindern und Jugendlichen in der 2. Stufe

97 Neben der indirekten Einbeziehung der Kinder und Jugendlichen (siehe unten Rn. 218 ff.) ist hier die direkte sinnvoll und wird sowohl von den Eltern wie auch von den Kindern relativ gern angenommen (relativ, weil die Kinder und besonders die Jugendlichen nicht besonders gern mit in die Sitzungen kommen). Über dem Streit der Eltern und der Notwenigkeit, die „heißen" Punkte ihrer Trennung zu klären, gehen die eigentlichen Konfliktpunkte der Kinder und Jugendlichen meist unter. Die Eltern wollen zwar das Beste für ihre Kinder und handeln oft auch zum Wohl der Kinder. Aber für deren eigentliche Anliegen bleibt oft kein Raum und keine Zeit.

Bei der Einbeziehung von Thomas und Anna sahen ihre Themenlisten z. B. folgendermaßen aus: 98

Thomas	**Anna**
– Getrennte Kontakte haben zu Mutter und Vater	– Jeden sehen können, wenn ich mag
– Kontakte zu Anna	– Immer meinen Teddy zum Schlafen
– Mit meinen Freunden auf Feten gehen	– Abends weiter Geschichten vorlesen können
– Schule	– Meine Freundin Lisa
– Taschengeld	– Weiter Omi besuchen können

Aus diesen Themenlisten von Thomas und Anna wird deutlich, dass im Vergleich zu den Listen der Eltern für sie ganz andere Punkte wichtig sind und dass die Eltern gut daran tun, diese Punkte sehr ernst zu nehmen. Unter Umständen entscheidet sich an befriedigenden Lösungen für die Freundin Lisa und dem abendlichen Vorlesen mit Teddy bei Anna und bei Thomas am Taschengeld, der Schule und den Freunden, mit denen er weiterhin zusammen sein will, der funktionierende Umgang der beiden mit ihren Eltern.

Bei den Unterthemen-Sammlungen zu „Zukünftiges Wohnen", „Besonderheiten in unserer Familie", evtl. auch zu „Finanzen" ist die Einbeziehung der Kinder und Jugendlichen besonders sinnvoll, weil sie meist zu diesen Punkten vieles aus ihrer Sicht beisteuern. So sind oft genannte Themen von Kindern und Jugendlichen z. B.: 99

- Wo werde ich wohnen?
- Wer ist für mich da, wenn ich aus der Schule komme?
- Wer bringt (fährt) mich zum Fußball (Ballet, Gitarrenunterricht)?
- Kann ich weiter Oma, Opa (Tanten, Onkel, Cousins, Cousinen) sehen und wer geht mit?
- Wer zahlt mir weiter mein Taschengeld (Kleidergeld, Geld für Anschaffungen in der Schule)?
- Kann ich mit der neuen Freundin vom Papa (dem neuen Freund von der Mama) in Urlaub mitfahren?
- Wer unterschreibt meine Zeugnisse (Hefte)? Wer geht auf Elternabende?
- Wem sage ich, was ich mir zum Geburtstag (Weihnachten) wünsche?
- Was ist, wenn ich krank bin? Wer sorgt dann für mich? Wer entscheidet, wenn ich ins Krankenhaus muss?
- Was geschieht mit meinem Hund (Katze, Meerschweinchen)?
- Ich brauche jetzt zwei Betten und Schreibtische, wer kauft sie mir?

Wichtig bei diesen Themensammlungen der Kinder und Jugendlichen ist, dass ihre Formulierungen und ihre Bilder aufgeschrieben werden und nicht umformuliert werden wie z. B. bei den Erwachsenen (siehe oben Rn. 90 ff.). 100

Für die Kinder ist wichtig, dass ihre Kampfsprache aufgeschrieben wird, sie haben oft keine andere Möglichkeit, sie zu äußern. Es ist auch normal, dass bei fast allen Kindern und Jugendlichen eines ihrer Themen ist „Die Eltern sollen zusammenbleiben". Es ist wichtig, dass dieser Punkt aufgeschrieben wird, auch wenn er nicht mediierbar ist.

101 Die Kinder und Jugendlichen wollen natürlich wissen, was mit ihren Themen und Punkten passiert, ob sie dabei etwas mit zu entscheiden haben. Oft sind sie enttäuscht, wenn die Mediatorin ihnen mitteilt, dass die Eltern diese Entscheidungen treffen müssen und dass sie erst wieder gefragt sind, wenn Lösungen vorliegen. Viele sind jedoch auch entlastet, dass sie keine Wahl treffen müssen, und es scheint so zu sein, dass durch die Entscheidungen der Eltern deren Autorität und Kompetenz wieder wächst.

102 Die in dieser Stufe der Mediation notwendigen Offenlegungen von Daten und Fakten geschehen in der Regel ohne Einbeziehung der Kinder und Jugendlichen: dies ist wieder Sache der Eltern allein und würde die Kinder und Jugendlichen auch zum Teil überfordern.

3. Konfliktbearbeitung – Interessen und Bedürfnisse – Optionenentwicklung

a) Die 3. Stufe

103

- Entwickeln und Herausarbeiten eigener Interessen und Bedürfnisse jedes einzelnen Konfliktpartners
- Evtl. Vertiefung des Verstehensprozesses
- Herausarbeiten der Gegenseitigkeit und der Gemeinsamkeit
- Erweiterung der Entscheidungsräume durch Optionenentwicklung
- Entwicklung von Alternativen und Wahlmöglichkeiten
- Evtl. bereits Beginn von Verhandlungen
- Versuchs- und Trainingsphasen (besonders für Betreuungs- und Budget-Pläne)

104 Diese dritte Stufe der Mediation ist zugleich ihr Herzstück. Hier passiert meist die vertiefte Sicht auf die eigenen Interessen und Bedürfnisse und – wenn die Mediation gut verläuft – auch das vertiefte Verstehen der Interessen und Bedürfnisse der anderen Seite. Das heißt, in dieser Phase wird einerseits besonders viel mit Selbstbehauptung und Wechselseitigkeit gearbeitet, andererseits ist diese Stufe der Mediation auch das Herzstück der Erweiterung von Entscheidungsräumen.

105 Das geschieht besonders durch die Vertiefung des Verstehensprozesses. Wir fragen z. B. beide Partner nach der Bedeutung, die das Wohnen und Zusammenleben mit Kindern für sie haben und unterstützen hier wieder beide in ihrer Selbstbehauptung. Wir fragen erst sehr spät danach, was sie auf der anderen Seite verstehen oder sogar für ihre eigene Sicht dieses Problems brauchen können.

So sahen die tieferen Bedeutungen des Zusammenlebens mit Kindern für Frau und Herrn Peters folgendermaßen aus: **106**

Frau Peters	**Herr Peters**
– Spaß haben mit Kindern	– Den Kindern Werte vermitteln
– Alltag der Kinder gestalten	– Seine Kinder verstehen können
– Nicht allein sein müssen	– Selber noch einmal Kind sein
– Kinder erziehen	– Zukunft der Kinder mitgestalten
– Verhindern eigene Entwicklung	– Finanzielle Belastung

Frau und Herr Peters konnten fast alle genannten Punkte gegenseitig akzeptieren, bis auf „nicht allein sein müssen" auf ihrer Seite und „selber noch einmal Kind sein" auf seiner Seite.

Autonomie, d. h. Verantwortung für die eigenen Interessen und Bedürfnisse übernehmen, und Gegenseitigkeit, d. h. Respekt für die Interessen und Bedürfnisse des anderen – das sind die grundlegenden Prinzipien der Mediation. Sie ziehen sich zwar durch alle Stufen der Mediation, sind aber in dieser mittleren Phase entscheidende Gestaltungskriterien. Die methodischen Möglichkeiten, dies zu unterstützen, werden noch ausführlich beschrieben (siehe Teil 3 Basis-Methoden Rn. 156 ff. und Rn. 169). **107**

Diese Prinzipien sind deshalb in dieser Phase so wichtig, weil wir hier meist bereits die zukünftige Betreuung der Kinder – anhand von Betreuungsplänen – und die zukünftige Finanzierung der getrennten Familie – anhand von Haushaltsplänen – besprechen. Für beides brauchen wir die Unterstützung der Autonomie und Selbstbehauptung und die Gegenseitigkeit und Gemeinsamkeit genauso wie die Entwicklung von Alternativen und Wahlmöglichkeiten. Ansonsten besteht die Gefahr, dass nicht beide Eltern gleichermaßen an der Entwicklung der Zukunftspläne beteiligt sind und dann später auch dahinterstehen. Wir könnten natürlich auch unsere Erfahrung mit der Entwicklung von solchen Plänen durchblicken lassen und die Medianden „beraten„ – beides oft gemachte Fehler in der Familien-Mediation. In der Entwicklung von Betreuungs- und Budget-Plänen muss dann auch bereits verhandelt und – vorläufig! – entschieden werden, damit Versuchs- und Trainingsphasen eingerichtet werden können und darüber entschieden werden kann, wie Veränderungen eingebaut werden. **108**

Dazu brauchen wir vorher immer das zweite Herzstück dieser Phase, um die Enge des Entscheidungsraumes und der angeblichen Sachzwänge aufzulösen: Die Erweiterung der Entscheidungsräume durch Entwickeln von Optionen und Alternativen. Es wird immer „eng" bei den Entscheidungen über Betreuung und Finanzierung der Kinder. Deshalb ist es wichtig, sich hier die Zeit zu nehmen, Alternativen und Wahlmöglichkeiten zu entwickeln, manchmal sogar ungewöhnliche, „verrückte" Ideen und Optionen. **109**

110 Bei Frau und Herrn Peters sahen die Optionen zum Thema „Zukünftiges Zusammenleben" folgendermaßen aus:

Frau Peters

- Kinder und ich im Haus
- Haus umbauen, alle wohnen weiter zusammen, aber getrennt
- Wohngemeinschaft mit anderen Familien
- Kinder haben Lebensmittelpunkt jeweils bei einem Elternteil, nach einem Jahr wird gewechselt

Herr Peters

- Kinder und ich im Haus
- Haus verkaufen, zwei neue Wohnungen im selben Stadtteil
- Kinder ins Internat – jeder lebt nach seinen Vorstellungen
- Kinder bleiben bei der Oma im Haus – immer jeweils einer der Eltern wohnt auch dort
- Weltreise machen, alles los sein

Von diesen insgesamt acht Optionen kamen letztlich nur drei in die nähere Wahl:

- Haus umbauen – alle wohnen weiter zusammen
- Getrennte Wohnungen
- Lebensmittelpunkt der Kinder wird nach einem Jahr jeweils gewechselt

Diese drei Optionen wollten sie überprüfen, mit ihren Anwälten und Freunden durchsprechen und dann weiter verhandeln.

111 Zusätzlich zu dieser eigentlichen Optionenarbeit ist durch John M. Haynes die Idee der Betreuungs- und Budgetpläne in die deutschsprachige Familien-Mediation hineingetragen worden nach einer langen Erprobungsphase im amerikanischen Raum. Hinter diesen Plänen steht der Gedanke, dass durch die Arbeit am „Wie" (Betreuung der Kinder und Finanzierung der Kinder) die große Entscheidung über das „Was" (Sorgerecht bzw. Unterhalt) leichter wird. Auch wenn diese Pläne als Übergangspläne oder als Notlösungs-Maßnahme entwickelt werden, so ist auch da wichtig, die Prinzipien der Selbstbehauptung bzw. Autonomie der beiden Eltern einerseits und das Prinzip der Entwicklung von Optionen und Wahlmöglichkeiten andererseits zu beachten, damit nicht Konstellationen festgeschrieben werden, die weder für die Kinder noch für die Eltern gut sind. Die eigentliche Methodik der Arbeit mit diesen Plänen wird noch beschrieben (siehe unten Rn. 432 ff.). Hier sollen nur die Pläne der Familie Peters aufgeführt werden:

112 Betreuungsplan für Thomas und Anna

	Montag	Dienstag	Mittwoch	Donnerstag	Freitag	Samstag	Sonntag
1	M M M	M M ?	? ? V	V ? M	M V V	V V V	V V V
2	M M M	M M ?	? ? V	V ? M	M M M	M M M	M M M
3	M M M	M M ?	? ? V	V ? M	M V V	V V V	V V V
4	M M M	M M ?	? ? V	V ? M	M M M	M M M	M M M
5	M M M	M M ?	? ? V	V ? M	M V V	V V V	V V V

Budgetplan für Mutter, Vater, Thomas und Anna (zunächst für sechs Monate) 113

	Mutter	Vater	Thomas	Anna	
Wohnkosten	800,00 €	800,00 €			
Ernährung	300,00 €	300,00 €	180,00 €	180,00 €	
Kleidung	80,00 €	60,00 €	30,00 €	30,00 €	
Kultur, Reisen, Hobbies	50,00 €	50,00 €	30,00 €		
Versicherungen etc.	70,00 €	150,00 €			
Reparaturen etc.	30,00 €	30,00 €	15,00 €	10,00 €	
Geschenke etc.	25,00 €	25,00 €	15,00 €	10,00 €	
Transport, Verkehr	200,00 €	200,00 €	30,00 €	20,00 €	
Zusätzliche Kinderkosten			50,00 €	100,00 €	
Ausgaben insgesamt	1.555,00 €	1.615,00 €	350,00 €	350,00 €	
zusammen					**3.870,00 €**
Einnahmen	450,00 €	2.100,00 €			
Kindergeld			154,00 €	154,00 €	
Miete Mutter	300,00 €				
zusammen					3.158,00 €
Voraussichtliches Minus					–712,00 €

Aus der Arbeit an dem Betreuungsplan für die beiden Kinder mit ihren unterschiedlichen Zeiten und Bedürfnissen und für die beiden Eltern mit ihren unterschiedlichen Möglichkeiten wurde ersichtlich, dass die Eltern Peters noch andere Optionen und Wahlmöglichkeiten für die Betreuung ihrer Kinder entwickeln mussten. 114

Die Alternativen von Frau und Herrn Peters sahen folgendermaßen aus:

Frau Peters

1. Für Anna die Freundin von Frau P. (Tochter im gleichen Alter)
2. Beide Kinder im Hort
3. Notfalls die Oma
4. Tagesmutter

Herr Peters

1. Einmal in der Woche beide Kinder bei der Oma
2. Tagesmutter
3. Thomas allein zu Hause, Anna bei einer Freundin

Hier gab es wenig „verrückte" Ideen. Beim Blick auch auf die Wahlmöglichkeiten des anderen ergab sich folgende Alternativenliste, die sie durchdenken und durchrechnen wollten:

1. Die Kinder einmal in der Woche bei der Großmutter
2. Für zwei bis drei Tage eine Halbtagesmutter, ein Aupair oder eine Studentin, die im Haus mitwohnen könnte

Das Entsprechende galt für den zukünftigen Budgetplan, der ein Defizit von 712 € aufwies. Auch hier musste noch nachgedacht und Fantasie entwickelt werden, wie diese Deckungslücke geschlossen werden könnte. Hier waren Frau und Herr Peters kreativer: 115

Frau Peters	**Herr Peters**
1. Konten auflösen	1. Mehrarbeit (Software entwickeln)
2. Mehrarbeit (Pflegefall)	2. Mutter um vorzeitiges Erbe bitten
3. Haus verkaufen	3. Haus umbauen und mehr Zimmer evtl. an Studenten vermieten
4. Einsparungen im Budgetplan (Urlaub, Kleidung)	4. Wieder in der alten Band spielen und damit am Wochenende Geld verdienen

In Bezug auf ihre zukünftige Budgetfinanzierung wollten Frau und Herr Peters alle Alternativen bis auf Punkt 2 bei Frau Peters und Punkt 1 bei Herrn Peters durchdenken und durchrechnen.

b) Praxiserfahrungen

116
- Wir haben die Erfahrung gemacht, dass die Mediationen meist mit sehr kreativen und haltbaren Lösungen enden, wenn wir diese dritte Stufe gut und ausführlich machen
- Hier wie bei allen Optionen-Entwicklungen finden wir wichtig, immer auch selbst Alternativen und Optionen im Kopf zu haben, nicht um sie den Mediander zu nennen, sondern um auch selber nicht die Kreativität, die ansteckt, zu verlieren.
- Wir verwenden deshalb oft auch nur Code-Begriffe für die jeweiligen Optionen, um den Fluss nicht zu unterbrechen.
- Wir machen deshalb auch gern schon weitere Zeichen oder Striche für die nächsten Ideen – das hat häufig Aufforderungscharakter.
- Es scheint uns wichtig, immer auch die Negativ-Optionen zuzulassen – von da an fließen die positiven dann auch meistens. Wichtig ist hier, nicht die eigene Moral im Kopf zu haben.
- Auch hier scheint uns wichtig, die Medianden ihre Optionen abschreiben und zu Hause weiterentwickeln zu lassen – auch wenn die Liste noch unvollständig ist.
- Insgesamt machen wir diese Optionen-Listen meist mindestens zweimal, meist bei zwei Hauptthemen, oder bei einem Hauptthema und einem Unterthema. Dann ist diese Art der Konfliktlösung bei den Medianden so angenommen, dass sie oft die anderen Punkte zu Hause auf die gleiche Art angehen.

c) Einbeziehung von Kindern und Jugendlichen in der 3. Stufe

117 Wir beziehen Kinder und Jugendliche in den ersten Teil dieser Stufe, also in die Konfliktbearbeitung durch die Arbeit an der Selbstbehauptung und der Wechselseitigkeit der Partner, eher nicht ein, weil wir denken, das würde die Kinder und Jugendlichen überfordern und belasten.

118 Aber der zweite Teil dieser Stufe – die Entwicklung von Optionen und Wahlmöglichkeiten – eignet sich hervorragend für Kinder und Jugendliche. Mediatoren, die diese Begabungen von Kindern und Jugendlichen nicht kennen und nicht nutzen, verschenken eine wichtige Energiequelle für die

Familien-Mediation. Wir haben die Erfahrung gemacht, dass die Kinder und besonders auch die Jugendlichen meist die besten und die „verrücktesten" Ideen haben, weil sie noch nicht so sehr die „Scheren im Kopf„ wie die Erwachsenen haben, sondern noch träumen und fantasieren können. So manches Mal haben sich aus den Ideen der Kinder und Jugendlichen letztlich die neuen Lösungen entwickelt. Wir finden weiter auch noch den Teil nach Abschluss der Optionenentwicklung spannend, wenn jeder aus der Familie kennzeichnen lässt, was jedem an den Ideen der anderen gefällt oder was jeder eventuell für seine Vorstellungen von möglichen Lösungen gebrauchen kann. Die weitere Methodik der Optionenentwicklung mit Kindern und Jugendlichen wird später noch ausführlich beschrieben (siehe unten Rn. 257 ff.).

Die Optionen zum Thema „Wohnen in unserer zukünftigen getrennten Familie" sahen bei Thomas und Anna so aus: **119**

Anna	**Thomas**
– Alle bleiben zusammen wohnen	– Anna wohnt bei Mama, ich beim Papa
– Wir bleiben im Haus, Mama und Papa wechseln sich ab	– Ich ziehe zu einem Freund, Anna bleibt bei der Mama
– Wir bauen Zelte im Garten	– In ein riesiges Haus mit vielen interessanten Familien ziehen
– Thomas und ich bleiben mit Oma im Haus	– Ich gehe in ein Internat
	– Wir haben zwei neue Häuser

Die Eltern haben diese Optionen der Kinder in ihre späteren Überlegungen und Lösungen (siehe unten Rn. 154 ff.) einbezogen.

Wenn Eltern die dann entwickelten Pläne und Modelle vorläufig fertig haben, dann ist es auch wieder sinnvoll, die Kinder und Jugendlichen einzubeziehen, ihnen die Pläne vorzustellen und ihre Veränderungswünsche und Ideen dazu zu hören. Sie werden dann von den Eltern später eingearbeitet. Diese Art der Entwicklung von Betreuungsplänen und Optionen für das zukünftige Wohnen klingt aufwendig, hat aber dafür einen hohen Grad von Effektivität und Durchsetzungsmöglichkeit, besonders, wenn die Kinder und Jugendlichen auch die Dauer der Trainingsphasen und ihre Art der Auswertung mitbestimmen können. **120**

4. Verhandeln – Entscheiden – Vereinbaren

a) Die 4. Stufe

aa) Allgemeines

- Entwickeln und Mediieren von Maßstäben für Fairness und Gerechtigkeit **121**
- Rolle des Rechts für diese Mediation
- Überprüfen der Alternativen

- Evtl. juristische Überprüfung von Entscheidungen und aufgegebenen Rechtspositionen
- Einbeziehung von Beratungsanwälten
- Einbeziehung anderer Fachleute (Steuerberater, Bankfachleute, Wohnungsamt, Allgemeiner Sozialer Dienst, andere Dienste, Rentenberater, pädagogische Fachleute etc.)
- Evtl. Veränderung von Entscheidungen
- Evtl. Mediieren von Verhandlungsmodellen
- Angebotsverhandeln
- Formulierung von Vereinbarungen bzw. Memoranden
- Entscheidungen über rechtliche Vorgehensweisen – Laufzeiten – Überprüfungsmöglichkeiten etc.
- Endgültige Erarbeitung der Vereinbarung

122 Diese vierte Stufe im Mediationsprozess betrifft die Erwachsenen, jedenfalls, was das eigentliche Verhandeln, Entscheiden, die Einbeziehung anderer Fachleute, die Rolle des Rechts und die endgültige Formulierung der Vereinbarungen betrifft.

123 Es hat sich gezeigt, dass es nach der Entwicklung von Alternativen und Wahlmöglichkeiten und vor dem eigentlichen Verhandeln sinnvoll ist, in der Mediation über die Gerechtigkeits- und Fairness-Vorstellungen der Familie zu sprechen oder sie zu erarbeiten (siehe unten Rn. 268 ff.). Danach verändern sich häufig noch einmal die Entscheidungen und vor allem auch die Art, wie miteinander verhandelt wird. Manchmal sind es die alten, schon bewährten Gerechtigkeits-Vorstellungen dieser Ehe oder dieser Familie, manchmal aber auch dadurch, wie die Trennung abgelaufen ist, noch einmal andere. Oft hat die Arbeit an diesen Fairness-Maßstäben auch etwas zu tun mit dem „Kontenausgleich" beim Paar, in der Familie, zwischen den Generationen. Dieser kann materiell, aber auch immateriell sein, sich z. B. auf die Verletzungen und Kränkungen in der Ehe beziehen.

124 Frau und Herr Peters hatten folgende Vorstellungen von Gerechtigkeit und Fairness:

Frau Peters	**Herr Peters**
1. Niemand sollte es materiell schlechter gehen als vorher	1. Das Haus sollte in der Familie bleiben und den Kindern erhalten bleiben
2. Beide sollten weiter zu gleichen Teilen zum Unterhalt der Kinder beitragen	2. Jeder sollte einen Ausgleich für die in dieser Ehe geleistete Arbeit erhalten
3. Die bisherige Arbeit für die Kinder und im Haushalt sollte abgegolten werden	3. Die alte Mutter sollte nicht gegen ihren Willen „verpflanzt" werden

Als gemeinsame Liste für ihre Gerechtigkeitskriterien wollten Frau und Herr Peters alle eigenen Punkte und die des anderen gelten lassen und daran später die gefundenen Entscheidungen messen. Sie wollten sich auch überlegen, ob diese Punkte vielleicht in einer Art Präambel vor ihrer Mediationsvereinbarung stehen sollten.

bb) Praxiserfahrungen

- Über die allgemeinen Praxiserfahrungen mit der Entwicklung von Maßstäben für Fairness und Gerechtigkeit berichten wir später. Hier sei im Zusammenhang mit der Prozessarbeit in der vierten Stufe so viel erwähnt, dass wir im Allgemeinen nicht immer alle Teilaspekte dieser Stufe bearbeiten. So kann es z. B. sein, dass diese Maßstäbe bereits in einer anderen Stufe bearbeitet worden sind, dann würden sie hier natürlich entfallen oder nur ergänzt. **125**
- Die Arbeit an den Maßstäben für Fairness und Gerechtigkeit hat unschätzbaren Wert für die Einhaltung der Vereinbarungen – was wir nicht zuletzt daran gemerkt haben, wenn diese Stufe aus irgendeinem Grund nicht erarbeitet wurde.

cc) Einbeziehung von Kindern und Jugendlichen

Es ist sinnvoll, die Kinder und Jugendlichen entweder indirekt oder direkt in diesen Teil der vierten Mediationsstufe mit einzubeziehen. Kinder und besonders Jugendliche haben im Allgemeinen einen sehr ausgeprägten Sinn für das, was in ihrer Familie fair und gerecht ist, und die Mediatorin würde eine Chance verschenken, wenn sie diesen Vorstellungen – die oft von den Fairness-Vorstellungen der Eltern abweichen – keinen Platz geben würde. **126**

Die indirekte Einbeziehung der Kinder könnte – wie üblich – über die Fantasien der Eltern über die Vorstellungen ihrer Kinder geschehen. Bei der direkten Einbeziehung kommen die eigenen Vorstellungen der Kinder und Jugendlichen besser heraus. Manchmal überprüfen die Eltern daraufhin ihre Entscheidungen noch einmal. **127**

In der Sitzung zu den Optionen und Wahlmöglichkeiten wurden die beiden Kinder der Familie Peters mit der Frage konfrontiert, was sie denn in ihrer Familie für die Zukunft gerecht fänden. Hier ihre Liste: **128**

Thomas	**Anna**
1. Nicht von Anna getrennt werden	1. Dass Mami und Papi sich wieder vertragen
2. Dass er weiter seine Hobbys finanziert bekommt	2. Dass Omi nicht aus dem Haus muss
3. Dass keiner mehr schlecht über den anderen redet	3. Weiß nichts mehr

b) Die Rolle des Rechts in der 4. Stufe

aa) Allgemeines

129 Spätestens hier, also bei der Überprüfung der vorläufig getroffenen Entscheidungen durch Rechtsanwälte, bei den Entscheidungen über rechtliche Vorgehensweisen und bei der Entscheidung über die endgültige Vereinbarung sollte in der Mediation die Rolle, die das Recht hier spielen soll, geklärt werden. Auch hier ist bei der Mediatorin wieder „optionales Denken" gefragt, sonst wird sie mit einer juristischen Schere im Kopf die Mediation leiten und sich wundern, wenn Leute die Mediation abbrechen, weil sie vielleicht andere Vorstellungen von Gerechtigkeit haben.

130 Die Mediatorin wird die Rolle, die das Recht in dieser Mediation spielen soll, mediieren müssen, zumal das Recht sehr häufig auch für die beiden Konfliktpartner nicht die gleiche Rolle spielt. Das zeigt sich oft spätestens nach dem Besuch der Konfliktpartner bei ihren jeweiligen Beratungsanwälten: für den einen ist das rechtliche Ergebnis nur eine der vielen Regelungsmöglichkeiten, für den anderen wird es zum einzigen Maßstab, den er oder sie gelten lassen will. Die Klärung dieser Frage ist besonders dann wichtig, wenn ein Partner oder beide auf ihnen zustehende Rechtspositionen verzichten wollen. Die ist besonders wichtig z. B. bei Unterhaltsverzicht.

131 Bei der Arbeit über die Rolle des Rechts kam bei Familie Peters heraus:

Frau Peters	**Herr Peters**
1. Das Recht für sie als die Schwächere und zu ihrem Schutz	1. Das Recht nutzen, um alle (z. B. steuerlichen) Vorteile zu sichern
2. Das Recht als zusätzliche Fairness-Kontrolle, aber nicht ausschlaggebend	2. Grundgedanken des Zugewinnausgleichs nicht völlig außer Acht lassen
3. Das Recht als Orientierungshilfe	3. Jeder Schritt, der von der gesetzlichen Regelung abweicht, soll von meinem Anwalt überprüft werden

Es stellt sich bei dieser Arbeit heraus, dass sie ihre Einstellung zum Recht noch einmal den eigenen Fairness- und Gerechtigkeitsvorstellungen (siehe oben Rn. 124) gegenüberstellen mussten. Es zeigte sich, dass sie ihre eigenen Gerechtigkeitsvorstellungen für wichtiger hielten und dies auch ihren Beratungsanwälten mitteilen wollten.

bb) Praxiserfahrungen

132
- Wie an dem Beispiel Peters zu sehen ist, bekommt das Recht in dieser vierten Stufe oft noch einmal eine besondere Bedeutung, was auch bedrohlich wirken mag. Für uns ist das wichtig zu wissen und zu verstehen: Es geht für die Medianden auf die konkrete Vereinbarung zu, und das macht Angst.
- Wie bei den Maßstäben für Fairness und Gerechtigkeit, kann es passieren – besonders, wenn die Medianden gegen Ende der Arbeit Druck machen –, dass wir die Rolle des Rechts nicht gründlich mediieren und uns dann wundern, wenn Verhandeln und Vereinbaren nicht

zustande kommen oder das Ergebnis von einem der Beratungsanwälte in Frage gestellt wird, so dass noch einmal neu verhandelt werden muss.

cc) Einbeziehung von Kindern und Jugendlichen

Hier beziehen wir Kinder und Jugendliche nicht in die Arbeit ein, es sei denn, sie haben aufgrund ihres Alters bereits Rechtsansprüche. Inwieweit sich dies ändern wird durch die neuen Regelungen von Verfahrenspflegern für die Kinder, wird sich zeigen. **133**

c) Einbeziehung anderer Fachleute in der 4. Stufe

aa) Allgemeines

Zwar ist durch die vorangegangene Arbeit meist bereits klar, welche Fachleute noch befragt oder u. U. selbst in die Mediation miteinbezogen werden müssen (oft Steuer-, Vermögens-, Bankberater, Makler, Sachverständige, Schuldnerberater, Allgemeiner Sozialer Dienst etc.). Wir halten es jedoch für nötig, diesen Schritt auch zu mediieren und nicht als selbstverständlich vorauszusetzen. So kann es für einen der Partner sehr wichtig sein, etwa den Steuerberater hinzuzuziehen, während der oder die andere einen Banker dabei haben möchte. Die Falle für uns als Mediatoren ist hier besonders, aus unserer fachlichen oder privaten Erfahrung zum einen oder anderen zu neigen. **134**

> Das Mediieren dieser Frage ergab bei den Peters, dass sie auf jeden Fall ihren Steuerberater über die günstigste Steuerlösung befragen wollten, auch, was die Eintragung und den polizeilichen Wohnsitz der Kinder anbelangte. Wegen des Dauerwohnrechts der Mutter wollten sie einen Immobilienfachmann und auch den Allgemeinen Sozialen Dienst befragen. Wegen der schulischen Schwierigkeiten von Thomas sollte sein Beratungslehrer konsultiert werden und evtl. noch ein ihnen bekannter Erziehungsberater, der viel mit Jugendlichen zu tun hatte. Mit den Ergebnissen dieser Recherchen wollten sie dann ihre vorläufigen Vereinbarungen noch einmal überprüfen. **135**

bb) Praxiserfahrungen

- Wir haben die Erfahrung gemacht, dass dieses Abfragen der Informationen von anderen Fachleuten eminent wichtig ist für die Haltbarkeit und die Realisierbarkeit der Vereinbarungen. **136**
- Wir fürchten uns als Mediatoren oft davor, weil sie manchmal völlig neue Aspekte in die bisherige Arbeit hereinbringen.
- Wir finden es wichtig, diesen Schritt auch zu mediieren, weil sonst unklar bleibt, wer diese Informationen einholt und wie sie ausgetauscht werden.

cc) Einbeziehung von Kindern und Jugendlichen

Auch hier beziehen wir die Kinder und Jugendlichen meist nicht ein, und auch die Eltern wollen dies meist nicht, es sei denn, es handelt sich um Fragen, die die Jugendlichen selbst mitentscheiden können oder müssen. Weil **137**

Eltern in Trennung und Scheidung aber so schlecht kommunizieren können, ist deshalb wichtig, auch diesen Schritt zu mediieren.

138 Bei den Peters ging es hier vor allem um das Gespräch bei dem Beratungslehrer von Thomas, von dem die Eltern meinten, es nicht mehr zusammen führen zu können. Hier vereinbarten sie mit Thomas, dass er mit beiden Eltern getrennt hingehen würde. Auch über die Frage des Internats sollte dort gesprochen werden.

d) Verhandeln

aa) Allgemeines

139 Verhandeln in der Familien-Mediation ist im Grunde keine eigene Stufe, sondern zieht sich sozusagen durch die ganze Mediation. Schon im Erstgespräch wird z. B. über die Verteilung der Kosten für die Mediationssitzungen verhandelt, und manchmal wird nach Fertigstellung der Vereinbarung neu oder nachverhandelt. Es erscheint uns wichtig, dass wir die Art und Weise, wie verhandelt werden soll, mediieren. D. h., wir erklären das Modell des Angebotsverhandelns – das wir mittlerweile für das mediativste halten – oder wir mediieren, mit welchem Modell die Medianden verhandeln wollen (Rn. 325 ff.) Oft haben die Familien bereits erprobte Modelle oder sie wollen die verschiedenen Konfliktpunkte nach verschiedenen Modellen verhandeln.

140 Frau und Herr Peters hatten sich schon im Laufe der Mediation auf das „Geben-Nehmen-Modell" und das „Halbe-Halbe-Modell" geeinigt. Sie wollten jedoch, dass bei jedem der Punkte noch einmal geprüft werden sollte, welches am besten passt.

bb) Praxiserfahrungen

141
- Unsere Erfahrung ist, dass wir – ähnlich wie bei der Optionenentwicklung – brauchbare Verhandlungsmodelle im Kopf haben müssen. Wir veröffentlichen sie nicht – und wenn, dann nur als „funktionierende Beispiele aus anderen Familien", um zu vermeiden, dass Medianden nach unseren Lieblingsmodellen verhandeln, die nicht zu ihnen passen.
- Wenn wir das Angebotsverhandeln für das mediativste und brauchbarste Modell halten, sollten wir evtl. die anderen Modelle gar nicht mediieren, sondern das Angebotsverhandeln als unsere Verhandlungsregel „setzen" (wie wir ja auch manchmal andere Regeln nicht mediieren, sondern „setzen"), es aber im Übergangsschritt (Rn. 418 a ff.) gut erklären und die Zustimmung aller Konfliktpartner einholen.
- Wir sollten auch hier nach Möglichkeit die Wahl zwischen mehreren Modellen erarbeiten. Das Verhandeln geht dann leichter.

e) Entscheidungen und Vereinbarungen

aa) Allgemeines

Wir vergessen manchmal, wie viel Zeit die letzten Schritte in der vierten Stufe brauchen. Aber Entscheidungen über die juristische Umsetzung, über die endgültige Erarbeitung und Formulierung der Vereinbarungen, über Laufzeiten und Überprüfungsmöglichkeiten brauchen eben ihre Zeit, und wenn sie Vereinbarungen halten sollen, nützt es nichts, dem Druck nachzugeben. Oft treten hier überraschend auch noch einmal Zweifel an der Trennung auf – bei einem oder gar nicht so selten bei beiden, so dass hier manchmal mehr Sitzungen als geplant notwendig werden. **142**

Frau und Herr Peters haben sich in dieser Phase der Mediation geeinigt, vorläufig getrennt zu leben, keinen Scheidungsantrag einzureichen und die laufenden Finanzen über eine Trennungsvereinbarung beim Notar festzulegen mit der Möglichkeit von jährlichen Abänderungen. Der Hausrat war getrennt worden, das Haus selbst sollte aber weiter im Besitz beider bleiben. **143**

bb) Praxiserfahrungen

- Unsere Erfahrung mit dieser vorletzten Stufe und speziell mit den letzten notwendigen Entscheidungen ist, dass wir als Mediatoren aufpassen müssen, dass nicht unter dem Erfolgsdruck wichtige Entscheidungen nicht sorgfältig getroffen werden, z. B.: Gang zum Notar – Wie werden die Vereinbarungen den Kindern mitgeteilt oder zum Lesen gegeben? – Wie sehen die nächsten Überprüfungstermine aus? **144**
- Oben haben wir bereits erwähnt, dass auf den ersten Blick unvermutet gerade in dieser Stufe häufig noch einmal Widerstände gegen die Trennung auftreten, verbunden oft mit großer Traurigkeit. Es scheint uns wichtig zu sein, hier darauf zu achten, dass vielleicht noch ein therapeutischer Exkurs zum entgültigen Abschied notwendig ist – wiederum nur auf der Paarebene, auf der Elternebene werden sie ja weiter zusammenarbeiten. Unsere Erfahrung zeigt, dass es gut sein kann, diesen Exkurs nicht selbst zu machen, sondern die Mediaden womöglich zu Kollegen zu schicken. Wir sollten uns neutral halten, damit wir weitere Schritte, Überprüfungen und Abänderungen gut mediieren können.

cc) Einbeziehung von Kindern und Jugendlichen

Wiederum werden die Kinder und Jugendlichen in diese letzten Schritte der Vereinbarungen im Allgemeinen nicht einbezogen. Manchmal ist es älteren Kindern und Jugendlichen jedoch wichtig, z. B. mit zum Notar zu gehen oder auch die Vereinbarung mit zu unterschreiben – insbesondere dann, wenn sie in vielen Sitzungen dabei waren –, obwohl sie und die Eltern wissen, dass dies keine rechtliche Bedeutung hat. Für beide Seiten stärker bindende Wirkung hat es allemal. **145**

5. Inkrafttreten der Vereinbarungen

a) Die 5. Stufe

aa) Allgemeines

146
- Verbindliche, evtl. rechtsgültige Fassung der Vereinbarung
- Evtl. rechtliche Schritte (Notar, Einreichen der Scheidung etc.)
- Evtl. Mediieren von Übergangs- bzw. Abschiedsritualen
- Durchführung und Realisierung, „Leben der Vereinbarungen"
- Nach Laufzeit-Vereinbarung evtl. Überprüfungen und Veränderungen

147 In der fünften Stufe der Mediation werden die Protokolle und Memoranden, also die gesamten Ergebnisse der Mediation, in die endgültige Form gebracht. Das geschieht in der derzeitigen deutschen Mediationspraxis durch einen der Beratungsanwälte, einen Notar, z. T. durch die Parteien selbst oder – wenn es sich um einen juristischen Mediator oder einen juristischen Co-Mediator handelt – auch durch den Mediator selbst. Das wird mediiert und zwischen den Konfliktpartnern verhandelt und vereinbart. Auch andere juristische Schritte werden hier bereits verhandelt und vereinbart (z. B. Antrag einer Scheidung, Kostenregelungen etc.)

bb) Praxiserfahrungen

148
- Wir achten darauf, dass die Inhalte – auch die juristischen Inhalte – der Mediationsvereinbarung in „mediativer Alltags-Sprache" formuliert sind.
- Regelungen zum Alltag der Familien, zu pädagogischen, psychologischen und finanziellen Fragen – alles Fragen zum zukünftigen Lebensskript einer Familie – erfordern eine entsprechende Alltagssprache. Es ist wichtig, dass die Medianden ihre eigenen Vereinbarungen verstehen.
- Es hat sich bewährt, dass den Vereinbarungen die von den Eltern oder von der Familie entwickelten Maßstäbe für Fairness und Gerechtigkeit als Vorwort, Einleitung oder Präambel vorangestellt werden. Besonders für Kinder und Jugendliche kann das wichtig sein, später die Vorgehensweise und die Entscheidungen ihrer Eltern zu verstehen und zu akzeptieren.

cc) Einbeziehung von Kindern und Jugendlichen in der 5. Stufe

149 Kinder und Jugendliche werden in dieser Stufe nicht einbezogen, es sei denn, sie haben eigene Rechtspositionen, die sie mit unterschreiben müssen. Für manche ältere Kinder und Jugendliche ist es allerdings oft wichtig, dass sie die Elternvereinbarungen als beteiligte Kinder mit unterschreiben, besonders, wenn sie auch daran mitgearbeitet haben. Das hat keine rechtliche Auswirkung, trägt aber häufig zum problemloseren Vollzug der Vereinbarung bei. Manche Kinder und Jugendlichen wollen dann auch eine Kopie der Mediationsvereinbarungen haben. Nicht selten erinnern die Kinder die

Eltern im neuerlichen Konfliktfall an getroffene Vereinbarungen und fordern sie ein.

b) Übergangs- bzw. Abschiedsrituale

aa) Allgemeines

Mit dem Ende des Mediationsprozesses beginnt für die Familienmitglieder meist ein neuer Lebensabschnitt, und gar nicht so selten taucht dann die Frage nach einem „Abschied" oder einem „Ritual" für diesen Übergang in den neuen Lebensabschnitt auf. Um so mehr taucht diese Frage auf, weil weder der Staat noch die Kirchen für Trennung oder Scheidung ein Ritual anbieten. In der Mediation geht es dann einerseits um die Beendigung und Würdigung der geleisteten Arbeit und andererseits um das Ende der Partnerschaft und um den Übergang in die nun getrennte Familie. **150**

bb) Einbeziehung von Kindern und Jugendlichen

Für das Mediieren der Abschieds- und Übergangsformen sowohl für die Mediation als auch für den neuen Lebensabschnitt in der Familie ist es wichtig, die Kinder mit einzubeziehen, vor allem wenn die Eltern nicht nur einen kleinen Abschied für sich selbst planen. Für kleinere Kinder kann solch ein Ritual wichtig sein, um den Übergang besser zu bewältigen. Es gibt ihnen Sicherheit und Vertrauen für ihr weiteres Leben mit den getrennten Eltern. Sie sind auch die Kreativen im Erfinden von Formen, die für die Familie passen. Jugendliche sind da eher zurückhaltend, manchmal abwehrend. Wir legen die Entscheidung für oder gegen solche Formen oder Rituale immer in die Kompetenz der Eltern (siehe auch unten Rn. 345 ff.). **151**

> Familie Peters (auch die Kinder) wollten als Abschiedsritual noch einmal „groß" essen gehen miteinander (in ein bestimmtes Lokal am Starnberger See, das die Kinder sehr liebten). Sie wollten dazu auch die Oma einladen, aber sonst niemand (auch die Mediatoren nicht). **152**

Die Verantwortung für das Leben ihrer Vereinbarungen geht jetzt an die einzelnen Mitglieder der neuen getrennten Familie über. **153**

IV. Elternvereinbarung der Familie Peters

154

Elternvereinbarung
zwischen der Mutter, Frau Inge Peters,
und dem Vater, Herrn Klaus Peters,
für die Kinder Thomas Peters, geb. 25.10.1984,
und Anna Peters, geb. 2.4.1992.

1. Im Bewusstsein unserer gemeinsamen Elternverantwortung für unsere Kinder Thomas und Anna vereinbaren wir für die Zeit unserer Trennung und für den Fall einer Scheidung die gemeinsame Sorge bzw. das Gemeinsame Sorgerecht.
2. Wir wollen versuchen, Vorkommnisse und Entwicklungen bei unseren Kindern zu besprechen, uns gegenseitig zu informieren und Konflikte gemeinsam zu lösen. Wir wollen dafür Sorge tragen, dass Thomas und Anna vor ihren Eltern Respekt behalten können. Das heißt vor allem, dass wir uns gegenseitig vor den Kindern nicht herabsetzen werden.
3. Wir verabreden regelmäßige Elterngespräche, und zwar persönliche oder telefonische, zunächst regelmäßig montags abends.
4. Der Haupt-Lebensmittelpunkt von Thomas und Anna verbleibt zunächst im Haus, wo sie auch ihre polizeilichen ersten Wohnsitze haben. Ihre zweiten polizeilichen Wohnsitze sollen bei dem Elternteil sein, der nicht im Haus lebt, zurzeit also beim Vater.
5. Für die regelmäßigen Kontakte der Kinder zu ihren beiden Eltern vereinbaren wir für dieses Schuljahr Folgendes: Montag und Dienstag sind die Kinder im Haus bei der Mutter, Mittwoch nach der Schule bis Donnerstag nach der Schule ist der Vater für Thomas verantwortlich und kümmert sich auch um sein Fußballtraining. Anna bleibt im Haus und schläft bei der Großmutter, wenn die Mutter beruflich verhindert ist. Turnusmäßig sind die Kinder jedes zweite Wochenende von Freitagmittag nach der Schule bis Montag bei der Mutter, das erste, dritte und fünfte Wochenende turnusmäßig beim Vater (ebenfalls von Freitagmittag nach der Schule bis Montagmorgen). Thomas soll sich frei entscheiden können, bei wem er das Wochenende verbringt. Dies soll jedoch am Wochenende vorher ausgemacht werden.
6. Die Ferien sollen im Prinzip hälftig aufgeteilt sein, werden jedoch spätestens einen Monat vorher im Elterngespräch besprochen. Die schulfreien Tage werden jeweils in Absprache mit den Kindern geregelt.
7. Feiertage und Geburtstage: Heiligabend, Silvester und die beiden Weihnachtsfeiertage werden im Prinzip hälftig geteilt bzw. im darauf folgenden Jahr ausgeglichen. An den Geburtstagen der Kinder sollen beide Eltern Kontakt mit ihnen haben dürfen, wenn sie das wollen. Die Gestaltung der Geburtstage bestimmen die Kinder, besonders Thomas, selbst. Die Geburtstage der Eltern bestimmen diese selbst. Beide sollten aber das Recht zu Kontakt mit den Kindern haben an diesem Tag, unabhängig von der gerade gültigen Betreuungsrege-

lung. Sonstige Feiertage und Festtage der Familie werden spätestens einen Monat vorher im Elterngespräch besprochen.

8. Für den Fall von Krankheit von einem oder beiden Kindern vereinbaren wir, dass der Elternteil für die Pflege zuständig ist, bei dem sie sich gerade aufhalten. Der andere Elternteil wird verständigt (dafür verpflichten sich beide Eltern, einen Anrufbeantworter und ein Faxgerät zu installieren). Bei Krankheit oder Verhinderung eines Elternteils sollen die ausgefallenen Zeiten nach gegenseitiger Absprache nachgeholt werden können.
9. Kindesunterhalt: Im Prinzip zahlt jeder Elternteil selbst für die Zeiten, die die Kinder bei ihm verbringen. Für außergewöhnliche Kosten und größere Anschaffungen ist bereits ein gemeinsam verwaltetes Eltern-Kind-Konto bei der ....Bank eröffnet, auf das jeder Elternteil monatlich zzt. 250 € einzahlt. Das Kindergeld und die regelmäßigen Geldzuwendungen der Großmutter und des Patenonkels kommen ebenfalls auf dieses Konto. Bis zu 30 € soll jeder Elternteil allein unterschriftsberechtigt sein, für alle Summen darüber muss Konsens hergestellt werden. Die Verabredungen mit der Bank sollen dahingehend geändert werden.
10. Die jeweiligen Taschengelder in Höhe von zzt. 35 € für Thomas und 8 € für Anna erhalten sie vom Eltern-Kind-Konto.
11. Eintragung auf den Steuerkarten: Die Kinder bleiben zunächst auf der Steuerkarte des Vaters. Es soll jährlich nach der jeweilig günstigsten Möglichkeit gesucht werden. Die Vorteile und Nachteile werden ausgeglichen.
12. Krankenkasse: Die Kinder bleiben einstweilen beim Vater mitversichert.
13. Haftpflicht: Jeder Elternteil hat eine eigene Haftpflichtversicherung für beide Kinder.
14. Für die Zeit der schulischen Ausbildung vereinbaren wir, dass wir beide Kinder unterstützen werden. Für wichtige weitere Entscheidungen und für Konflikte werden wir unsere gemeinsamen Freunde Frau und Herrn .... als pädagogische Paten hinzuziehen.
15. Geschenke: Größere Geschenke an die Kinder sollen möglichst einen Monat vorher im Elterngespräch abgesprochen werden.
16. Medizinische Entscheidungen werden im Prinzip gemeinsam getroffen. In Abwesenheit oder Verhinderung eines Elternteils entscheidet der andere allein. Es besteht jedoch grundsätzliche, möglichst umgehende Informationspflicht.
17. Religiöse Entscheidungen (z. B. Konfirmation) sollen von beiden Eltern mit den Kindern und ihren jeweiligen Paten besprochen werden.
18. Weitere wichtige Entscheidungen (z. B. Therapien, Zusatzunterricht, Auslandsaufenthalte, Haustiere etc.) sollen grundsätzlich von beiden

Eltern gemeinsam getroffen und im Elterngespräch vorbesprochen werden.

19. Kinderzimmer-Möbel: Die Möbel der Kinder verbleiben einstweilen im Haus, es sei denn, Thomas oder Anna entscheiden selbst anders. Der andere Elternteil, jetzt also der Vater, schafft vom Kinderkonto neue Möbel an.
20. Kontakt zu beiden Verwandtschaften: Der Kontakt soll weiter bestehen und gefördert werden, insbesondere zur Großmutter. Die Kinder sollen grundsätzlich die Möglichkeit haben, jährlich mindestens 1 Woche mit ihr in Niederbayern auf dem Bauernhof der Verwandten Urlaub zu machen. Die Zeit soll nicht auf die elterlichen Betreuungszeiten angerechnet werden.
21. Neue Partner der Eltern: Wir vereinbaren, dass es im ersten Jahr unserer Trennung keine Urlaube geben soll mit den Kindern und neuen Partnern. Die jeweiligen Wochenenden mit einem Elternteil sollen so gestaltet sein, dass die Kinder mindestens einen ganzen Tag nur mit diesem Elternteil ohne neue Partner verbringen können.
22. Hauptwohnsitzwechsel von einem oder beiden Kindern zum anderen Elternteil: Ein Wechsel soll prinzipiell möglich sein. Dazu soll das jeweilige Kind den Wunsch danach drei Monate lang geäußert haben und ihn dann auch ein halbes Jahr ausprobieren. Spätestens in drei Jahren von jetzt an soll über diese Möglichkeit gesprochen werden.
23. Konflikte und Schwierigkeiten: Für auftretende und nicht durch uns selbst zu lösende Konflikte und Schwierigkeiten verabreden wir Mediation, bevor wir juristische Schritte gehen.
24. Überprüfung und Veränderung dieser Eltervereinbarung: Die einzelnen Regelungen dieser Vereinbarungen sollen jährlich bei Schuljahresende überprüft und verändert werden können, möglicherweise wieder mit Mediation.

....

(Ort, Datum)

....

(Unterschrift der Mutter) (Unterschrift des Vaters)

V. Mediationsvereinbarung der Familie Peters

Mediationsvereinbarung 155

zwischen Frau Inge Peters, geb. am 31.10.1961, wohnhaft ....

und Herrn Klaus Peters, geb. am 3.7.1960, wohnhaft ....

Wir haben uns entschlossen, uns zu trennen, und wollen mit dieser Vereinbarung alle Folgesachen dieser Trennung regeln, insbesondere für unsere gemeinsamen Kinder:

Thomas Peters, geb. am 25.10.1984,
Anna Peters, geb. am 2.4.1992.

Diese Mediationsvereinbarung soll uns ermöglichen, für unsere Kinder Thomas und Anna weiterhin beide Eltern sein zu können. Deshalb verabreden wir für den Fall einer Scheidung das Gemeinsame Sorgerecht. Die genauen Bestimmungen für Thomas und Anna werden wir in einer gesonderten Elternvereinbarung niederlegen.

Weiterhin soll diese Vereinbarung uns ermöglichen, unsere Finanzen so zu ordnen, dass wir beide für unseren Unterhalt in absehbarer Zeit selbst aufkommen können und dass Thomas und Anna durch unsere Trennung nicht schlechter gestellt sind als vorher. Auch soll die Regelung für unser gemeinsames Haus .... Str. 7 so sein, dass es möglichst als Erbe und Ausbildungsabsicherung für unsere Kinder erhalten werden kann.

Für die Zeit der Trennung und für den Fall einer Scheidung vereinbaren wir Folgendes:

1. Trennungszeitpunkt

Aus uns bekannten Gründen setzen wir uns den 1.9.1995 zum Trennungszeitpunkt und damit auch als Wertfeststellungsdatum für alle finanziellen Entscheidungen, auch für den Versorgungsausgleich.

2. Versorgungsausgleich

Aus uns bekannten und akzeptierten Gründen wollen wir nicht mehr gegenseitig für unsere Alterssicherung verantwortlich sein. Wir wollen, dass der gesetzliche Versorgungsausgleich nur bis zum 1.9.1995 durchgeführt und ab dann beendet wird. Es ist uns bekannt, dass diese Entscheidung Einfluss auf unseren Scheidungszeitpunkt hat.

3. Zugewinnausgleich

Der gesetzliche Zugewinnausgleich soll aus uns bekannten und gegenseitig akzeptierten Gründen nicht durchgeführt werden. Die verschiedenen, im Haus steckenden Schenkungen und Erbanteile sollen unberücksichtigt bleiben bei der Vermögensauseinandersetzung.

4. Haus

Wir bleiben weiterhin beide Eigentümer unseres Hauses ....Str. 7.

Die monatlichen Unkosten und der restliche Kapitaldienst werden von uns zunächst hälftig getragen. Dazu wird ein gesondertes Hauskonto eingerichtet, von dem alle Kosten durch Herrn P. überwiesen werden. Die/Derjenige, die/der im Haus wohnt, zahlt der/dem anderen als pauschale Mietabgeltung 600 € und verpflichtet sich, das eingetragene Dauerwohnrecht der Mutter von Herrn Peters, Frau Gundula Peters, angemessen zu beachten. Bei einer möglichen anderen Nutzung des Hauses muss neu verhandelt werden. Diese Regelung soll vorläufig gelten, bis Anna volljährig ist oder wenn wegen der Kinder eine andere Regelung getroffen werden muss.

Zunächst wird Frau Peters mit den Kindern im Haus wohnen bleiben, weil sie in jedem Fall ihre gewohnte Umgebung behalten sollen. Im Falle eines Wechsels der Hauptbetreuung eines oder beider Kinder zieht der Vater ins Haus.

5. Hausrat

Der Hausrat ist auseinandergesetzt. Alle Gegenstände aus der Familie von Herrn Peters (Geschenke, Leihgaben etc.) verbleiben ausdrücklich im Besitz von Herrn Peters, auch wenn sie zzt. im Haus verbleiben. Die Grafiken von unserem Freund A. H. verbleiben bis auf die große Grafik „Blau" im Besitz von Herrn Peters.

6. Steuer, Versicherungen, Konten etc.

Die Eintragung der Kinder auf unseren Steuerkarten soll in jedem Jahr nach Beratung durch unsere Steuerberater nach dem für uns günstigsten Modell erfolgen.

Die Lebensversicherungen bleiben im Besitz von jedem von uns, da die Rückkaufwerte in etwa gleich sind. Ebenso soll mit den laufenden Girokonten verfahren werden. Jeder behält sein Auto und veranlasst die Umschreibung der Versicherungsrabatte bei der HUK. Jeder behält seine Konten und Sparbücher.

7. Unterhalt

Prinzipiell kommt jeder von uns für seinen eigenen Trennungs- und nachehelichen Unterhalt selber auf. Lediglich für die Zeit einer ernsthaften Erkrankung oder Behinderung eines der Kinder, die einen von uns hindert, voll zu arbeiten, wird über den Unterhalt neu verhandelt. Für die Zeit des Praxisaufbaus von Frau Peters (zunächst 3 Jahre) zahlt Herr Peters ihr einen monatlichen Haushaltszuschuss von 500 €. Alle regelmäßigen und außergewöhnlichen Kosten für die Kinder werden von einem (bereits eingerichteten Eltern-Kind-Konto) bestritten (siehe Elternvereinbarung).

8. Laufzeit und Überprüfung

Diese Mediationsvereinbarung ist mit unseren Beratungsanwältinnen,

Frau ....

und Frau Dr. ....

durchgesprochen und wird in den notariell relevanten Teilen noch in einem gesonderten Notarvertrag niedergelegt. Wir wollen diese Mediationsvereinbarung in zweijährigem Turnus überprüfen und gegebenenfalls abändern können. Dies soll im Notarvertrag berücksichtigt sein.

Wir verabreden für Änderungen und mögliche Konflikte Mediation, bevor einer von uns den juristischen Weg geht.

München, den ....

....

Unterschrift Unterschrift

Vom Abdruck der notariellen Vereinbarung wird hier abgesehen.

Teil 3
Basis-Methoden

I. Arbeit mit der Selbstbehauptung (Window I[1])

1. Theoretische Vorbemerkung

Die Arbeit an der Selbstbehauptung aller in der Mediation vertretenen Familien-Mitglieder ist einer der wichtigsten methodischen Bausteine in der Familien-Mediation. Bei tief liegenden Konflikten und Krisen – Trennung und Scheidung in einer Familie ist eine solche Krise – sind Autonomie und Selbstbehauptung meist gestört und müssen in der Mediation wieder neu installiert werden, ohne dass dies zu einer therapeutischen Arbeit führt. **156**

Wir stellen immer wieder fest, dass besonders in den Konfliktsituationen einer Familie sich die einzelnen Mitglieder mit ihren Interessen und Bedürfnissen häufig über den Partner, manchmal vielleicht noch über die eigenen Eltern oder auch über die eigenen Kinder definieren. Erst wenn die Konfliktpartner in der Mediation wegkommen von diesen Projektionen und Definitionen über den anderen und Regelungen finden können für ihre eigenen Bedürfnisse, haben sie eine Chance, von den Positionen zu ihren eigenen Interessen zu kommen. **157**

Wir geben jedem der Konfliktpartner den Platz, den er oder sie braucht, ausführlich über seine eigenen Interessen und Bedürfnisse nachzudenken und sie zu formulieren. Jeder bekommt die gleiche Zeit, sich auf die eigenen Wünsche zu konzentrieren und auf das, was er oder sie wirklich will, und dass er oder sie und dies auch möglichst unkontrolliert und ohne Gegenargumente sagen kann. Dazu braucht jeder viel Zeit und positive Wertschätzung. Darin besteht die besondere Chance in der Mediation, dass sie dazu helfen kann, sich nicht mehr über den anderen oder über Eltern oder Kinder zu definieren, sondern wieder – oder erstmals – Selbstbehauptung zu leben und dann in Lösungen umzusetzen, die der eigenen Autonomie entsprechen **158**

2. Methodik

Die Arbeit an der Selbstbehauptung (Window I) zieht sich durch alle Stufen der Mediation, sie beginnt im Erstgespräch, sie ist besonders wichtig bei der Themensammlung und auch bei der Erarbeitung der tieferen Bedeutungen dieser einzelnen Themen, bei der Entwicklung von Optionen, ebenso bei der Entwicklung von Maßstäben von Fairness und Gerechtigkeit wie beim Verhandeln und Vereinbaren. Besonders wichtig erscheint uns dabei, diese Unterstützung der Selbstbehauptung sehr lang wegzuhalten von dem zweiten Schritt in diesem Verstehensprozess, der Entwicklung von Wechselseitigkeiten und Gemeinsamkeiten (siehe unten Rn. 169 ff.). **159**

1 Wir verwenden hier die von G. Friedman und J. Himmelstein geprägten Kürzel Window I und Window II für die beiden Stufen im Verstehensprozess der Mediation, da sich diese Bezeichnungen im deutschsprachigen Raum bei vielen MediatorInnen durchgesetzt haben.

160 Für uns Mediatoren ist wichtig bei dieser Arbeit – gleich in welcher Stufe –, nicht in die Vergangenheit oder nach Gefühlen zu fragen, auch nicht nach Ängsten oder Befürchtungen – all dies wäre therapeutische Arbeit oder führt dorthin, was ja nicht der Auftrag in der Mediation ist –, sondern eher zukunftsorientiert und ressourcenorientiert zu fragen. Das heißt, wir fragen nach Wünschen, Bedeutungen, Zusammenhängen, Unterschieden mehr als nach Ursachen, Positionen und Lösungen.

161 Wir arbeiten sehr viel mit Würdigung und Wertschätzung – oft ist dieser Schritt der Selbstbehauptung für die Mediandinnen seit langem der erste Schritt auf dem Weg zur Autonomie. Auch hier arbeiten wir immer mit Hypothesenbildung und Überprüfung (siehe unten Rn. 179 ff.).

162 Von den Mediationstechniken halten wir besonders brauchbar für diese Arbeitsschritte in den verschiedenen Stufen: Reflektives Fragen, Fokussieren, Zusammenfassen, Positives Umformulieren – oft ist es im Sinne der Selbstbehauptung aber auch besser, die eigenen Formulierungen der Mediånden stehen zu lassen –, Zukunftsorientierung statt Vergangenheitsorientierung, Unterteilen (z. B. die Wünsche und Interessen als Frau und die als Mutter bzw. als Mann und als Vater). Wir arbeiten viel mit Visualisieren durch Aufschreiben und mit Listen. Manchmal bauen wir Gestaltbilder ein (z. B.: „Stellen Sie sich vor, Sie hätten einen beidseitigen Spiegel zwischen sich, in dem erst mal jeder nur sich selbst sehen kann"). Auf die Techniken für die Stufen und methodischen Bausteine wird ausführlich in Teil 5 (siehe unten Rn. 351 ff.) eingegangen.

163 **Beispielsätze und Fragen zur Unterstützung der Selbstbehauptung in der Mediation**

„Nur wenn jeder von Ihnen die eigenen Wünsche und Bedürfnisse als Frau und Mann wirklich versteht und ausspricht, können Sie später auch als Eltern in konstruktive Verhandlungen eintreten."

„Wenn Sie Ihre eigenen Interessen kennen, können Sie sie auch vertreten, ohne Angst zu haben, über den Tisch gezogen zu werden."

„Wie sieht diese Frage für Sie als Mutter aus, was fällt Ihnen dazu alles ein? Ihren Mann frage ich dann später das Entsprechende."

3. Einbeziehung von Kindern und Jugendlichen

164 Wir denken, dass für die Arbeit mit Kindern und Jugendlichen in der Mediation im Grunde das Gleiche gilt wie für die Arbeit mit den Erwachsenen. Es passiert uns aber öfter in den Mediationen mit Kindern und Jugendlichen, dass wir diesen Punkt weniger beachten, vor allem, wenn es sich um angepasste, fürsorgliche Kinder und Jugendliche handelt, die für die Mediation handsam und „praktisch" zu sein scheinen, weil sie weniger Schwierigkeiten machen. Unserer Erfahrung nach brauchen diese Kinder und Jugendlichen aber besonders intensive Unterstützung ihrer Selbstbehauptung. Die störrischen, aufsässigen, trotzigen Kinder sind eher mühsam. Sie sind aber in ihrer Selbstbehauptung meist weiter und können sich und ihre Interessen und Bedürfnisse auch besser vertreten.

Die zuerst geschilderten Typen von Kindern und Jugendlichen – sie kommen in den Mediationen häufig vor, weil sie in diesen Krisenzeiten Eltern und Geschwistern „helfen" wollen – brauchen die besondere Unterstützung ihrer Selbstbehauptung und Selbstvertretung, damit sie nach der Konfliktsituation gesund weiterleben können. Das gilt insbesondere für die Jugendlichen ab der frühen Pubertät, heute meist schon ab 10–11 Jahren, weil für sie die Entwicklung der eigenen Autonomie und Selbstbehauptung eine überlebenswichtige Entwicklungsstufe bedeutet. **165**

Das heißt: In allen Stufen der Mediation, in denen Kinder und Jugendliche einbezogen werden, muss die besondere Aufmerksamkeit dieser Unterstützungsarbeit gelten. Schwierig ist diese vor allem deshalb, weil gleichzeitig die durch die Krisen unterhöhlte Selbstbehauptung der Eltern unterstützt werden muss. Da ist die Co-Mediation dann oft eine gute Hilfe: Je einer der Mediatoren kann dann entweder die Eltern oder die Kinder unterstützen (zur Co-Mediation siehe unten Rn. 565 ff.). **166**

Beispielsätze und Fragen zur Unterstützung der Selbstbehauptung in der Mediation mit Kindern und Jugendlichen **167**

„Ich kann gut verstehen, dass du deinen Geschwistern helfen willst – wie sehen denn nun deine eigenen Wünsche in Bezug auf Taschengeld aus?"

„Angenommen du müsstest auf nichts und niemand in deiner Familie Rücksicht nehmen, welche Themen und Punkte würden dir dann einfallen, die deine Eltern für dich regeln müssen?"

„Ich merke, dass dir die Fantasien deiner Eltern und Geschwister gefallen. Hast du aber auch noch eigene, die noch nicht genannt wurden?"

„Ich finde gut, wie viele Ideen du jetzt schon gehabt hast – Gibt es vielleicht noch mehr?"

4. Praxiserfahrungen

- Diese Arbeit mit der Unterstützung der Selbstbehauptung braucht unserer Erfahrung nach in manchen Stufen sehr viel Zeit zum Nachdenken für die Eltern bzw. auch die Kinder und Jugendlichen und gibt uns damit Zeit für unsere Hypothesen und für deren Überprüfung, besonders bei der Arbeit an den tieferen Bedeutungen der Interessen, bei den Optionen und bei den Maßstäben für Fairness und Gerechtigkeit. **168**
- Wir finden diese Arbeit manchmal sehr anstrengend, besonders, wenn die Fähigkeit zur Selbstbehauptung ungleich verteilt ist, z. B. bei den sog. „schwachen" Opfertypen in einer Familie.
- Manchmal empfehlen deshalb Trainer den Mediatoren, diese Arbeit mit jedem Mitglied einer Familie – oder auch mit den Eltern bzw. den Kindern – getrennt zu machen, die sog. „Shuttle-Mediation" oder das sog. „Caucusing" (siehe unten Rn. 521).
- Wir halten von der getrennten Mediation nicht so viel, sondern würden eher Supervision empfehlen, wenn uns diese Arbeit an der Selbstbehauptung in einer Familie Schwierigkeiten macht.

II. Arbeit mit der Wechselseitigkeit und der Gemeinsamkeit (Window II)

1. Theoretische Vorbemerkung

169 Wir denken, dass der zweite wichtige methodische Baustein in der Mediationsarbeit mit Familien die Unterstützung des gegenseitigen Verstehens ist. Nur darüber wird ein Weg frei für die Aufweichung der Positionen hin zu den Interessen und Bedürfnissen. Nur so können später die Vereinbarungen für alle fair und gerecht werden. Faire Lösungen sind nur möglich, wenn die Interessen und Bedürfnisse des anderen akzeptiert werden können – Verhandeln in diesem Sinne und im Sinne von Gewinnern auf allen Seiten geht nur über diesen Interessenaustausch. Der Verstehensprozess kann manchmal über wechselseitiges bzw. gegenseitiges Verstehen oder auch über gleiche oder ähnliche Problemdefinitionen gehen. Manchmal ist die Frage des wechselseitigen Nutzens wichtig und schließlich auch noch die Frage nach den Gemeinsamkeiten.

2. Methodik

170 Im Prinzip gelten alle methodischen Hinweise wie bei Window I (siehe oben Rn. 156 ff.), wie ja prinzipiell für die Arbeit mit der Wechselseitigkeit gilt, dass auch hier immer wieder die Selbstbehauptung der Konfliktpartner weiter unterstützt werden muss.

171 In den verschiedenen Stufen, wo besonders mit Wechselseitigkeit und Gemeinsamkeit gearbeitet werden muss, legen wir für die jeweiligen Konfliktseiten Spalten – auf der Flipchart oder sonst sichtbar – an, damit die Konfliktpartner sich in Ruhe und übersichtlich die Positionen, Interessen, Optionen, Maßstäbe für Gerechtigkeit, Verhandlungsmodelle oder an was wir gerade arbeiten anschauen können. Die Punkte, die den Partnern auf der anderen Seite gefallen oder auch nur halb gefallen, kennzeichnen wir mit Buchstaben, Farben o. ä. Diese Punkte benutzen wir dann als Grundlage für die Entscheidung, welche Themen z. B. als erste besprochen werden, welche Optionen durchgerechnet und auf Machbarkeit überprüft werden, welche der vielen Maßstäbe für Fairness z. B. der Vereinbarung vorausgestellt werden etc. Das heißt nicht, auf der Seite des anderen etwas zu streichen: es bleibt die Liste von jedem Einzelnen in der Mediation.

172 Bei Fragen nach der Wechselseitigkeit achten wir sehr darauf, dass wir möglichst nicht schon nach Lösungen fragen, sondern erst einmal allgemeiner („Was gefällt Ihnen auf der anderen Seite?"; „Was können Sie gebrauchen für Ihre eigenen Überlegungen?" etc.). Außerdem sollten wir die Fragen nach der Wechselseitigkeit der inneren und äußeren Balance wegen immer – wie auch bei Window I – an beide Partner gleichlautend formulieren. Mitglieder von Ausbildungen in Familien-Mediation haben nach Rollenspielen berichtet, wie empfindlich sie in der Rolle auf nicht gleiche Formulierungen reagiert haben.

Allgemein arbeiten wir in diesem methodischen Baustein besonders mit zirkulären und reflektiven Fragen, natürlich viel mit Hypothesenbildung und Überprüfung. Von den Techniken benutzen wir besonders Zusammenfassen, Normalisieren, Positives Umformulieren und das Einbringen von Beispielen aus anderen Familien. 173

Beispielsätze und Fragen zur Unterstützung der Wechselseitigkeit in der Mediation 174

„Sie haben jetzt Ihre eigenen Gedanken, Wünsche und Vorstellungen zu diesem Punkte genannt, und ich habe jeden von Ihnen darin unterstützt. Ich möchte Sie jetzt bitten, mal auf die andere Seite zu schauen – nicht um da etwas zu streichen, was Ihnen nicht gefällt, sondern um vielleicht etwas zu suchen, was Sie für sich interessant finden."

„Was auf der anderen Seite können Sie für Ihre eigenen Ideen und Planungen gebrauchen?"

„Was von den Ideen und Wünschen auf der anderen Seite könnte besonders nützlich für die Kinder sein?"

„Was können Sie dem Vater anbieten, um das zu bekommen, was Sie selbst gern von ihm hätten?"

„Was sehen Sie an Gemeinsamkeiten – oder was ist so ähnlich ausgedrückt wie bei Ihnen?"

3. Einbeziehung von Kindern und Jugendlichen

Die Arbeit mit der Wechselseitigkeit ist generell mehr eine Methodik für die Erwachsenen-Mediation und weniger geeignet für kleinere Kinder. Allerdings wird sie in der Schulmediation z. B. bereits ab der 2. Klasse eingesetzt, wenn Kinder also einigermaßen lesen können oder Zeichen verstehen können. Für Jugendliche ab 12 Jahren ist dieser Schritt auch intellektuell gut nachvollziehbar. Besonders beim Einbeziehen von Geschwistern oder z. B. in neu zusammengesetzten oder Pflege-Familien mit verschieden betroffenen Kindern kann diese Arbeit mit der Wechselseitigkeit und besonders auch mit der Gemeinsamkeit wichtig sein, z. B. die Gemeinsamkeit bei der Unterstützung des Geschwister- oder Kinder-Subsystems, die verschiedene Wechselseitigkeit bei der Unterstützung der verschiedenen Interessen in den unterschiedlichen Altersgruppen. 175

Uns erscheint auch hier bei der Einbeziehung der Kinder wichtig zu sein, immer mehr auf die Unterstützung der einzelnen Selbstbehauptung zu sehen und nicht so sehr auf die Gemeinsamkeit der Geschwister, so sehr sie vielleicht auch ins Auge springt. Für die Kinder und besonders für die Jugendlichen scheint uns wichtiger, sie selbst in diesem Trennungsprozess zu unterstützen, als sie aufzufordern, sich um die anderen zu kümmern. Gut ist in diesem Sinn die Frage, was sie von den Wünschen etc. der anderen für sich gebrauchen können. 176

177 **Beispielsätze und Fragen zur Unterstützung der Wechselseitigkeit in der Mediation mit Kindern und Jugendlichen**

„Jeder von euch hat jetzt seine eigenen Ideen und Wünsche zu diesem Thema in einer Spalte aufschreiben lassen. Schau deine eigene Spalte noch einmal gut an, ob auch alles drauf ist, was für dich selber wichtig ist. Vielleicht sagst du noch, was für dich am erstwichtigsten, am zweitwichtigsten etc. ist – das könnte für eure Eltern wichtig sein, wenn sie dann über eure Punkte reden."

„Wenn du damit fertig bist, dann schau doch mal auf die Spalte(n) deiner (eurer) Geschwister (anderen Kinder) – Soll ich sie dir noch einmal langsam vorlesen? Was dort gefällt dir auch oder wenigstens ein bisschen?"

„Was in den anderen Spalten gefällt dir so gut, dass du es auch in deiner eigenen Spalte aufgeschrieben haben willst?"

„Wenn du willst, schau dann doch auch einmal auf die Spalten eurer Eltern, was dir da gefällt oder was du da besonders wichtig findest (lange Zeit lassen!). Soll ich die Spalten von Mama und Papa noch einmal langsam vorlesen oder geht es so?"

„Gibt es da Punkte, die dir besonders wichtig sind? Ich mache dann deinen Anfangsbuchstaben dran, damit eure Eltern wissen, wem was besonders wichtig ist."

4. Praxiserfahrungen

178

- Wir haben die Erfahrung gemacht, dass auch bei einer geringen Anzahl von Selbstbehauptungen – z. B. nur zwei auf jeder Seite – der Schritt in die Wechselseitigkeit möglich ist. Vorher sollten wir allerdings prüfen, ob wir selbst bei der Arbeit „optional" geblieben sind, das heißt immer wieder gefragt haben „und noch, und noch?". Außerdem passiert gar nicht so selten, dass dieser Schritt in einer Stufe kärglich bleibt, in einer anderen sehr gut funktioniert.
- Wir wissen, dass manche Mediatoren den Fehler machen, diesen Schritt der Wechselseitigkeit entweder zu schnell – das heißt ohne gründliche Arbeit mit der Selbstbehauptung – zu machen, überhaupt nur mit diesem Schritt zu arbeiten oder aber diesen Schritt auch noch zu verkürzen auf die Arbeit mit der Gemeinsamkeit. Deshalb scheint es uns besonders notwendig zu sein, den Übergang von Window I zu diesem Schritt der Wechselseitigkeit mit Hilfe von Hypothesen sehr sorgfältig zu planen und zu überprüfen.
- Wenn wir in der Selbstbehauptung (Window I) z. B. mit Bildern oder Gestaltvorstellungen gearbeitet haben (z. B. „Stellen Sie sich vor, Sie hätten einen doppelten Spiegel zwischen sich, in dem Sie sich nur selbst sehen."), empfiehlt es sich, diesen Spiegel jetzt wieder wegzunehmen oder das Bild zu verändern. Besonders Kinder begreifen solche Gestaltarbeit in der Mediation besonders gut und schnell.

- Bei der Einbeziehung von Kindern und Jugendlichen haben wir die Erfahrung gemacht, dass bei der Arbeit mit dem Verstehensprozess allgemein gilt: Es ist wichtiger, ihre eigenen Interessen und Bedürfnisse und die Selbstbehauptung darin zu unterstützen, als sie zur Wechselseitigkeit und Sicht der Gemeinsamkeit zu ermutigen. Darin sind sie oft in ihren Rollen als Bündnispartner und kleine „Therapeuten" in der Familie sowieso schon überfordert.
- Der Schritt der Wechselseitigkeit ist unserer Erfahrung nach auch sehr gut möglich, wenn die Kinder und Jugendlichen nur indirekt einbezogen werden, das heißt nicht selbst anwesend sind, für sie aber Spalten an der Flipchart angelegt worden sind. Wir arbeiten dann meist zirkulär und fragen entweder die Eltern oder – wenn etwa nur ein Kind fehlt – die anwesenden Geschwister, was sie denken, das für die betreffenden Kinder oder Geschwister wichtig und relevant von den anderen Spalten sein könnte.

III. Die Arbeit mit Hypothesen (Arbeitsannahmen)

1. Theoretische Vorbemerkung

179 Eine der wichtigsten methodischen Arbeitsweisen in der Familien-Mediation ist für uns die Arbeit mit Hypothesen und deren ständige Überprüfung. Diese Methode des systemischen Denkens, Redens und Fragens wurde von einem unserer Lehrer, dem verstorbenen John M. Haynes, in die Familien-Mediation eingebracht. Sie wird nicht von allen Vertretern der Familien-Mediation praktiziert. Wir halten sie für unsere Mediationsarbeit besonders mit Familien für unabdingbar, nämlich für jedes der Familien-Mitglieder, aber auch für das ganze Familiensystem ständig Hintergrund-Hypothesen und Arbeits-Hypothesen zu bilden, sie zu überprüfen und erst dann weiterzuarbeiten, wenn wir sie modifiziert und verifiziert haben.

2. Methodik

180 Diese prozessorientierte Art der Arbeit hat sich auch als methodisch hilfreich für die Mediation erwiesen, jedenfalls für die Familien-Mediation, und wird von vielen Mediatoren als eine der wichtigsten Methoden zur Unterstützung und Förderung des Mediationsprozesses praktiziert.

181 Auch diese Methodik der Mediation – die Arbeit mit Hypothesen – zieht sich durch alle Stufen der Mediation. Wir brauchen Hypothesen besonders für die Übergänge von einer Stufe in die nächste, z. B. von der Themensammlung in die Arbeit an den tieferen Interessen und Bedürfnissen, für den Übergang von der Entwicklung von Optionen zum Verhandeln oder generell für den Übergang von Selbstbehauptung zu Wechselseitigkeit und Gemeinsamkeit (siehe oben Rn. 169 ff.). Neben den Arbeitsannahmen für die nächsten Schritte brauchen wir auch Hintergrund-Hypothesen. Dabei verstehen wir unter Hintergrund-Hypothesen solche, mit denen nicht direkt gearbeitet wird, während die Mediations-Hypothesen direkte Arbeits-Hypothesen sind. Hintergrund-Hypothesen wären z. B. juristische, psychologische, pädagogische oder auch ökonomische Arbeitsannahmen. Wichtig scheint uns dabei zu sein, immer darauf zu achten, dass wir möglichst ressourcenorientierte Hypothesen bilden und nicht problemorientierte. Nur erstere sind für uns brauchbar in der Mediation, die letzteren führen uns eher in die therapeutische Arbeit.

182 **Beispiele für juristische (Hintergrund-)Hypothesen bei Familie Peters**

- Die Chancen bei Familie P. stehen gut, dass sie das Gemeinsame Sorgerecht weiterhin behalten können.
- Das Haus von Familie P. kann nur zu seinem tatsächlichen Preis verkauft werden, wenn die Großmutter bewogen werden kann, auf ihr Dauerwohnrecht zu verzichten.

Beispiele für psychologische (Hintergrund-)Hypothesen bei Familie Peters 183

- In der Familie gibt es Bündnisse, nämlich zwischen Mutter und Anna und zwischen Vater und Thomas.
- Herr P. lässt sich in seinen Entscheidungen immer noch von Frauen bestimmen, während Frau P. bereits auf dem Weg zu einer eigenen Autonomie ist.

Beispiele für pädagogische (Hintergrund-)Hypothesen 184

- Für die Entwicklung von Thomas ist der Vater momentan wichtiger als die Mutter.
- Die Einmischung der Großmutter in die Erziehung macht die gemeinsame Pädagogik der beiden Eltern P. schwieriger.

Beispiele für Mediations-(= Arbeits-)Hypothesen 185

- Die finanziellen Ressourcen der Familie P. reichen für zwei Haushalte.
- Beide Eltern haben gute Berufe, mit denen sie ihr weiteres Leben planen können.
- Wenn es in der Mediation gelingt, die Großmutter mit einzubeziehen in die weitere Planung für die getrennte Familie, könnte sie zu einer wichtigen Ressource werden, auch für die Kinder.
- Da beide Partner die Mediation wollen, wird eine Bereitschaft für gute Regelungen vorhanden sein.
- Es könnte sein, dass Frau und Herr P. noch mehr über ihre eigenen Gerechtigkeitsvorstellungen nachdenken müssen, bevor sie entgültig verhandeln können.

Die Arbeit mit Hypothesen und deren Überprüfung spielt sich hauptsächlich in unseren Köpfen ab. Wir werden nicht veröffentlichen, dass wir immer Hypothesenmaterial sammeln – und zwar immer für beide Konfliktpartner oder für alle, wenn es eine Mehrparteien-Mediation ist. Wir bilden uns – wieder für beide getrennt – Hypothesen (etwa nach den obigen Beispielen), überprüfen sie und testen sie aus, modifizieren sie ggf., überprüfen die modifizierten Hypothesen und arbeiten erst weiter, wenn beide Konfliktpartner uns die Zustimmung geben, dass unsere Sicht so stimmt. Wir arbeiten sozusagen immer an zwei Strängen – wenn es mehr Partner sind, an mehreren Strängen – gleichzeitig. Es hat für uns sehr viel mit Neutralität und Balance in der Mediation zu tun, diese Hypothesen-Arbeit sorgfältig und ausgewogen für alle Konfliktpartner zu machen. 186

Auch wenn wir unsere Arbeitshypothesen nicht veröffentlichen, so nehmen die Konfliktpartner sie indirekt wahr durch unsere Fragen und Zusammenfassungen. Wir schaffen dadurch auch bei ihnen Klarheit, Ordnung und Möglichkeiten, neue Schritte zu gehen. Um den Prozess vorwärts zu bringen, scheint es uns deshalb besonders wichtig, mit ressourcen- und zukunftsorientierten Hypothesen zu arbeiten. Methodisch geschieht das im Allgemeinen durch Zusammenfassen, Fokussieren, differenziertes – meist reflektives – Fragen, Rückspiegeln des Verstandenen etc., nacheinander oder abwechselnd für beide Seiten. 187

3. Hypothesen beim Einbeziehen von Kindern und Jugendlichen

188 Für die Mediationsarbeit mit Kindern und Jugendlichen ist unsere Fähigkeit zur Hypothesenbildung und die Arbeit damit besonders gefordert, damit wir nicht in eine Goodwill-Aktion oder – noch schlimmer – in eine Pädagogische Aktion abgleiten. Für diese Arbeit brauchen wir Grundkenntnisse der Familiendynamik und über die Entwicklung von Kindern in den verschiedenen Altersstufen, um überprüfbare Arbeitsannahmen aufstellen zu können, mit denen dann auf Optionen und Lösungen hingearbeitet werden kann.

189 Für die praktische Mediationsarbeit mit den Kindern und Jugendlichen gilt im Prinzip, was wir bereits allgemein methodisch gesagt haben. Besonders erleichternd finden wir für die Arbeit mit Hypothesen, wenn wir mit einem Co-Mediator arbeiten. Noch ein besonderer Hinweis: Für die Arbeitsannahmen für die Kinder und Jugendlichen gilt insbesondere, dass sie sowohl bei den Eltern wie bei den Kindern genau überprüft werden (wenn z. B. Thomas seine Paten zzt. hasst, taugen sie nicht als Unterstützer; wenn der Vater nur sein Bündnis mit Thomas sehen kann und nicht die Notwendigkeit des Geschwistersystems, muss anders weitergearbeitet werden, weil sonst nicht beide Eltern die gleichen Regelungen unterstützen, sondern sie eher boykottieren werden).

190 **Beispiele für Mediations-Hypothesen für die Arbeit mit Kindern und Jugendlichen (am Beispiel der Familie Peters)**

- Das Geschwister-Subsystem ist eine wichtige Ressource für die Lösungen für die getrennte Familie.
- Die Mediationsvereinbarungen können für die Kinder dann gut sein, wenn es gelingt, den altersmäßig sehr verschiedenen Bedürfnissen der beiden Kinder gerecht zu werden.
- Das familiäre Unterstützungssystem der Familie (mit Großmutter und Paten) kann für die Stabilisierung der Regelungen genutzt werden.
- Für Kinder in den beiden hier vorliegenden Alterstufen (Einschulung, Pubertät) ist es wichtig, dass überschaubare, möglichst kurzzeitig überprüfbare Vereinbarungen getroffen werden.
- Wenn das Geschwistersystem in den Regelungen genügend unterstützt wird, kann es für Kinder gut sein, dass sie eine Zeitlang besondere Unterstützung jeweils von ihren Bündnispartnern erhalten (Anna von der Mutter, Thomas vom Vater).

4. Praxiserfahrungen

191

- Gerade wenn wir aus psychosozialen Berufen kommen, geraten wir oft in die Gefahr, eher problemorientierte Hypothesen im Kopf zu haben und der Versuchung zu erliegen, doch beraterisch oder therapeutisch zu arbeiten. Wir merken das dann z. B. an Fragen, die mit „Warum“ beginnen.
- Die Frage unserer eigenen Wertigkeiten und Normen spielt bei der Hypothesenbildung und Überprüfung eine große Rolle und sollte von uns – möglicherweise durch Supervision – dauernd überprüft werden, damit wir frei bleiben für die Ressourcen speziell dieser Familie.
- Wir sollten uns angewöhnen, vor Beginn einer Mediations-Sitzung für jeden Konfliktpartner mindestens zwei Hypothesen im Kopf zu haben und größere Streitereien dazu zu verwenden, uns zurückzulehnen und Hypothesenmaterial zu sammeln, das wir dann brauchen können, um den Prozess weiterzubringen.
- Unsere Erfahrung zeigt, dass wir manchmal müde und nachlässig werden im Laufe einer Mediation. Wir können sicher sein, wenn die Mediation in einer bestimmten Stufe hängen bleibt, dass wir oft keine Arbeitsannahmen im Kopf haben.

IV. Arbeit mit mehreren Parteien

1. Theoretische Vorbemerkung

192 Fälschlicherweise versteht man unter Familien-Mediation meist eine Mediation mit zwei Parteien, meist den Eltern in einer Konfliktfamilie. Nach dem erweiterten Verständnis von Familien-Mediation handelt es sich jedoch häufig um Mediationen mit mehr als zwei Konfliktparteien, besonders bei Einbeziehung von Kindern und Jugendlichen, aber auch bei fast allen Formen von Mehrgenerationen-Mediation, bei den meisten Zweit- oder Pflege-Familien etc. Auch bei Familien-Mediationen, die Erb-Mediationen sind, handelt es sich meist um Mehrparteien-Mediation.

193 Für die Arbeit mit Mehrparteien gilt das über Systeme Gesagte (siehe unten Rn. 548 ff.), dass nämlich jedes Mitglied in einem Familiensystem Teil eines oder mehrerer Systeme oder Subsysteme ist und dass jedes dieser Systeme die Fähigkeit zur Autonomie und zur Selbstregulation hat.

2. Methodik

194 Die Mehrparteien-Arbeit kann sich durch den ganzen Mediations-Prozess ziehen, entweder als durchgängige oder als sukzessive Mehrparteien-Mediation. Für diese Mediation ist die Arbeit mit Hypothesen und deren Überprüfung unabdingbar.

195 Die methodische Arbeit geht im Prinzip genau wieder so wie die „normale" Mediationsarbeit mit zwei Konfliktparteien. Wenn es sich um mehrere Konfliktparteien oder Familiensysteme handelt, müssen mit jeder Partei und mit jedem System Kontrakte über Dauer, Kosten, Protokolle, Formen der Vereinbarungen, Informationen, Setting, Rolle des Rechts etc. extra gemacht werden. Das kostet u. U. zu Beginn Zeit, zahlt sich aber aus. Auch die Regeln über Kommunikation, Gefühle, Schweigepflicht etc. müssen mit jeder Gruppierung extra mediiert werden. Wenn z. B. ein Familiensystem in einer neu zusammengesetzten Familie Regeln zugestimmt hat, können wir als MediatorInnen nicht davon ausgehen, dass das andere betroffene System diesen Regeln automatisch auch zustimmt.

196 Ebenso wie in der Zweier-Mediation werden natürlich alle Schritte wie Entwicklung von Interessen, Optionen, Fairness-Kriterien, Verhandlungs-Modellen etc. immer mit Window I (Arbeit an der Selbstbehauptung jeder Partei oder jedes Systems) und mit Window II (Arbeit an der Wechselseitigkeit und Gemeinsamkeit) bearbeitet.

197 Bei der Visualisierung heißt das, dass alle Raster – z. B. an der Flipchart – immer für alle Konfliktparteien gemacht werden müssen. Unter Umständen braucht man mehrere Flipcharts oder Stellwände. Auch für die abwesenden Mitglieder eines Familien-Systems oder eines Subsystems etc. sollte es eigene Raster geben, die evtl. von den anderen Mitgliedern zirkulär ausgefüllt werden oder auch einstweilen leer bleiben können. Auch hier lohnt sich der Aufwand: er dient der Klarheit und der lösungsorientierten Strukturierung. In vielen Mehrparteien-Mediationen, besonders mit Kindern, ist

es hilfreich, mit Sozio- oder mit Genogrammen (siehe unten Rn. 446 ff.) zu arbeiten, um komplizierte Familienstrukturen und deren Ressourcen besser darstellen zu können.

198 Bei der Verwendung vieler der Mediationstechniken, besonders auch der zirkulären und reflektiven Fragen, sollten die Mediatoren darauf achten, dass sie auch bei einer großen Zahl von Konfliktpartnern möglichst die gleichen Sätze verwenden und die gleichen Fragen stellen, auch z. B. für die abwesenden Mitglieder eines Systems (z. B. bei abwesenden Kindern, Großeltern, Pflegeeltern etc.).

199 Es empfiehlt sich, die verschiedenen Familiensysteme in der Mehrparteien-Mediation auch verschieden zu setzen, das heißt, Eltern und Kinder nicht durcheinander, sondern z. B. gegenüber, bei Mediationen mit verschiedenen Familien-Systemen diese nicht durcheinander, sondern strukturiert gegenüber etc. Wichtig ist, diese Sitzordnungen gut zu erklären, sonst bekommt der Mediator Widerstand in der Mehrparteien-Mediation, der schwerer aufzulösen ist als in einer Zweier-Mediation.

3. Praxiserfahrungen

200

- Mediatoren mit systemischer Arbeits-Erfahrung tun sich leichter mit der Mehrparteien-Arbeit in der Familien-Mediation. Wenn sie keine haben, sollten sie sich möglichst eine Co-Mediatorin mit systemischer Erfahrung oder Ausbildung suchen.
- Die Frage der inneren Balance und der Neutralität ist die gleiche wie in der Zweier-Mediation, es ist aber schwieriger damit umzugehen, weil es sich meist um eine Balance mit mehreren Achsen handelt. Die Fragen von Übertragung und Gegen-Übertragung sind besonders dann in Supervision zu überprüfen, wenn uns einzelne Personen aufregen und wir nicht mehr das ganze Familien-System oder die Systeme sehen können.
- Insgesamt werden verständlicherweise in der Mehrparteien-Mediation bei uns MediatorInnen mehr Fallen auftauchen als in der Zweier-Mediation. Wir werden aber auch schneller bereit sein für Supervision oder für das Hinzuziehen eines Co-Mediators.

V. Mehrwege-Mediation – Umgang mit Ambivalenzen

1. Theoretische Vorbemerkung

201 Im Allgemeinen geht man bei der Ziel-Definition der Mediation – auch der Familien-Mediation – davon aus, dass auf eine Lösung und Vereinbarung hingearbeitet wird. Dabei kann es im Sinne der Theorie und Philosophie der Mediation auch sinnvoll sein, zwei oder mehr Wege zu mediieren. Zweck dieser zwei oder drei Wege und Vereinbarungen ist, sich nicht weiter zu bekämpfen – meist im Sinne des Wohls für die Kinder – sondern zu akzeptieren, dass momentan viele Wege offen sind und eine eindeutige Lösung momentan oder überhaupt nicht erreichbar ist. Auch das ist Mediation, dass diese Ambivalenz akzeptiert und nicht – womöglich juristisch – ausgenutzt wird, sondern dass es dafür klare, von allen Beteiligten akzeptierte Regeln gibt.

202 Gerade in der Familien-Mediation – und da besonders in der Trennungs- und Scheidungs-Mediation – taucht diese Notwendigkeit und Chance des Öfteren auf, wenn nämlich über lange Strecken hin nicht klar ist, ob es eine Trennung geben, die Ehe weitergeführt oder vielleicht sogar eine andere neue Form des halb getrennten Zusammenlebens geben wird (manchmal nur als Übergangsphase, manchmal aber auch für einen langen bestimmten Zeitraum – z. B. „bis die Kinder aus dem Haus sind"). Wir nennen diese Form von Mehrwege-Mediation auch „Ambivalenz-Mediation".

203 Inzwischen merken wir, dass auch in vielen anderen Formen der Familien-Mediation diese Notwendigkeit vorhanden ist, Ambivalenz ernst zu nehmen und dafür Regelungs-Mediation anzubieten und zu mediieren (z. B. für die häufige Form der Erb- oder Wirtschafts-Mediation mit Familien „Ich will die Firma übergeben – aber momentan eigentlich doch nicht"). Dahinter steht die ressourcenorientierte These, dass sich mit dem Weg oder den Wegen auch das Ziel klärt, ohne dass daran z. B. therapeutisch gearbeitet werden muss. Wir gehen inzwischen so weit zu sagen: Eine gute Familien-Mediation ist fast immer eine Mehrwege-Mediation.

2. Methodik

204 Fast immer zeigt sich die Notwendigkeit einer Mehrwege-Mediation im Erstgespräch. Deshalb ist hier die Hypothesenbildung der MediatorInnen so wichtig. Wenn die Ambivalenz-Hypothese überprüft und verifiziert ist, beginnt methodisch die eigentliche Mehrwege-Mediation, das heißt Themensammlung, Interessen, Optionen, meist auch Rolle des Rechts, Verhandeln und Vereinbaren werden auf diese zwei oder mehr Wege hin bearbeitet. Bei der Trennungs- und Scheidungs-Mediation kann das z. B. heißen, dass zwei Betreuungspläne, zwei Haushaltspläne, zwei Vermögenspläne etc. gemacht werden müssen. Damit werden dann beide Eltern in ihrer Ambivalenz ernst genommen („Ich will mich trennen oder auch nicht" und „Ich will die Ehe weiterführen oder auch nicht"). Und wir verlieren als Mediatoren nicht unsere Neutralität, wenn wir je nach Biographie oder Einstellung Pläne entwickeln helfen für die beiden oder mehreren Wege.

Wir müssen mit viel mehr Visualisierungen arbeiten – z. B. für jede Stufe mehrere Flipcharts oder Blätter haben –, viel mehr auf Vorläufigkeit und die Klarheit der Regelungen der verschiedenen Wege für die Kinder achten. Wir müssen die Methoden und Techniken noch sorgfältiger und hypothesengeleitet anwenden, um die Wege offen halten zu können. Manchmal machen wir auf diese Weise zwei oder mehr Mediationen gewissermaßen nebeneinander (z. B. für die Zeit der Ambivalenz, für Plan A, B oder C oder für die Zeit von–bis und dann wieder von–bis etc.). Die Mehrwege-Mediation ist selten eine Kurzmediation, sondern meist eine sehr lang gezogene Langzeit-Mediation mit vielen Intervallen. **205**

3. Praxiserfahrungen

- Wegen der oft extrem langen „Langzeit"-Mediation brauchen wir als Mediatoren ein großes Maß an Geduld und Durchhaltevermögen. **206**
- Wir brauchen weiter eine positive Sicht von Ambivalenz. Wenn wir unsere eigene Ambivalenz in vielen Fragen der Lebensentwicklung nicht reflektiert und einigermaßen im Griff haben, sollten wir die Finger von der Mehrwege-Mediation lassen. Besonders Familien in der Ambivalenz vertragen Drängeln oder unterschwellige Entscheidungs-Strategien schlecht. Die Regelungen für die Kinder sind dann oft eher unsere als die der Eltern.
- Wir brauchen für die Mehrwege-Mediation Anwälte, die auch ein gutes Verhältnis zur Ambivalenz haben, das heißt solche, die bereit sind, die verschiedenen Wege immer wieder parteilich zu beraten und durchzurechnen.

VI. Kurz-Mediation

1. Theoretische Vorbemerkung

206 a Die komprimierte Form einer Mediation – die Kurz-Mediation – kommt inzwischen auch in der Familien-Mediation immer häufiger vor, sei es für begrenzte Konflikte, bei finanziellen oder zeitlichen Begrenzungen, bei großen Entfernungen zwischen den Konfliktparteien etc. Wir praktizieren die Kurz-Mediation als eine in sich vollständige Mediation mit begrenztem Zeitrahmen, meist mit drei bis zehn Stunden an einem oder zwei Tagen.

206 b Die Kurz-Mediation bietet gerade für die Familien-Mediation viele Möglichkeiten des Einsatzes, gerade auch in der Kinder- und Jugendhilfe mit ihren häufigen kurzfristigen oder vorläufigen Regelungen, insbesondere im Bereich des Umgangs von Eltern und Kindern in der Zeit der Trennung, Scheidung und Nachscheidung, aber auch bei anderen Familien-Konflikten.

2. Methodik

206 c Um die vereinbarte Zeit einhalten und trotzdem alle wesentlichen Schritte der Mediation machen zu können, scheint es uns wichtig, alle informativen Schritte (Info-Material über Mediation, Arbeitskontrakt, Erstellung von evtl. notwendigen Genogrammen, Informationen über Beratungsanwälte, Honorarfragen, Organisation der Besprechungsmöglichkeiten der Medianden nach der Entwicklung von Optionen über Mobilfunk etc.) in der Vorlaufphase am Telefon oder per E-Mail zu erledigen. Für die komprimiertere Arbeitsweise ist es notwendig, besonders sorgfältig mit Hypothesen in Bezug auf das gesamte Zeitmanagement zu arbeiten, insbesondere die Möglichkeiten von Verkürzung der Mediation und ihre methodische Umsetzung zu überlegen (z. B. Optionen durch Zuruf erstellen zu lassen, Verzicht auf Zeit raubende Techniken wie Spiegelungstechniken, aktives Zusammenfassen und Fokussieren der Angebote und der impliziten Vereinbarungen beim Verhandeln.

206 d Dabei bleibt trotzdem wichtig, dass die mittlere und wesentlichste Stufe der Mediation – die Interessen und Bedürfnisse jedes Einzelnen und das gegenseitige Verstehen – gut herausgearbeitet werden und damit das eigentliche Herzstück einer Mediation bleiben.

Was meist in der Kurz-Mediation fehlt, sind die Trainings-, Übersetzungs- und Veränderungsphasen in den Alltag der Kinder und Jugendlichen einer Familie oder in andere Systeme des Zusammenlebens von Kindern und Erwachsenen, wie sie innerhalb der Langzeit-Mediation eher möglich sind. Deshalb liegt für uns hier eine wesentliche methodische Einschränkung der Kurz-Mediation: Beim Verhandeln müssen deshalb die Vereinbarungen über diese Trainings- und Veränderungsmöglichkeiten durch Nachfolge-Termine sehr viel stärker beachtet, ausgehandelt und vereinbart werden.

3. Praxiserfahrungen

206 e

- Die Erfahrungen zeigen, dass Kinder und Jugendliche nicht mit großer Begeisterung an Mediationen teilnehmen, auch wenn sie es schätzen, dass an Lösungen für ihre Situation gearbeitet wird. Wenn diese Sitzungen mit ihnen stattfinden, schätzen sie – insbesondere die Jugendlichen – deshalb die Kurz-Mediation sehr, eben wegen ihrer Kürze und wegen ihrer stärkeren Lösungsorientierung. Wir werben deshalb auch gerade bei Einbeziehung von Kindern und Jugendlichen verstärkt für diese Form.
- Kurze (möglicherweise kostenlose) Vor-Mediationen erleichtern den Ablauf von Kurz-Mediationen mit Familien sehr und bewirken gerade bei Jugendlichen oft einen Motivationsschub für die Mediation.
- Trotz der begrenzten Zeit verzichten wir nie auf die Pause nach der Optionenentwicklung, damit die Eltern (oder anderen Erwachsenen, aber besonders auch die Jugendlichen) Zeit haben, die in Frage kommenden Optionen mit Freunden, Verwandten, Fachleuten, Anwälten etc. z. B. per Mobiltelefon zu besprechen. Diese Pause zahlt sich in der Kurz-Mediation besonders fürs Verhandeln von Angeboten an die anderen Parteien aus. Man sollte diese Pause deshalb nicht zu kurz bemessen.
- Wir achten sehr darauf, dass auch in der Kurz-Mediation die vereinbarten Ergebnisse veränderbar bleiben.
- Es lohnt sich immer, auch in der Kurz-Mediation eine Joker-Zeit einzuplanen, um in der Prozessarbeit nicht unnötig unter Druck zu geraten.
- Kurz-Mediationen machen wir lieber allein, auch wenn sie dann anstrengender sind. Co-Mediationen brauchen meist mehr Zeit.

Wir merken, dass unsere Langzeit-Mediationen effektiver werden und wir mehr auf das Wesentliche achten, seit wir die Kurz-Mediation in der Familien-Mediation praktizieren.

Teil 4
Methodische Bausteine

I. Entwickeln und Mediieren von Regeln

1. Theoretische Vorbemerkung

Zu den in allen Schulen der Familien-Mediation unumstrittenen Methoden gehört das Entwickeln von Regeln für die Mediation. Unterschiedlich wird von den MediatorInnen gehandhabt, wie diese Regeln denn gefunden werden. Viele setzen sie selbst, z. B.: „Gleiche Redzeiten für alle", „Keine Beschimpfungen". Wir bevorzugen, sie mit den Eltern oder der ganzen Familie zu mediieren, weil wir denken, dass dies dem Geist der Mediation angemessener ist. **207**

Besonders in Familien-Mediationen, in denen evtl. Kinder und Jugendliche einbezogen werden sollen, spielt das Entwickeln und Mediieren von Regeln eine große Rolle. Das kann auch ein wichtiges Modell sein für die Familien, wie sie selbst für ihr Zusammenleben Regeln entwickeln können, die nicht nur von den Eltern gesetzt werden, sondern von allen als fair angesehen werden. **208**

Je nachdem, an welcher Stelle die Regeln mediiert werden, ergeben sich auch die Inhalte der Regeln. So können z. B. folgende Inhalte wichtig sein, als Regeln festgehalten zu werden: **209**

- Umgang mit jeweiligen Redezeiten
- Umgang mit Gefühlen
- Umgang mit Absagen oder Veränderungen der Mediations-Sitzungen
- Reihenfolge von Redebeiträgen
- Umgang mit der Vertraulichkeit der Sitzungen
- Mitteilungen an die Kinder
- Einbeziehung der Kinder und Jugendlichen
- Regeln für die Sitzungen mit Kindern und Jugendlichen (besonders wichtig!)
- U. U. Regeln für die Einbeziehung anderer Leute (Dolmetscher, Beistände, pädagogische oder psychologische Paten, Beratungsanwälte etc.)
- Art und Weise der Offenlegung von Daten und Fakten
- Umgang mit den Anwälten und dem juristischen Prozess
- Erstellung der Protokolle von den Sitzungen
- Bezahlung der Sitzungen

2. Methodik

210 Die Regeln sind erfahrungsgemäß je nach Eltern-Paar oder Familie notwendigerweise zu erweitern oder zu verändern. Wichtig ist dabei, die entwickelten Regeln in irgendeiner Form festzuhalten, z. B. auf der Flipchart oder als Protokoll. Auch dieses muss mediiert werden, damit die Verbindlichkeit und die Veränderbarkeit deutlich werden. Außerdem geraten wir als Mediatoren weniger leicht in die Gefahr, im Konfliktfall doch wieder unsere eigenen Regeln einzuführen, wenn die gefundenen Regeln irgendwo verbindlich festgehalten sind.

211 Auch das Mediieren der Regeln für die Arbeit geschieht wieder nach dem Grundmuster der Mediations-Methodik (siehe oben Rn. 156 ff. und Rn. 169 ff.). Es geht nicht an, dass die Regel eines der Konfliktpartner zur gemeinsamen Regel erklärt wird, etwa mit der Frage an den anderen: „Sind Sie auch damit einverstanden?" Sondern der andere muss die gleiche Chance bekommen („Welche Regel hätten Sie gern zu dieser Frage?"). Erst durch das jeweilige Zusammenfassen der beiden Regeln – möglicherweise der beiden verschiedenen Regeln – durch die Mediatorin oder den Mediator haben beide Konfliktpartner die gleiche Chance, noch einmal zu korrigieren und evtl. bereits zu verhandeln, wie sie mit dieser Verschiedenheit umgehen wollen. Oft entwickelt sich daraus eine neue, vielleicht brauchbarere Regel, z. B.: „Wenn Unklarheit oder Unstimmigkeit entsteht, sollte jeder die Chance einer Aus-Zeit bekommen zum Nachdenken".

212 Das Entwickeln und Mediieren von Regeln spielt besonders in den ersten drei Stufen der Mediation eine Rolle, danach eher weniger und höchstens noch in Form von Abänderungen der gesetzten oder ausgehandelten Regeln. Das heißt, dass es besonders bei hohem Konfliktniveau oder bei großer Emotionalität der Partner bereits in der ersten Sitzung notwendig ist, für den Umgang damit Regeln zu entwickeln im Vertrauen darauf, dass diese im Laufe der Mediation immer weniger notwendig sein werden.

213 Ein besonderer Ort für das Mediieren von Regeln ist die Vorbereitung einer Mediations-Sitzung mit den Kindern. Die Mediatorin sollte sich in der Sitzung davor wenigstens eine halbe Stunde Zeit dafür nehmen, um den Eltern mehr Sicherheit für eine solche Sitzung zu geben und ihnen die Angst zu nehmen, sie würden in einer solchen Sitzung noch mehr von ihrer Kompetenz verlieren.

214 Inhalte von Regeln für eine solche Sitzung könnten z. B. sein (siehe auch Rn. 268 ff.):

- Dauer der Sitzung
- Eingreifen dürfen des Mediators bei Streit auf der Paar-Ebene
- Umgang mit Gefühlen bei Eltern bzw. bei den Kindern
- Umgang mit den jüngsten Kindern
- Offenlegung der bereits getroffenen Vereinbarungen durch die Eltern
- Art der Einladung an die Kinder

- Umgang mit Abbruch eines der Kinder (Hinauslaufen o.Ä.)
- Umgang der Eltern damit, dass in dieser Sitzung vor allem mit den Kindern und Jugendlichen gearbeitet wird

3. Einbeziehung von Kindern und Jugendlichen

Der wichtigste Schritt für die Kinder und Jugendlichen in gemeinsamen Sitzungen mit ihren Eltern ist die Information über die verabredeten Regeln und über die Möglichkeit, dass sie ihre Bedenken oder Bitten um Veränderungen auch noch formulieren können. Selbst wenn die Kinder durch die Eltern gut über diese Sitzung informiert worden sind – was meistens in dieser schwierigen Familiensituation weniger gut geschieht –, sollte die Mediatorin sich die Zeit nehmen, für einige wenige Grundregeln mit allen Familienmitgliedern Konsens herzustellen und die Wünsche der Kinder zu berücksichtigen. Auch die Art der Arbeit und die Visualisierung mit der Flipchart sollte als Regel erklärt werden, auch wenn diese Art zu arbeiten den Kindern eher vertraut ist als den Eltern. **215**

Wenn Jugendliche – hier verstanden etwa ab 12 Jahren – mit in die Arbeit einbezogen werden, ist es wichtig, besonders auch deren Bedürfnisse nach Regeln zu erfragen und sich von ihnen die Erlaubnis zu holen, wie die Mediatorin damit umgehen darf. Auch hier ist es wichtig, immer wieder auf die Veränderbarkeit hinzuweisen, wenn eine Regel so nicht taugt und abgeändert werden muss. **216**

4. Praxiserfahrungen

- Mit dem Entwickeln von Regeln für die Mediations-Sitzungen scheint uns Mediation leichter zu sein, besonders auch die Arbeit mit Kindern und Jugendlichen in der Mediation. **217**
- Für Eltern und Kinder gibt es dadurch unserer Erfahrung nach mehr Sicherheit und weniger Angst – aber auch für uns Mediatoren!

II. Vorbereitung der Eltern für die Einbeziehung ihrer Kinder in die Mediation

1. Theoretische Vorbemerkung

218 Sowohl bei Trennungs- und Scheidungs-Mediationen, aber auch bei anderen Familien-Mediationen, macht es Sinn, dass die Themen und Ideen der betroffenen Kinder und Jugendlichen direkt in der Mediation vertreten sind. Wenn Eltern bzw. den betroffenen Erwachsenen noch unklar ist, ob sie die Kinder mitbringen wollen oder nicht, empfiehlt sich eine Vorbereitung mit den Eltern oder den betroffenen Erwachsenen über die Einbeziehung der Kinder. Wenn die Eltern dazu nicht bereit sind, können die Mediatoren die Kinder und Jugendlichen auch indirekt einbeziehen, indem sie alle Schritte der Mediation wie sonst mit den Eltern arbeiten, die Eltern dann immer „zirkulär" dazu phantasieren lassen, was jetzt die Kinder und Jugendlichen dazu sagen oder beitragen würden. Auch diese indirekte Methode der Einbeziehung kann eine wirkungsvolle Präsenz der Kinder sein. Eine Zwangseinbeziehung von Kindern und Jugendlichen widerspricht dem Grundsatz der Freiwilligkeit in der Mediation.

2. Methodik

219 Zunächst sollten die Mediatoren noch einmal klären, ob jeder der erwachsenen Konfliktpartner die Einbeziehung der Kinder zu diesem Zeitpunkt wirklich will oder ob er für diese Entscheidung noch bestimmte Informationen braucht. Meist ist das der Fall, und zwar abhängig vom Ort innerhalb des Mediationsprozesses, an dem die Einbeziehung sein soll. Mediatoren sollten eine kurze Schilderung des Ablaufs der geplanten Sitzung geben, je nachdem, ob das die Themensammlung, die Optionenentwicklung, die Fairnesskriterien, das Vorstellen von Betreuungsplänen oder des Kinderkontos sein wird, um noch einmal die Orte im Prozess zu nennen, wo es am meisten Sinn macht, Kinder und Jugendliche direkt einzubeziehen.

220 Dazu ist es notwendig, den zeitlichen Rahmen dieser Sitzung zu klären. Eltern wissen am besten, wie lange ihre Kinder solche Sitzungen aushalten können, besonders, wie lang sie die Jüngsten der Kinder aushalten und was sie z. B. an Spielzeug oder Lesestoff zusätzlich brauchen. Mediatoren müssen dann die geplante Sitzordnung und die Visualisierungen an der Flipchart erklären. Wenn die Kinder z. B. bei der Themensammlung einbezogen werden, müssen die Eltern wissen, dass jedes der Kinder eine eigene Spalte auf der Flipchart für seine Themen bekommt. In dieser Vorbereitung mit den Eltern muss dann auch entschieden werden, ob die Listen der Eltern hängen bleiben oder ob sie vielleicht eine Überforderung der Kinder sind. Es muss den Eltern klar sein, dass dies eine Sitzung mit den Kindern unter ihrer Anwesenheit ist, dass aber weder die Eltern die Themen der Kinder kommentieren noch die Kinder die Themen der Eltern.

221 Das führt bereits zu den Regeln für die Sitzung mit den Kindern. Einige Regeln wird der Mediator vorgeben, so z. B. die Sitzordnung oder die

Regel, dass die Eltern möglichst die Reden der Kinder und Jugendlichen nicht kommentieren. Aber es muss natürlich auch für die Eltern Regeln geben, wenn sie etwas in der Sitzung nicht aushalten und was der Mediator dann machen darf. Bei der Sitzordnung in der Familien-Mediation hat sich eine systemische bewährt, d. h. das Elternsystem sitzt nicht mit dem Kindersubsystem vermischt, sondern voneinander getrennt, damit sich beide Systeme jeweils besser unterstützen können. Es lohnt sich, das auch so zu erklären.

Andere Regeln für diese Sitzung müssen mediiert werden, z. B., was mit Gefühlsausbrüchen bei Kindern oder beim etwaigen Hinauslaufen der Kinder passieren soll, welche Pausen sie für die Kinder oder für sich brauchen und wie sie das ankündigen etc. Weiter muss auch mediiert werden, was den Kindern über ihre Einbeziehung in die Mediation gesagt wird, wer das wie macht etc. **222**

Schließlich muss den Eltern auch noch einmal die Rolle der Mediatoren erklärt werden, denn alle Eltern in Mediationen haben die Angst, dass die Mediatoren die besseren Mütter und Väter sein könnten. Es muss den Eltern klar sein, dass ihre eigene Elternkompetenz nicht in Frage gestellt werden wird, sonst werden sie die Kinder nicht mitbringen oder die Ablehnung der Kinder vorschieben. **223**

3. Praxiserfahrungen

224

- Je gründlicher die Vorbereitung der Eltern für die Einbeziehung der Kinder gemacht wird, umso sicherer sind die Eltern und umso sicherer werden die Kinder auch mitkommen. Meist reicht eine halbe Stunde für diese Vorbereitung, aber diese Zeit sollten sich Mediatoren nehmen.
- Wichtig dabei ist vor allem aber die Haltung der Mediatoren: sie haben die Regie für eine gute Sitzung, aber die Kompetenz für die Kinder und Jugendlichen haben die Eltern oder erziehenden Erwachsenen; die Mediatoren sind weder die besseren Eltern noch die besseren Pädagogen.

III. Arbeit an den Interessen und Bedürfnissen hinter den Positionen

1. Theoretische Vorbemerkung

225 Für uns ist ein weiterer wichtiger methodischer Baustein in der Mediation die Arbeit an den Interessen und Bedürfnissen hinter den geäußerten Positionen. Solche Interessen in einer Familien-Mediation können sein: Wünsche, Ängste, Hoffnungen, Bedrohungen, auch Bedrohungen für die Kinder, Sicherheit und wirtschaftliches Auskommen, Möglichkeit zur Ausübung des Berufs etc. Dass wir als Mediatoren solche Interessen hinter den Positionen akzeptieren, ist für uns der Beginn des Verstehensprozesses in der Mediation. Wir denken, dass nur über den Ausgleich dieser Interessen überhaupt Mediation möglich wird und Lösungen überhaupt nur möglich werden, wenn die wechselseitigen Interessen und Bedürfnisse gegenseitig anerkannt werden.

2. Methodik

226 Diese Arbeit an den Interessen zieht sich durch den gesamten Mediationsprozess, auch wenn ihr Hauptort im Allgemeinen in der dritten Stufe liegt. Manchmal tauchen die gleichen oder verschiedenen Interessen und Bedürfnisse bei den verschiedenen Unterthemen immer wieder auf.

227 Z. B. stand das Bedürfnis nach Sicherheit bei Frau Peters sowohl beim Thema Kinder wie beim Thema Haus und Geld hinter ihren Positionen und das Bedürfnis nach mehr Freiheit bei Herrn Peters sowohl beim Thema Geld wie beim Thema Betreuung der Kinder hinter seinen Positionen.

228 Methodisch arbeiten wir an den Interessen und Bedürfnissen wieder nach dem Grundmuster der Mediation, nämlich mit Window I und Window II (siehe oben Rn. 156 ff.). Erst, wenn jeder beim anderen auch etwas findet, das interessant oder wichtig zu sein scheint oder das er oder sie verstehen kann, wird später ein Verhandeln möglich werden. Die Techniken für diese Arbeit – in welcher Stufe auch immer sie nötig wird – sind: Zusammenfassen, Fokussieren, wertschätzendes Feedback, reflektive und zirkuläre Fragen, Stehenlassen von negativen Interessen und Bedürfnissen, diese also nicht positiv umformulieren. Auf die Techniken für die Stufen und methodischen Bausteine wird im Teil 5 (unten Rn. 351 ff.) ausführlich eingegangen.

229 **Beispielsätze**

„Wenn Sie als Mutter und Sie als Vater die eigenen Interessen und Bedürfnisse kennen und auch aussprechen, können Sie in der Mediation zu befriedigenden Ergebnissen kommen."

„Was steckt eigentlich hinter Ihrem Wunsch, das Haus zu bekommen?"

„Könnten Sie ausdrücken, um was es Ihnen wirklich geht?"

„Was von dem, was Ihr Mann jeweils zu dieser Frage gesagt hat, oder auch welche der tieferen Bedeutungen können Sie verstehen, vielleicht teilweise akzeptieren, könnten Sie vielleicht sogar für Ihre Interessen gebrauchen – und was von dem, was Ihre Frau gesagt hat oder auch welche ihrer tieferen

Bedeutungen können Sie verstehen und vielleicht für Ihre eigenen Interessen gebrauchen?"

„Manchmal ist es hilfreich für die weiteren Verhandlungen über den Lebensmittelpunkt der Kinder, wenn es ähnliche oder gemeinsame Interessen und Bedürfnisse bei Ihnen als Eltern gibt. Sehen Sie in den Spalten des oder der anderen solche?"

3. Einbeziehung von Kindern und Jugendlichen

Wie wir bereits in den Kommentaren zur Arbeit mit Kindern in der dritten **230**
Stufe sagten, beziehen wir Kinder und Jugendliche in diese Arbeit eher nicht mit ein, weil sie dadurch überfordert werden, besonders, wenn bei dieser Arbeit Ängste oder negative tiefere Bedeutungen bei den Eltern herauskommen würden. Auch wenn dies für den Fortgang der Mediation ein wichtiger Prozess ist, werden wir Kinder und Jugendliche davor schützen wollen.

4. Praxiserfahrungen

- Wir haben die Erfahrung gemacht, dass die Arbeit an den Interes- **231**
sen und Bedürfnissen oft in die Gefahr gerät, zu nah an Gefühle oder Emotionen zu kommen und wir uns dann immer wieder klar machen müssen, dass wir keinen familientherapeutischen Auftrag haben.
- Manchmal machen wir diese Arbeit nur sehr vorsichtig, weil wir befürchten, an eigene Fallen und emotionale Befangenheit in dieser Frage zu geraten. Supervision ist dann immer ein gutes Hilfsmittel, um freier an den Interessen und Bedürfnissen der Mediand en zu arbeiten.

IV. Streit- und Konfliktlösungsstrategien in der Familien-Mediation

1. Theoretische Vorbemerkung

232 In der deutschsprachigen Literatur zur Familien-Mediation – wobei die Autoren damit fast immer die Trennungs- und Scheidungs-Mediation meinen – werden die Konflikte ausführlich beschrieben und systematisiert, aber es gibt wenig Aussagen über die Einstellungen von Mediatoren zu Konflikten an sich und zum methodischen Umgang damit in den Mediationen. Zudem wird meist die problemorientierte Seite des Konflikts und weniger die ressourcenorientierte beschrieben, wie z. B. bei E. de Bono.

233 Die Haltung von Mediatoren zu Konflikten in den Familien-Mediationen bestimmt sich häufig durch die eigenen gelernten Familien-Botschaften über Konflikte: Produktive Botschaften wie „Streiten in einer Familie macht Spaß und reinigt die Luft", „Streit und Konflikt gehören zum Zusammenleben in einer Familie" oder unproduktive wie „Mädchen geben nach", „Streiten führt zu nichts" etc.

2. Methodik

234 Konflikte und Streit können sich durch den gesamten Mediationsprozess ziehen oder aber auch nur an einer besonders heißen Stelle auftauchen – in den Trennungs- und Scheidungs-Mediationen natürlich oft, wenn es um die Kinder oder andere „Herzblut-Themen" geht.

235 So gab es in der Familie Peters zwischen den Eltern besonders Streit, als in einer Phase der Mediation davon die Rede war, die Kinder zu trennen, also Anna vorläufig bei der Mutter und Thomas beim Vater wohnen zu lassen. Die Eltern konnten diese Möglichkeit nicht als eine immerhin mögliche Option stehen lassen, es kam statt dessen ihre ganze sexuelle Enttäuschung noch einmal hoch und die geheime Wut bei Herrn Peters, dass er wegen der ersten Schwangerschaft hatte heiraten „müssen" und bei Frau Peters die Wut, dass er die zweite Schwangerschaft nicht wollte.

236 Nicht selten gibt es noch einmal Konflikt und heftigen Streit auch kurz vor dem Verhandeln, manchmal nach einer produktiv oder eher harmonisch verlaufenen Familien-Mediation, wohl weil es jetzt ernst wird und die Eltern sich entscheiden müssen. Auch bei Nachbesprechungs- oder Überprüfungsterminen mit den Familien kommen genau die alten Konflikte manchmal wieder hoch. Wir werden als Mediatoren in solchen Situationen nicht therapeutisch arbeiten, höchstens mediieren, wo die Konfliktpartner diese alten Konflikte bearbeiten können, wenn sie es denn wollen.

237 Methodisch werden wir mit Eltern oder Familien im derzeitigen Konflikt wie immer nach dem Grundmuster der Mediation arbeiten, wir werden jeden der Konfliktpartner in seiner Unterschiedlichkeit und in seiner Selbstbehauptung unterstützen. Es kann für uns in der Familien-Mediation keine „verrückten" Konflikte oder keine „verrückten" Konfliktpartner geben. Gerade hier müssen wir sehr genau mit Hypothesenbildung und Überprüfung arbeiten, damit wir uns Zeit nehmen können, im Konflikt besonders die Ressourcen zu sehen, statt – wie aus unseren meisten Herkunftsberufen gewohnt – die Probleme. Manchmal müssen wir für die Konfliktsituation alte Regeln wieder erinnern und auffrischen oder aber neue entwickeln und mediieren. Allein das hilft manchmal, wieder auf die Sachebene zu kommen, statt auf der Gefühlsebene zu bleiben. Wir müssen dazu nicht in jeden Streit oder Konflikt hineingehen, sondern können uns vielleicht auch innerlich zurücklehnen und mit Anteilnahme abwarten, ob die Medianden nicht selbst einen Weg finden. Vielleicht gibt uns der Streit auch Zeit für produktive Konfliktspiel-Bilder (siehe unten Rn. 243 ff.).

Wenn wir doch in den Konflikt hineingehen wollen, sind für uns hilfreiche Techniken: Zusammenfassen, Fokussieren, Paraphrasieren, positives Umformulieren, manchmal Zukunftsorientieren, Partialisieren (Konfliktpunkte unterteilen), Prozess verlangsamen (evtl. durch Pausen), insgesamt Trennung von Gefühls- (Beziehungs-) und Sachebene, Arbeit mit reflektiven – nicht harmonisierenden – und zirkulären Fragen, Arbeit mit Konfliktspielbildern und deren positiver Veränderung, Würdigen des Streits und – ganz wichtig – Schweigen und Zuhören. Auf die Techniken für die Stufen und methodischen Bausteine wird in Teil 5 (unten Rn. 351 ff.) ausführlich eingegangen. **238**

Mögliche Beispielsätze **239**

„Es scheint, dass dieser Punkt wirklich das Herzstück in Ihrem Eltern-Konflikt ist".

„Sie haben feste Spielregeln, wie Sie mit Konflikten umgehen. Es könnte sein, dass Sie diese Spielregeln verändern müssen, damit Sie in Zukunft auch in der getrennten Familie besser mit Konflikten umgehen können."

„Wenn sich der Konflikt noch so heiß anfühlt, ist es für viele Eltern manchmal leichter, die heißen Punkte zu unterteilen und so mit den eher nicht so heißen Teilen zu einer Einigung zu kommen."

„Gibt es irgendwelche Punkte in Ihrem Konflikt, die sich nicht ganz so heiß anfühlen und bei denen Sie vielleicht mit einer Übergangsregelung klarkämen?"

Frau und Herr Peters haben an dieser „heißen" Stelle ihres Konflikts ihre alte Regel, in solchen Fällen eine kurze Pause machen zu wollen, wieder aufgenommen. Sie konnten dann wenigstens eine Übergangsregelung beschließen für die Trennung der Kinder: Sie wollten eine solche Trennung einmal zwei Monate ausprobieren und dann auswerten – auch mit den Kindern. Geholfen hat ihnen ein Bild für ihren Konflikt, dass sie nämlich beide vor einer Schatzkiste sitzen, hineinschauen wollen und sich aber beide dauernd den Deckel auf die Finger hauen. Die Veränderung im Bild sollte sein, dass der Deckel in Ruhe zugemacht und erst wieder aufgemacht werden sollte, wenn die Wut einigermaßen vorbei war. **240**

3. Kinder und Jugendliche im Konflikt der Erwachsenen in der Mediation

241 Einer der Gründe, warum wir Kinder und Jugendliche in die Teile der Mediation, in denen die Konflikte noch sehr heiß sind, nicht mit einbeziehen, ist ihr Schutzbedürfnis. Allerdings passiert in der Mediation meist nichts Schlimmeres als das, was sie auch von zu Hause kennen. Es kann für sie aber hilfreich sein zu sehen, wie die Eltern oder die anderen Erwachsenen langsam lernen, anders mit den Streit- oder Konfliktsituationen umzugehen. Trotzdem vermeiden wir diese direkte Konfrontation nach Möglichkeit, oder wir entwickeln Regeln dafür, wenn es denn bei Sitzungen mit den Kindern und Jugendlichen doch passiert, dass Streit oder Emotionen hoch kommen.

4. Praxiserfahrungen

242

- Am wichtigsten scheint uns die Wahrnehmung und Überprüfung der eigenen Haltung und Einstellung zu Konflikten zu sein und unsere eigenen Konfliktmuster zu kennen, damit wir nicht in den Konflikt der Eltern oder der Familie oder aus unserer Balance geraten.
- Bei Konflikt-Situationen in Mediationen achten wir auf unsere eigenen Körpersensationen (z. B. Schwitzen, Verspannen, Kopfschmerzen, Händezittern, Leere im Kopf etc.), um vielleicht unsere eigenen Fallen in diesem speziellen Konflikt sehen zu können und um ggf. Supervision zu nehmen, um damit besser umgehen zu können.
- Wir finden, dass es zudem hilfreich ist, unsere eigenen Konflikte möglichst auch mit Mediation durch einen Dritten zu regeln oder wenigstens Erfahrung damit zu haben, und nicht nur anderen beim Lösen ihrer Konflikte zu helfen, unsere eigenen aber z. B. zu verdrängen oder zu harmonisieren.

V. Arbeit mit Metaphern und Konfliktspiel-Bildern

1. Theoretische Vorbemerkung

Einer der kreativsten politischen Mediatoren, E. de Bono, beschreibt Mediation als einen schöpferischen Prozess, in dem symbolisches Denken, kreative Planung und konstruktive, entwerfende Bilder eine wichtige Rolle spielen, um zu neuen Lösungen zu kommen. **243**

Unsere Erfahrungen zeigen uns, dass besonders die Arbeit mit Bildern und mit Bildersprache zu Veränderungen und überraschenden Lösungen führen kann. Wir haben oft erlebt, dass die eigentliche Wendung des Konflikts oder der Konflikte (der sogenannte „Shift") über Bilder, besonders auch über die Verwendung von Bildern vom Konflikt und von der Inszenierung des oder der Konflikte, passiert ist. Die Grundlage für diese unsere Arbeit mit der Konflikt- Inszenierung ist der konstruktivistische Gedanke, dass auch Konflikte zu den von jedem Menschen selbst konstruierten Wirklichkeiten gehören und dass über die Veränderung dieser Inszenierung oder der Spielregeln dieses Konfliktspiels auch die Lösung der Konflikte geschehen kann. Diese neuen Spielregeln für Konfliktlösungen haben wir oft leichter über Bilder erreicht als über Erklärungen und Sprache. **244**

2. Methodik

Dass sowohl die Bilder für den Prozess der Mediation wie auch die Bilder für das Konfliktspiel in der Mediation ressourcen- und zukunftsorientiert sein sollen, damit sie auch Bilder für Wachstum und Veränderung der Spielregeln sein können, wurde oben bereits gesagt. Es empfiehlt sich, Bilder aus dem archetypischen oder Natur-Bereich zu finden. Schwierig sind Bilder aus dem technischen oder aus dem Berufsbereich eines der Konfliktpartner oder der Eltern; solche Bilder werden auch abgelehnt von dem anderen Partner. Ebenso sind Bilder aus dem Wettkampf- und Sportbereich schwierig, weil sie meist Bilder sind für das Gewinner- und Verlierer-Spiel, was dem Ziel der Mediation widersprechen würde („Ping-Pong", „Fußball-Mannschaften", „Fechten"). **245**

Wir möchten hier einige brauchbare Bilder weitergeben, z. B.: **246**

- Ein tiefer Graben – drüben gehen zwei Wege weiter – wie kommt man hinüber?
- Bau von zwei Häusern
- Zwei Wege, auf denen der eine mit dem Auto fährt, der andere mit dem Fahrrad
- Baustelle, auf der mit ganz verschiedenen Werkzeugen gearbeitet wird und nichts vorwärts geht
- Eine Schatztruhe, in der die Schätze der Ehe sind, in die zurzeit keiner den anderen hinschauen lässt oder jeder dem anderen den Deckel auf die Finger haut

- Ein großer Garten, in dem verschiedene Beete bepflanzt werden sollen
- Ein Boot auf einem Fluss, wo zurzeit alle versuchen, in verschiedene Richtungen zu rudern
- Ein großer Tisch, unter dem jeder eine wertvolle Schachtel verborgen hält
- Zwei Wasserfälle, die ein Kraftwerk betreiben, wo zurzeit aber alles Wasser und alle Energie daneben geht
- Eine große Bäckerei, in der jeder etwas backen will. Zurzeit ist der Ofen aus, die Hefe ist ausgegangen, es gibt keine Backrezepte
- Zwei Wanderer am Berg, der eine will die Direttissima, der andere will die Serpentinen gehen, aber beide wollen auf den Berg hinauf
- Bilder von Waage oder Wippe
- Ein großer Früchtekorb, den beide umklammern, sich wegreißen wollen, sich gegenseitig die Früchte stehlen wollen
- Eine kostbare Vase, an der beide mit spitzen Hämmern herumklopfen
- Eine Goldgrube, zwei stehen vor dem Eingang mit Tor

247 Wir geben in jedem Fall eine Erklärung dafür, warum wir mit Bildern oder Bildersprache arbeiten möchten (z. B. „Aus anderen Familien mit Konflikten weiß ich, dass es oft leichter ist, erst einmal ein Bild zu finden für ihren Konflikt. Sie konnten dann leichter über ihre neuen Spielregeln reden. Ich würde Ihnen gern ein Bild nennen, das mir grade bei Ihrem Streit gekommen ist. Wollen Sie sich darauf einmal einlassen?").

248 Gute Bilder können sich durch die ganze Mediation ziehen und erleichtern gerade in der Arbeit mit Kindern und Jugendlichen das schnelle Verstehen und eine neue – oft humorvolle – Kommunikation untereinander, selbst an Punkten, die ernst und traurig sind. Wenn die Bilder gut und tauglich sind, entwickeln Eltern und besonders die Kinder diese Bilder oft selbst weiter und geben der Mediation eine neue Art von Kreativität. Und merkwürdigerweise sind wir mit diesen Bildern manchmal schneller auf die Sachebene gekommen als mit logischen oder mehr verbalen Auseinandersetzungen und Erklärungen.

249 Die Verwendung von Bildersprache zieht sich durch die ganze Mediation, besonders von Bildern, die die Familie und besonders die Kinder selbst anbieten. Manchmal haben die Kinder für die Mediation selbst gute Bilder (z. B. „das ist ja wie beim Burgenbauen im nassen Sand", „als ob man aus einem kaputten Haus zwei neue gute Häuser baut"). Bei der Wahl oder der Auswahl der Bilder gelten wieder die gleichen Regeln wie sonst in der Mediation:

- Ressourcenorientierung
- Wachstums- und Veränderungs-Möglichkeiten
- Optionalität, d. h., möglichst viele Möglichkeiten offen lassend

Der besonders geeignete Ort für Konfliktspiel-Bilder ist unserer Erfahrung nach in der eigentlichen Arbeit an den Konflikten, d. h., oft bereits bei den Themensammlungen, auch bei den besonders heißen Unterthemen, also vor den jeweiligen Optionen-Entwicklungen. Wenn die Konflikte sich festgefahren haben und vor lauter Streit und Schreierei nichts mehr zu gehen scheint – auch die Erinnerung an selbst gesetzte Regeln nicht mehr hilft –, bringt oft ein Bild von diesem Streit- und Konfliktspiel eine neue Dimension und Entspannung. **250**

Wir versuchen, möglichst ressourcenorientierte, zukunftsweisende Bilder zu finden, und nicht, rückwärtsgewandte, problemorientierte Beschreibungen des Konflikts, der festgefahrenen Position – oder gar der gescheiterten Beziehung – zu verwenden. Das bedeutet: Ein solches Bild muss für beide – oder alle – Konfliktpartner stimmen – es muss also kurz für alle Konfliktpartner mediiert werden, bevor man damit arbeiten kann. **251**

3. Arbeit mit Bildern bei der Einbeziehung von Kindern und Jugendlichen

Dass die Arbeit mit Bildern und mit Bildersprache für die Mediation mit Kindern besonders wichtig ist, bedarf unter Fachleuten wahrscheinlich nur einer kurzen Erinnerung. Sie wissen aus der praktischen Arbeit, wie stark Kinder in sogenannten „offenen", eher von Bildern, Träumen und Spielen geprägten Systemen leben und wie schwer sie sich tun, sich in den von den meisten Erwachsenen bevorzugten „geschlossenen" Systemen zu bewegen. Für die Familien-Mediation bedeutet das: die Kinder können mit dieser ihrer Denk- und Vorstellungsweise zu einer wichtigen Ressource für die Mediation werden. Eltern und Kinder können sich treffen auf dieser Ebene, die für die neuen Lösungen und für die neuen Spielregeln zur Konfliktlösung die wichtigste ist. **252**

Wenn wir Metaphern oder Bilder für die Arbeit mit den Kindern verwenden, achten wir besonders darauf, dass die Kinder etwas damit anfangen können und die gleichen Vorstellungen damit verbinden wie die Eltern. Das heißt, wir müssen das Bild auch für die Kinder mediieren. Wenn es dann für alle Beteiligten stimmt, dann kann man meist im Bild bleiben – jeder weiß, was gemeint ist, wenn wir sagen: „Jetzt reißt grade mal wieder jemand an den Dächern der Häuser herum – was könnt Ihr machen, dass es in Zukunft nicht hereinregnet?" oder „Was müsst Ihr noch an den Häusern verändern, dass die Kinder in beide gern gehen?". Oft reden die Kinder – oder auch die Eltern – selbst in diesen Bildern, weil dies ungefährlicher ist, als die Dinge direkt auszusprechen. **253**

Zum Beispiel stammt das obige Bild von dem kaputten Haus aus der Familie Peters, und alle konnten sich gut darauf einlassen, dass es darum gehen würde, zwei neue gute Häuser zu bauen. In einer Nachbefragung nach zwei Jahren hat eine Familie erzählt, dass sie heute noch bei Konflikten das damalige Bild verwendet; bei ihnen war es „das große Netz, das schon wieder Löcher hat und wie sie die Löcher wieder zukriegen". **254**

255 Viele der von uns beschriebenen Beispiele zeigen, dass sie im Zweifelsfall auch für Kinder und Jugendliche brauchbar wären, wenn sie in der Mediation dabei sein sollen. Alle Beispiele zeigen, dass die Spielregeln in diesen Bildern verändert werden müssen, damit alle Beteiligten in Zukunft besser leben können. Kinder sind besonders kreativ, wenn es darum geht, sich Möglichkeiten zur Veränderung der Spielregeln auszudenken – und oft liegt darin bereits eine oder die Lösung.

4. Praxiserfahrungen

256

- Wir haben gute Erfahrungen damit gemacht, selbst einige gute Bilder im Kopf zu haben, bevor wir in eine Sitzung gehen.
- Wir nutzen besonders ausgedehnte Streitszenen in Mediationen dafür, Bilder bei uns aufkommen zu lassen und sie auf Brauchbarkeit zu überprüfen. Besonders spontane Bilder überprüfen wir gut, ob sie den genannten drei Kriterien (siehe oben Rn. 249) genügen.
- Wir finden es leichter, mit unseren eigenen Bildern zu arbeiten als mit den Bildern der Medianden – wir sollten auch hier „Regisseur des Verfahrens" und „Konflikt-Designer" bleiben (Haynes und E. de Bono).
- Wenn ein Bild nicht angenommen wird, sollten wir uns auch wieder davon ohne Groll verabschieden können – vielleicht passt es später an einer anderen Stelle!
- Wir sollten aber immer daran denken, dass die Arbeit mit Bildern kein „Kinderspiel" ist, sondern oft sehr tiefe Schichten erreicht, deshalb sollten wir auch vorsichtig und mit besonderer Behutsamkeit damit umgehen. Aber dann kann diese Arbeit eine gute Konfliktlösungs-Methode in der Familien-Mediation sein.

VI. Optionen entwickeln

1. Theoretische Vorbemerkung

Das Entwickeln von Optionen und Wahlmöglichkeiten ist in allen Mediationsrichtungen eine anerkannte Methodik, und alle Richtungen berufen sich hier auf das „Harvard-Konzept". Auch in der Familien-Mediation sind die Optionen neben den Interessen und Bedürfnissen Herzstücke der Mediation. Leider werden sie von vielen Familien-Mediatoren verkürzt zur Entwicklung von Lösungs-Optionen. Sie verschenken damit eine – gerade in der Mediation mit Familien – entscheidende Ressource, nämlich die Entwicklung von neuen Möglichkeiten und Ideen, wie sie vor allem E. de Bono vorgeschlagen hat. Wir arbeiten gern mit dieser Kreativität von Familien – und besonders eben auch mit der Kreativität von Kindern und Jugendlichen –, wenn es darum geht, neue Lebensplanung oder neue Entwürfe für die neu entstehenden Familiensysteme zu machen. 257

Natürlich ist auch die Entwicklung von Lösungsoptionen in der Familien-Mediation legitim. Wichtig ist bei jeder Form jedoch immer die Haltung der Optionalität, d. h. die Freiheit, möglichst alle Bereiche zu vergrößern und zu erweitern und nicht beim Entweder-oder stehen zu bleiben. 258

2. Methodik

Das Entwickeln von Wahlmöglichkeiten und Optionen zieht sich durch die gesamte Mediation. Schon im Erstgespräch lassen sich Optionen entwickeln, wie denn die Bezahlung der Mediations-Sitzungen geschehen soll oder wie denn mit der Einbeziehung von Kindern verfahren werden soll. Die eigentliche Optionen-Entwicklung geschieht jedoch in der dritten Stufe. Sie sollte in jedem Fall deutlich vom Verhandeln abgetrennt sein. Auch beim Verhandeln lohnt es sich, z. B. über die Art und die Modelle des Verhandelns verschiedene Optionen entwickeln zu lassen. Selbst bei der Frage, wie denn juristisch vorgegangen werden soll, bringen verschiedene Alternativen schließlich eine stimmigere Entscheidung. 259

Methodisch empfiehlt es sich, die verschiedenen Optionen auf der Flipchart in den Spalten für die Frau/Mutter und den Mann/Vater zu notieren, und zwar, um den Fluss der Ideen nicht durch langes Schreiben zu unterbrechen, evtl. nur mit kurzen Sätzen oder mit Code- oder Reizwörtern (z. B. „Hausverkauf", „Hausumbau", „Betreutes Senioren-Haus" etc.). Auch wenn das Entwickeln von Optionen sich lediglich auf Entwickeln von verschiedenen, oft nur juristischen Lösungen erstreckt, weil alle weiteren Möglichkeiten (noch) zu viel Angst machen, verfahren wir so, dass möglichst viele verschiedene Alternativen auf jeder Seite stehen. 260

Wir arbeiten also auch hier wieder nach dem Grundmuster der Mediation (Window I und Window II, siehe oben Rn. 156 ff. und Rn. 169 ff.) und versuchen, möglichst viele Optionen auf jeder Seite zu entwickeln und dann erst nach ähnlichen oder gemeinsamen zu suchen. Manchmal können wir auch nur festhalten, was auf der anderen Seite etwa interessant zu sein 261 scheint. Wir kennzeichnen die gemeinsamen, ähnlichen oder interessanten Optionen und geben sie den Eltern mit nach Hause zum weiteren Durchreden mit Freunden, Fachleuten, Anwälten etc. Meist kristallisieren sich dabei bereits ein bis zwei Lösungen heraus, über die dann verhandelt werden kann oder für die dann ein Verhandlungsmodell mediiert werden muss.

262 **Beispielsätze**

„Sie werden für ein gutes Verhandeln und für eine gute Vereinbarung mehr Wahlmöglichkeiten brauchen. Welche Möglichkeiten würden Ihnen da so einfallen?"

„Fallen Ihnen auch noch ungewöhnliche Möglichkeiten ein – etwa, wenn Sie zaubern könnten?"

„Wenn Sie an andere Familien in Ihrer Situation denken, gibt es da Ideen und Anregungen für Sie?"

„Was interessiert oder gefällt Ihnen an den Ideen Ihres Mannes/Ihrer Frau?"

„Was könnten Sie von der anderen Seite für Ihre eigenen Interessen brauchen?"

„Sehen Sie auch etwas Gemeinsames oder Ähnliches auf Ihren beiden Seiten?"

3. Einbeziehung von Kindern und Jugendlichen

263 Wenn Kinder und Jugendliche in dieser Sitzung anwesend sind – und man sollte ihre Kreativität hier wirklich nutzen –, bekommen sie natürlich auch eigene Spalten auf der Flipchart. Wenn die Kinder und Jugendlichen nicht kommen möchten oder die Eltern dies auch nicht wollen, beziehen wir sie häufig indirekt mit ein. Wir lassen die Spalten der Kinder dann entweder zur dauernden Erinnerung leer oder wir lassen sie von den Eltern zirkulär ausfüllen („Wenn Ihre Tochter hier wäre, was denken Sie, hätte sie für eine Idee zu dieser Frage?").

264 Wir haben die Erfahrung gemacht, dass bei dieser indirekten Einbeziehung der Kinder und Jugendlichen die kreativ-kindliche Seite bei den Eltern zum Blühen kommt. Wir haben manchmal erlebt, dass die Kinder zu Hause vom Spaß an dieser Optionen-Entwicklung angesteckt wurden und dann doch Lust hatten, mitzukommen.

265 Wenn die Kinder und Jugendlichen direkt an der Optionen-Entwicklung beteiligt sind, fragen wir genau so die jeweils anderen, welche der Ideen ihnen gefallen oder welche sie vielleicht auch für sich brauchen könnten. Oft stellt sich dann heraus, dass es einige Ideen in der ganzen Familie gibt, die gemeinsam oder ähnlich sind und sich lohnen, durchgerechnet oder auf Realisierbarkeit überprüft zu werden. Manchmal sind es auch Kombinationen von mehreren Ideen – häufig die der Kinder –, die dann später zu Lösungen führen.

266 **Beispielsätze bei Einbeziehung von Kindern und Jugendlichen**

„Welche Ideen hast du, was man mit euerm Haus alles machen könnte?"

„Wenn du einen Zauberstab hättest und zaubern könntest, was würdest du zaubern?"

„Du sagst, die beste Lösung geht nicht – was wäre denn, wenn es eine zweit- oder drittbeste Lösung gäbe? Wie sähen die aus?"

„Was würde deiner Freundin alles für euch einfallen?"

„Wenn du drei Wünsche frei hättest, welche davon würdest du auf deine Liste schreiben wollen?"

4. Praxiserfahrungen

267

- Wir halten diese Arbeit für die kreativste und schöpferischste Seite in der Mediation, die uns als Mediatoren auch davor bewahrt, professionelle oder persönliche Scheren im Kopf zu haben („das geht ja doch nicht" – „das Recht sieht aber ganz andere Lösungen vor" – „dafür ist kein Geld da" – „das ist doch nicht gut für die Kinder").
- Immer wenn es in unseren Mediationen eng wird, können wir mit Optionen unseren Blick und den der Familie erweitern und Fantasie- und Ideenreisen anzetteln.
- Fast die wichtigsten Optionen sind die Negativ-Optionen, nicht weil sie dann auch als Wahlmöglichkeiten genommen werden von den Medianden, aber sie öffnen die neuen Räume ungemein – wir sollten sie nie überhören und immer aufschreiben, auch wenn sie noch so skurril sind.
- Wir sollten allerdings nie in eine solche Sitzung mit leerem Kopf gehen, sondern immer selbst auch viele kreative Beispiele aus anderen Familien im Kopf haben – darunter auch eine Negativ-Option – und vor allem auch weitere methodische Möglichkeiten, wie wir Optionen mit einer Familie entwickeln können.

VII. Entwickeln von Maßstäben für Fairness und Gerechtigkeit

1. Theoretische Vorbemerkung

268 Für viele Konfliktsituationen in Familien gibt es juristische Regelungen, für viele, die in die Familien-Mediationen vorkommen, aber auch nicht oder noch nicht. Alle brauchen jedoch außer dem Recht auch Maßstäbe und Kriterien, nach denen sie ihre eigene (Familien-)Gerechtigkeit und Fairness entwickeln und überprüfen können. Der Grundsatz der Privatautonomie gibt Familien ausdrücklich diese Möglichkeit. Das gilt analog auch für die Familien-Konstellationen, für die es (noch) keine normativen Regelungen gibt.

269 Jede Familie hat eigene Fairness- und Gerechtigkeits-Vorstellungen, die sich mit dem Maßstab „Recht„ oft nur teilweise oder gar nicht decken. Es geht bei diesen Maßstäben für Fairness und Gerechtigkeit in einer Familien-Mediation darum, die anderen Kriterien neben dem Recht herauszufinden, die für diese Familie Gültigkeit haben oder in der Zukunft haben sollen. Wenn dieser Schritt nicht gearbeitet wird, besteht die große Gefahr, dass die unausgesprochenen verschiedenen Maßstäbe – zwischen den beiden Eltern, besonders auch zwischen mehreren Eltern, wie z. B. in neu zusammengesetzten Familien oder in Pflegefamilien, aber auch zwischen Eltern und Kindern bzw. Jugendlichen – die Vereinbarungen beim nächsten ernsthaften Konflikt oder auch bei der Überprüfung durch Beratungsanwälte oder Jugendämter wieder zum Kippen bringen. Außerdem wird so für jedes Mitglied in einer Familien-Konstellation ein Raster erarbeitet, mit dem jeder überprüfen kann, ob er oder sie die entgültige Vereinbarung unterschreiben kann oder nicht.

270 In vielen Familien-Mediationen wurden uns folgende Maßstäbe genannt:

- Beziehung der einzelnen Familienmitglieder untereinander
- Interessen und Bedürfnisse jedes Einzelnen
- Machbarkeit und praktische bzw. wirtschaftliche Realität
- Frühere Vereinbarungen
- Wohl der Kinder
- Erhalt der gemeinsamen Elternschaft
- Erhalt von Familienerbe, Familienbesitz etc.
- Anerkennung und Anrechnung von Gefühlen und Beziehungen
- Besondere Eigenheiten in dieser Familie (Bi-Nationalität, Bi-Konfessionalität, Begabungen, Behinderungen etc.)
- Verhältnis der drei oder vier Generationen untereinander
- Materieller Bedarf
- Ausbildung der Kinder

- Absicherung der beruflichen Situation der Erwachsenen
- Ausgleich zwischen Geben und Nehmen
- Gegenseitige völlige Unabhängigkeit
- Gleiche Verteilung der Familienarbeit
- Ausgleich für Schuld bzw. Schulden
- Ausgleich für in die Familie gesteckte Arbeit
- Gewährleistung der Intimsphäre jedes Einzelnen in der Familie
- Prinzipien des offiziellen Familienrechts

2. Methodik

Auch die Fairnesskriterien werden wieder nach dem Grundmuster der Mediations-Methodik mediiert. Die Fragen werden an beide Partner gerichtet (Window I) und werden für beide getrennt aufgeschrieben, auch wenn vielleicht mehrere Prinzipien ähnlich oder gleich lauten. Wichtig ist auch hier die Unterstützung der Selbstbehauptung bei beiden – oder allen – Konfliktpartnern, denn nur so können sie eigene Fairness-Maßstäbe entwickeln, nach denen sie dann später die Vereinbarung unterschreiben – oder auch nicht unterschreiben – können, selbst wenn es vielleicht gar keine gemeinsamen Maßstäbe gibt. **271**

Wir koppeln diese Art von Fairnesskontrolle deutlich ab vom Verhandeln und auch von der Entwicklung von Lösungen. Es geht bei diesem Schritt nicht um Lösungen, sondern um Maßstäbe, an denen die Lösungen dann später gemessen werden können. Manchmal beginnen wir damit bereits im Erstgespräch, oder wir entwickeln diese Kriterien durch die ganze Mediation, schreiben sie dann jeweils auf oder fragen nach Abänderungen. Normalerweise bauen wir diesen Schritt jedoch spätestens vor dem eigentlichen Verhandeln ein. Wir finden auch hier wichtig, den Konfliktparteien die freie Wahl zu diesem Schritt zu lassen und sie immer vorher zu fragen, ob sie sich darauf einlassen wollen oder nicht. **272**

Beispielsätze **273**

„Es könnte für Sie wichtig sein, dass jeder von Ihnen sich Gedanken macht, mit welchen Maßstäben oder Bedingungen Sie – und Sie – die Vereinbarungen, die Sie hier treffen wollen, mit guten Gefühlen unterschreiben können."

„Welche Gerechtigkeit müsste es geben für Ihre Vereinbarungen, damit Sie – und Sie – das Gefühl haben könnten: Das ist einigermaßen fair – das kann ich unterschreiben?"

„Welche Aspekte (Gesichtspunkte) von Fairness sollten sozusagen unausgesprochen in Ihren Vereinbarungen enthalten sein?"

„Welche Gerechtigkeits-Maßstäbe gefallen Ihnen auf der anderen Seite?"

„Welche Fairness-Kriterien könnten Sie auch unterschreiben?"

„Welche sind ähnlich und müssten für Sie nur anders formuliert werden?"

„Welche Gerechtigkeits-Maßstäbe könnten Sie evtl. gebrauchen als Vorwort vor Ihre Elternvereinbarung, die Sie planen?"

3. Einbeziehung von Kindern und Jugendlichen

274 Ob es sinnvoll ist, Kinder und Jugendliche in diesen Arbeitsschritt einzubeziehen, vermögen wir nicht generell zu beantworten, weil grundsätzlich Verhandeln und Fairness-Kontrolle Sache der Eltern ist. Wo es allerdings um Belange der Jugendlichen geht in den Vereinbarungen, die sie mit zu verantworten haben, und wo sie auch womöglich eigene rechtliche Positionen haben, haben wir sie fast immer in diese Arbeit mit einbezogen.

275 Gerade Jugendliche – und auch Kinder – haben oft ganz eigene und von den Eltern abweichende Vorstellungen über Fairness und Gerechtigkeit in ihrer Familie. Nicht selten wurde aus dieser Arbeit ein völlig neues Gerechtigkeits-Modell für die Zukunft der getrennten Familie. Zum Beispiel wurde in einem Fall aus „Jedem das Gleiche" von nun an: „Jedem, was er braucht – aber es muss Konsens hergestellt werden".

276 Weiter zeigt unsere Erfahrung, dass in den Familien, in denen auch Kinder – etwa ab 6–8 Jahren – in diese Arbeit an den Fairnesskriterien einbezogen wurden, die Gerechtigkeit zwischen den Eltern und Kindern bzw. zwischen den Geschwistern neue Aspekte für die Zukunft bekamen.

4. Praxiserfahrungen

277

- Bevor wir als MediatorInnen diese Arbeit mit den Maßstäben für Fairness machen können, müssen wir nachdenken über unsere eigenen Kriterien, damit wir nicht – ähnlich wie bei unserer Einstellung zum Recht – unsere innere Balance und Neutralität verlieren. Noch wichtiger erscheint uns diese Klärung, wenn wir als Co-Mediatoren arbeiten, weil sonst diese Balance doppelt gefährdet ist.
- Wir haben die Erfahrung gemacht, dass diese Arbeit durchaus nicht nur möglich ist mit so genannten „intellektuellen", sondern mit allen Mediänden. Besonders Armutsfamilien können oft sehr gut ausdrücken, welche Fairnessvorstellungen sie haben.
- Wichtig erscheint uns die Liste der Maßstäbe für Fairness und Gerechtigkeit vor allem auch für die Beratungsanwälte, weil sie dann besser sehen können, welche Maßstäbe außer dem Recht für ihre Mandanten – und auch für die so genannte „Gegenpartei" – relevant sind. Sie können dann ganz anders beraten. Deshalb halten wir es für klug, diese Maßstäbe vor dem Gang zu den Beratungsanwälten zu entwickeln und sie den Mediänden mitzugeben.

VIII. Mediieren der Rolle des Rechts

1. Theoretische Vorbemerkung

Das Recht ist neben den Maßstäben für Fairness und Gerechtigkeit ein wichtiger Bezugspunkt in der Familien-Mediation. Für manche MediandInnen ist es sogar der einzige, da sie nicht mehr wollen, „als mir zusteht", bzw. gerecht ist für sie das, was das Gesetz vorsieht. Manche wollen sich einfach nicht von den Normen der Gesellschaft entfernen. Manchmal soll das Recht jedoch nur als Druckmittel benutzt werden, um eine bestimmte Position durchzusetzen. **278**

Wenn die auf das Recht als alleiniger Maßstab ausgerichtete Sichtweise von allen Konfliktpartnern geteilt wird und es den MediatorInnen auch nicht gelingt, mehr Optionalität zu entwickeln, wird es eine eher enge Mediation entlang dem Recht werden, ohne dass die Möglichkeiten eigener Optionen und Wertschöpfungen genutzt werden. Derartige Mediationen kommen allerdings selten und dann mehr bei anwaltlichen Mediatoren vor. **279**

Das Recht hat aus unserer Sicht mehrere wichtige Aufgaben in der Familien-Mediation: **280**

- Es dient als Schutz für die/den Schwächere/n.
- Es bietet eine verlässliche Alternative für den Fall, dass die Mediation misslingt oder die Mediation von einem oder allen abgebrochen wird.
- Die rechtlichen Regelungen geben vielfältige Anregungen und Hilfestellungen, wie vergleichbare Konflikte gelöst werden können.
- Anhand der Wertungen des Rechts kann jede Konfliktpartei die Ergebnisse der Mediation überprüfen, das Erreichte einschätzen und würdigen, wo die/der andere Rechtspositionen aufgibt, sowie evtl. Anerkennung für den eigenen Verzicht bekommen.

2. Methodik – Die Rolle des Rechts in den verschiedenen Stufen der Mediation

Grundlegend für unsere Arbeit ist, dass wir die Rolle des Rechts sorgfältig mediieren und in jeder Stufe ihre Unterschiedlichkeit beachten, jedenfalls in den Trennungs- und Scheidungs- sowie in den meisten Erb-Mediationen innerhalb der Familien-Mediation. In vielen anderen Feldern der Familien-Mediation ist dies weniger oder häufig auch gar nicht notwendig, z. B. in vielen Ehe- oder Pflegefamilien-Mediationen. **281**

In jeder der fünf Stufen der Mediation spielt das Recht eine unterschiedliche Rolle. In der ersten Stufe, also der Einführung und dem Arbeitskontrakt (siehe oben Rn. 70 ff.), kann bereits die Rolle des Rechts mediiert werden. Dazu kann bereits jetzt eine erste Absprache zwischen den Konfliktparteien gehören, in welcher Rechtsform und mit welcher rechtlichen Verbindlichkeit sie vorläufige und endgültige Vereinbarungen schließen wollen. Dann können – falls gewünscht und für den Mediationsprozess notwendig – die allgemeinen Rechtsinformationen (z. B. zum Sorgerecht, zum Prozessrecht, **282** zum Unterhalt oder zum Erbrecht) durch den Mediator – in Deutschland nur durch den Mediator mit Anwaltszulassung – erteilt werden, bzw. es wird mediiert, wie die Medianden an die für sie wichtigen Informationen kommen. Denkbar ist auch, ihnen Merkblätter mit allgemeinen Rechtsinformationen zur Verfügung zu stellen oder einen Anwalt für diese Informationen als juristischen Co-Mediator in die Sitzung einzuladen.

283 Hierher gehört auch die Klärung, welche Schritte notwendig sind, um Rechte während des Mediationsprozesses wahren zu können und nicht zu verlieren. Manchmal ist es notwendig, eine Absprache über die Verzugsfolgen für den Unterhalt zu treffen oder zu regeln, was mit laufenden Gerichtsverfahren oder der Ehescheidung geschehen soll. Tauchen die hier aufgeführten Aspekte nicht in der Anfangsphase, sondern später auf, mediieren wir sodann, wie damit verfahren werden soll.

284 In der **zweiten Stufe**, also bei der Themensammlung (siehe oben Rn. 88 ff.), tauchen oft juristisch relevante Themen auf, so dass wir auch in dieser Stufe die Bedeutung des Rechts mediieren können. In der Trennungs- und Scheidungs-Mediation kommen z. B. Themen vor wie Sorgerecht, Umgangsrecht, Unterhalt, Zugewinnausgleich (hier auch die Frage, zu welchem Zeitpunkt der räumlichen Trennung – in Abweichung von der Stichtagsregelung des BGB, die auf die Zustellung des Scheidungsantrags abstellt), Scheidungsantrag (evtl. auch eine übereinstimmende Festlegung des Datums, seit dem die Partner offiziell getrennt leben). Hilfreich kann es sein, den Konfliktpartnern eine Umformulierung der juristischen „Kampfbegriffe" anzubieten, zum Beispiel: statt Sorgerecht „Lebensmittelpunkt der Kinder", statt Umgangsrecht „Kontakt der Kinder zu beiden Eltern", statt Unterhalt „zukünftige Finanzierung der Kinder bzw. der Familienmitglieder".

285 Auch in dieser zweiten Stufe kann, falls das noch nicht in der Anfangsphase geschehen ist, mediiert werden, in welcher Form die Konfliktpartner ihre Vereinbarung schließen wollen.

286 In der dritten Stufe der Mediation, also auf der Ebene der Konfliktlösung durch Erweiterung der Entscheidungsräume und Entwicklung von Optionen, spielt das Recht eher eine untergeordnete Rolle. Die – aus der Sicht der Konfliktparteien vermutlich unterschiedlichen – Lösungsangebote des Rechts sind eine unter anderen Optionen. Manchmal ist es auch hilfreich zu sehen, welche Möglichkeiten für Konfliktlösung das Recht bietet, wenn sich die Konfliktpartner mit der Komplexität ihres Falles überfordert fühlen. Dann kann auch das Recht zu einer Ressource werden, an der sie sich orientieren können. Bei der Frage des Unterhalts kann z. B. die Düsseldorfer Tabelle eine derartige Orientierungshilfe bieten.

287 Wichtig ist, dass die MediatorInnen nicht darauf festgelegt sind, was die rechtliche Lösung wäre – das entwickelt sich allzu leicht zur „Schere im Kopf", was vor allem verhindert, dass den Konfliktpartnern andere Möglichkeiten einfallen. Schließlich gibt gerade das Familienrecht viel Raum für individuelle Lösungen und eigene Vertragsgestaltung.

In der vierten Stufe, beim Verhandeln und Entscheiden (siehe oben Rn. 121 ff.), gewinnt das Recht wieder viel Bedeutung. Wenn es um konkrete Lösungsideen und Verhandlungsangebote geht, werden besonders kreative Beratungsanwälte gebraucht, die bereit sind, möglichst viele Optionen und Alternativen durchzurechnen und den Medianden mit allen möglichen rechtlichen Konsequenzen aufzuzeigen, und sie darin auch parteilich zu beraten. Die Beratungsanwälte spielen hier u. U. eine wichtige Rolle, weil es für die Konfliktpartner spätestens in dieser Phase wichtig ist, die eigenen Rechtspositionen genau zu kennen, bevor sie irgendeine Vereinbarung treffen oder unterschreiben. **288**

In dieser Stufe finden wir die Einbeziehung anderer – auch juristisch relevanter – Fachleute wichtig, so z. B. Steuerberater, Rentenberater, Schuldnerberatungen, ggf. Sozial- und Wohnungsämter. Erst wenn die Konfliktparteien die gesamten juristisch relevanten Informationen eingeholt und eine parteiliche Rechtsberatung erhalten haben (und wenn Jugendliche beteiligt sind, müssen wir spätestens hier dafür sorgen, dass sie auch genau über ihre Rechtspositionen aufgeklärt sind), können wir mediieren, wie die rechtsgültige Erarbeitung der getroffenen Vereinbarung erfolgen soll. **289**

Natürlich kann es lästig sein, wenn die Konfliktpartner nach dem Besuch bei den Beratungsanwälten noch einmal die gefundenen Ergebnisse in Frage stellen oder nachverhandeln wollen. Vielleicht ist das der tiefere Grund dafür, dass manche Mediatoren meinen, sie kämen ohne die Beratungsanwälte aus, und behaupten, sie hätten beim besten Willen die Medianden nicht zu einem Besuch bei diesen motivieren können. Aber damit ist nichts gewonnen, da so nach Abschluss der Mediation brisante Rechtsinformationen oder -einsichten auftauchen und für neue Konflikte – evtl. auch Inanspruchnahme der Mediatoren unter Haftungsgesichtspunkten – sorgen. Deswegen empfehlen wir auch Mediatoren mit Anwaltszulassung, immer mit externen Beratungsanwälten zu arbeiten (siehe unten „Einbeziehung von Beratungsanwälten“, Rn. 301 ff.). **290**

Am Ende der vierten Stufe stehen die Verhandlungsergebnisse, die in einem Protokoll oder einem Memorandum festgehalten werden (siehe oben „Verhandeln und Vereinbaren“, Rn. 121 ff.). **291**

Spätestens in der **fünften Stufe** der Mediation (siehe oben Rn. 146 ff.) ist zu mediieren, welche rechtliche Verbindlichkeit und welche Rechtsform für die Vereinbarung(en) die Konfliktpartner wählen wollen.[2] **292**

Das gilt für psychosoziale wie für anwaltliche MediatorInnen gleichermaßen. Hier fließen auch die Empfehlungen der Beratungsanwälte ein. Vielfach sind die Medianden in der Gestaltung der Rechtsform frei, teilweise sind jedoch Formvorschriften (z. B. bei Übertragung von Grundstücken oder Vereinbarungen über den Versorgungsausgleich) zu beachten. Das Recht kann ferner

2 In jüngster Zeit ist eine Kontroverse darüber entstanden, ob der Entwurf der notariellen Vereinbarung, also die Übersetzung der Parteienvereinbarung in die juristische Sprache und ihre Anpassung an den Rechtsrahmen, Bestandteil der Mediatorentätigkeit ist oder einen „Rückfall in die Anwaltstätigkeit“ darstellt. Im Zweifelsfall hängt dies vom Auftrag der Medianden ab, der wie alles andere auch sorgfältig zu mediieren ist. Wichtig ist in diesem Zusammenhang, dass auch diese Tätigkeit im Geiste der Mediation ausgeübt wird, also u. a. der Optionalität verpflichtet bleibt.

eine Rolle spielen, soweit es um Abänderungsmöglichkeiten, Inkrafttreten oder Laufzeit der Vereinbarung geht.

293 Methodisch erarbeiten wir die Rolle des Rechts bei unseren Medianden gern mit folgendem Schema (angelehnt an Ausbildungsunterlagen von G. Friedman und J. Himmelstein):

- Welche Bedeutung hat das Recht für jeden Medianden?
- Welche Relevanz soll es für jeden in dieser Mediation haben?
- Welche genauen Rechtsinformationen haben die Medianden zu ihren Fragen bzw. zu jedem ihrer Konfliktpunkte?
- Wie wollen die Medianden dieses Wissen mit ihren eigenen Fairness- und Gerechtigkeitsvorstellungen verbinden?
- Was heißt das für den konkreten Punkt, der gerade verhandelt wird?

294 Methodisch arbeiten wir hier wieder nach dem bewährten Schema Window I und Window II, das heißt, wir erarbeiten erst die Rolle des Rechts für jeden Konfliktpartner einzeln und gehen erst dann – aber nicht notwendigerweise – in die Wechselseitigkeit und Gemeinsamkeit. Bei dieser Arbeit kommt meistens heraus, dass beide unterschiedliche Haltungen zu dieser Frage haben, z. B. in unserem Fall Peters:

295

Frau Peters	**Herr Peters**
– Recht als Schutz	– Recht nutzen, um z. B. steuerliche Vorteile auszunutzen
– Zusätzliche Fairnesskontrolle	– Grundgedanken des Zugewinnausgleichs nicht ganz außen vor lassen
– Orientierungshilfe	– Jeden Schritt, der von der üblichen gesetzlichen Regelung abweicht, genau von meinem Anwalt prüfen lassen

Frau und Herr Peters konnten sich darauf einigen, dass sie das Recht zwar immer wieder als Orientierungshilfe nehmen und ihre Entscheidungen öfter von ihren Beratungsanwälten überprüfen lassen wollten, dass im Übrigen aber ihre eigenen Fairness- und Gerechtigkeitskriterien gelten sollten.

296 **Beispielsätze**

„Ich weiß, dass für alle Paare, die sich trennen, das Recht in irgendeiner Form eine Rolle spielt. Für Ihren Mediationsprozess ist es wichtig, dass Sie auch als Eltern über Ihre jeweiligen Rechtspositionen Bescheid wissen."

„Bisher haben Sie an Ihren eigenen Möglichkeiten und Lösungen gearbeitet. Ich höre und sehe jetzt Ihr Bedürfnis, zu erfahren, wie rechtliche Lösungen für Ihre Familie aussehen würden."

„Ich könnte mir vorstellen, dass es für Sie wichtig wäre zu wissen, was wäre, wenn Sie sich hier nicht einigen könnten."

„Ich möchte Ihnen nahe legen, dass jeder von Ihnen für sich einen Beratungsanwalt oder eine Anwältin aufsucht, um sich über die eigenen Rechtspositionen kundig zu machen."

„Nur wenn Sie wissen, welche Lösungen die Gesetze für Ihr Problem vorsehen, sind Sie frei genug, die für Sie (und Ihre Kinder) passenden Regelungen in der Mediation zu finden und sie dann auch nach außen zu vertreten."

3. Einbeziehung von Kindern und Jugendlichen

Wenn Kinder und/oder Jugendliche an der Mediation teilnehmen oder wir sie einbeziehen, klären wir mit ihnen – genau wie mit den Erwachsenen –, was sie tun können, um ihre Rechte zu erfahren. Oft reicht das Gespräch mit einem anderen erfahrenen Erwachsenen, z. B. einem Sozialpädagogen in einem Jugendzentrum. Manchmal brauchen sie, besonders in Trennungs- und Scheidung-Mediationen, aber oft auch in Pflegefamilien- oder Erb-Mediationen, einen eigenen Beratungsanwalt, z. B., wenn es um ihre Unterhalts- oder Ausbildungsansprüche, das Recht auf einen eigenen Wohnsitz oder um ihre Teilhabe am künftigen Erbe geht. Außerdem ist fast immer zu mediieren, wer die Kosten für diesen Beratungsanwalt übernimmt. Auch eine Einbeziehung von VerfahrenspflegerInnen ist denkbar, wird allerdings bisher wenig praktiziert. **297**

Wenn wir Kinder und Jugendliche in die Familien-Mediationen einbeziehen, müssen wir besonders für die Jugendlichen die Rolle des Rechts und der Beratungsanwälte gut prüfen. **298**

In unserem Beispiel der Familie Peters war zu mediieren, wie Thomas an seine Informationen kommt über die Fragen, die ihn rechtlich betreffen, also z. B. über seine Bestimmungsmöglichkeiten des Lebensmittelpunkts, seinen Kindesunterhalt etc. Die Eltern kamen zum Konsens, dass sie ihn selber informieren wollten, er aber dazu in der nächsten gemeinsamen Sitzung befragt werden sollte. Es war ihm recht so, aber bei weiteren Schwierigkeiten wollte er Namen und Anschrift eines Anwalts haben, der sich besonders auf die Rechtsberatung von Jugendlichen spezialisiert hatte. Damit waren die Eltern einverstanden und hätten das auch bezahlt. **299**

4. Praxiserfahrungen

300

- Wir haben die Erfahrung gemacht, dass für diesen Schritt eine wichtige Voraussetzung ist, unser eigenes Verständnis der Rolle des Rechts im Allgemeinen und in der Mediation zu klären.
- Diese Reflexion ist umso notwendiger, wenn wir in unserem Leben schlechte Erfahrungen mit dem Recht gemacht haben. Wir laufen sonst Gefahr, uns mit dem Konfliktpartner zu verbünden, der das Recht am liebsten ganz aus der Mediation heraushalten will. Wenn wir dagegen gute Erfahrungen mit dem Recht gemacht haben, kann uns das zu extremer Rechtsgläubigkeit verleiten.
- Wir sollten uns Zeit lassen, Hypothesen über die Bedeutung des Rechts bei allen Partnern zu bilden und diese bei allen gründlich überprüfen und ggf. abändern. Für psychosoziale Mediatoren empfiehlt es sich, für jeden bestimmten Fall genaue Rechtskenntnisse zu haben – also den Fall u. U. mit einem Anwalt durchzusprechen, um einschätzen zu können, ob die Partner ihre Rechte kennen oder es angezeigt ist, dass sie noch einmal Beratungsanwälte aufsuchen sollten.
- Wir haben gute Erfahrung gemacht mit einer Liste von Anwälten, die bereit sind, mit bestimmten Gebühren als parteiliche Informations- und Beratungsanwälte für Medianden zur Verfügung zu stehen (siehe unten „Einbeziehung von Beratungsanwälten", Rn. 301 ff.).
- Eine ähnliche Liste empfiehlt sich für Notare. Wir überlegen auch immer, ob wir zu den Terminen bei den Notaren mitgehen. Das ist dann letztlich eine Kostenfrage.

IX. Einbeziehung von Beratungsanwälten und psychosozialen Fachleuten

1. Einbeziehung von Beratungsanwältinnen und Beratungsanwälten

a) Theoretische Vorbemerkung

Wir gehen bei der Einbeziehung von Beratungsanwältinnen und Beratungsanwälten in die Familien-Mediation von den – damals noch hauptsächlich im Hinblick auf die Trennungs- und Scheidungs-Mediation – formulierten Richtlinien der BAFM aus, in denen es unter V.1 (S. 11) heißt: „Ist der Mediator/die Mediatorin nach dem Rechtsberatungsgesetz nicht selbst zur Rechtsberatung befugt, so hat die Beratung durch die Anwälte/innen der Parteien rechtzeitig zu erfolgen. Auch der Anwaltsmediator/die Anwaltsmediatorin wirkt darauf hin, dass die Vereinbarung erst nach parteilicher Rechtsberatung Verbindlichkeit erlangt. Die Beratung soll auf die Logik des Mediationsverfahrens ausgerichtet sein." **301**

In vielen, aber nicht allen, Familien-Mediationen geht es um Rechtspositionen, die geltend gemacht, eingeklagt werden können, auf die aber auch verzichtet werden kann. Insofern ist es wichtig, die eigenen Rechte zu kennen, auch die Chancen ihrer Durchsetzbarkeit und die Realisierbarkeit nach obsiegendem Urteil. Ohne diese Kenntnisse kann eine selbst verantwortete Entscheidung nicht getroffen werden. Folglich gehört es zum Selbstverständnis aller MediatorInnen – unabhängig von ihrem Ausgangsberuf – jede Konfliktpartei zu verpflichten, mindestens einmal eine parteiliche Rechtsberatung einzuholen. **302**

In unseren Mediationen machen wir dies im Erstgespräch deutlich und gewinnen die Konfliktparteien dafür, diese wichtige Chance zu nutzen, die Angelegenheit mit einer kompetenten Fachperson zu besprechen. Die Anregungen der Beratungsanwälte erleben wir als Bereicherung für den Mediationsprozess. Auch wenn sich die Konflikte dadurch manchmal verschärfen, sind sie willkommen, da sie wichtig sind, um dann eine von allen getragene Vereinbarung zu finden. Außerdem verstärken die unterschiedlichen Rechtspositionen die Eigenverantwortlichkeit. Den selbst gefundenen Optionen und Maßstäben für Fairness und Gerechtigkeit kommt dadurch ein höheres Gewicht zu. **303**

Von diesen Erwägungen zu trennen ist die grundsätzliche Frage, inwieweit nichtanwaltliche MediatorInnen befugt sind, an rechtlich verbindlichen Vereinbarungen mitzuwirken. Dies wurde früher im Geltungsbereich des Rechtsberatungsgesetzes kontrovers diskutiert. Es gab extreme Ansichten, die die Mitwirkung an rechtlich verbindlichen Vereinbarungen bereits dem Geltungsbereich dieses Gesetzes stellten, mit der Folge, dass nicht-anwaltliche Mediatoren dazu nicht befugt sein sollten. Das betraf hauptsächlich MediatorInnen mit psychosozialem Herkunftsberuf. **304**

304a Das am 1.7.2008 in Kraft getretene Rechtsdienstleistungsgesetz (RDG) hat hier in § 2 Abs. 3 Ziff 4 gewisse Klarstellungen gebracht. Darin heißt es in § 2:

„Rechtsdienstleistung ist nicht …

4. die Mediation und jede vergleichbare Form der alternativen Streitbeilegung, sofern die Tätigkeit nicht durch rechtliche Regelungsvorschläge in die Gespräche der Beteiligten eingreift."

Die Begründung der Bundesregierung (BT-Drucks 16/3655) zu § 2, Absatz 3, Ziffer 4 RDG lautet wie folgt:

> *Der Begriff Mediation bezeichnet die Methode der außergerichtlichen Konfliktbearbeitung, in der ein neutraler Dritter (Mediator) die Beteiligten dabei unterstützt, ihren Streit im Wege eines Gesprächs beizulegen und selbständig eine für alle Seiten vorteilhafte Lösung zu finden, die dann evtl. in einer Abschlussvereinbarung protokolliert wird. Sie ist eine kommunikative Handlung eines neutralen Dritten mit dem Ziel der Herstellung von Verständigungsprozessen. Schwerpunkt der Tätigkeit des Mediators ist die Gesprächsleitung. Mediation kann zwar Rechtsinformationen beinhalten und sich auf Rechtsverhältnisse beziehen sowie Regelungsmöglichkeiten zur Diskussion stellen, sie überlässt jedoch den Konfliktparteien die Gestaltung ihrer Rechtsverhältnisse eigenverantwortlich. Bewegt sich die Tätigkeit eines Mediators in diesem Rahmen, so liegt, wie Nummer 4 lediglich klarstellend regelt, keine Rechtsdienstleistung vor. Entsprechendes gilt für ähnliche, nicht ausdrücklich als Mediation bezeichnete Streitbeilegungsformen. Entscheidend ist stets der gesprächsleitende Charakter der Tätigkeit.*
>
> *Greift der Mediator dagegen durch rechtliche Regelungsvorschläge gestaltend in die Gespräche der Beteiligten ein, so können diese Regelungsvorschläge Rechtsdienstleistungen im Sinn dieses Gesetzes sein. Es handelt sich in diesen Fällen nicht mehr um eine (reine) Mediation, sondern um eine Streitlösung mit (auch) rechtlichen Mitteln, bei der sich der nichtanwaltliche Mediator nicht auf § 2 Abs. 3 Nr. 4 berufen kann. Soweit der rechtliche Teil der Tätigkeit in diesen Fällen nicht nach § 5 Abs. 1 erlaubt ist, steht dem Mediator die Zusammenarbeit mit einer Rechtsanwältin oder einem Rechtsanwalt offen (vgl. dazu Begründung zu § 5 Abs. 3).*
>
> *Auch die über eine bloße Protokollierung des erzielten Mediationsergebnisses hinausgehende Abfassung einer Abschlussvereinbarung kann, soweit rechtliche Inhalte betroffen sind, den Tatbestand der Rechtsdienstleistung erfüllen. Die Zulässigkeit der reinen Protokolltätigkeit des Mediators wird im Gesetzestext ausdrücklich genannt und der nichtrechtsdienstleistenden Mediationstätigkeit zugeordnet, um diese Grenze zwischen erlaubnisfreier Mediation und erlaubnispflichtiger Rechtsdienstleistung zu definieren.*
>
> *Die Vorstände der Bundes-Arbeitsgemeinschaft für Familien-Mediation (BAFM), des Bundesverbandes Mediation (BM) sowie des Bundesverbandes Mediation in Wirtschaft und Arbeitswelt (BMWA) haben zur Neuregelung folgende Stellungnahme abgegeben:*
>
> *Rechtsinformationen (z. B.Hinweise auf Rechenmodelle, Aushändigung der Düsseldorfer Tabelle sowie der unterhaltsrechtlichen Leitlinien, Informationen über gesetzliche Regelungen etwa zum Sorgerecht etc.) sind für alle MediatorInnen zulässig, soweit sie allgemeiner Art sind und keine individuellen Regelungsvorschläge, unabhängig ob für eine Partei oder beide Parteien,*

enthalten. Spezielle rechtliche Regelungsvorschläge und Rechtsberatung im Einzelfall sind nach wie vor Rechtsanwälten vorbehalten, vorzugsweise den BeratungsanwältInnen der Parteien. Dies gilt insbesondere für die parteiliche rechtliche Beratung. Mit dieser gesetzlichen Regelung wird bestätigt, was ohnehin in unserer jeweiligen Praxis Standard war und ist.

Das entspricht der von uns schon von Anfang vertretenen Auffassung, dass MediatorInnen, selbst wenn sie dazu befugt sind, keine einseitige Rechtsberatung in der Mediation vornehmen sollten, schon allein deswegen, weil das Recht meistens nicht neutral ist. Die Rechtsberatung sollte vielmehr in den Händen der BeratungsanwältInnen liegen. Die mindestens einmalige parteiliche Beratung jeder Mediationspartei – in den Jugendlichenmediationen schließt das diese ausdrücklich ein – sollte für alle Mediationen obligatorisch sein, sobald sie in einem rechtlich relevanten Bereich stattfinden. Angesichts der Verrechtlichung unserer Gesellschaft sind das viele Bereiche, auch solche, an die man vielleicht nicht sofort denkt (z. B.in Schulmediationen). **304c**

b) Methodik

Die Beratungsanwälte können in verschiedenen Phasen der Mediation aufgesucht werden:

- **Vor der Mediation** **305**
  Dann kommen die Konfliktparteien bereits mit den wichtigsten Kenntnissen über ihre Rechtspositionen in die Mediation. Hier besteht die Gefahr, dass sie zu sehr auf die rechtlichen Lösungen festgelegt sind. Die Mediatoren haben in diesen Fällen oft Schwierigkeiten, Optionalität bei den Konfliktparteien zu entwickeln.
- **Nach dem Erstgespräch** **306**
  Auch dann stehen die Rechtspositionen sehr im Vordergrund. Dieser Weg empfiehlt sich mitunter, wenn eine der Konfliktparteien völlig unrealistische Vorstellungen über ihre Rechtspositionen hat.
- **Während des Mediationsprozesses** **307**
  Hier können Beratungsanwälte hinzugezogen werden, wenn eine Konfliktpartei wissen möchte, wie ihre rechtlichen Chancen sind.
- **Nach der Optionen-Entwicklung** **308**
  Zum Testen und Überprüfen, welche Optionen einer näheren Betrachtung unterzogen werden und in die Vereinbarungen eingehen sollen, sind die Beratungsanwälte eine große Hilfe. Gerade wenn verschiedene Modelle zur Auswahl stehen (z. B. Haus verkaufen – Haus vermieten – Haus gemeinsam halten – einer bleibt im Haus wohnen), ist es notwendig zu wissen, welche Option gerichtlich durchsetzbar wäre, aber auch, welche Lösung wie zu Buche schlägt.
- **Während der Verhandlungen bzw. im Anschluss daran** **309**
  Hier ist zu klären, welche Konsequenzen eine Vereinbarung haben kann und welche Vorschriften beachtet werden müssen, damit sie haltbar sind.

310 Auch für die Einbeziehung der Beratungsanwälte gelten nach unserem Verständnis die allgemeinen Grundsätze der Mediation, d. h., das Wann und Wie werden mediiert. Besonders hilfreich ist die Vorbereitung dieses Gangs zu den Beratungsanwälten, indem ein – möglicherweise übereinstimmender – Fragenkatalog erarbeitet wird. Dazu könnten folgende Fragen gehören:

- Was sind meine genauen Rechte? Was steht mir zu?
- Welche Ansprüche habe ich?
- Wie kann ich meine Ansprüche durchsetzen?
- Welche Chancen hätte ich mit meiner Position bei Gericht?
- Welches Risiko habe ich, wenn es zu einem Gerichtsprozess kommt?
- Welche juristischen Alternativen gibt es? Wie sehen die genau aus?
- Welche Regeln gibt es für Abänderbarkeit, Gültigkeit und Haltbarkeit der Vereinbarung?

311 Die parteiliche Rechtsberatung erfolgt in der Regel durch externe Beratungsanwälte, die die Konfliktparteien jeweils getrennt aufsuchen.

312 Denkbar – aber nach unserer Auffassung oft nicht ausreichend – ist eine allgemeine Rechtsinformation für die Konfliktparteien innerhalb der Mediation. Diese erfolgt durch einen Rechtsanwalt/eine Rechtsanwältin, die in die Mediationssitzung hineinkommt, oder – bei MediatorInnen mit Anwaltszulassung – durch diese selbst. Diese können zugleich die Unsicherheit von Rechtspositionen deutlich machen, indem sie – einer Anregung von G. Friedman folgend – kurzzeitig in die Rolle eines der Parteianwälte schlüpfen: „Wenn ich Ihr Anwalt wäre, würde ich Ihnen jetzt dies sagen ..." – und (an die andere Partei gewandt) – „Wenn ich Ihr Anwalt wäre, würde ich Ihnen jenes empfehlen..."

313 Eine sehr effektive Methode ist auch, die allgemeinen Rechtsinformationen, z. B. über das Sorgerecht, über die verschiedenen Möglichkeiten der Unterhaltsberechnung oder den Zugewinnausgleich in Form von Merkblättern an die MediandInnen zu verteilen, u. U. bereits nach dem Erstgespräch.

c) Praxiserfahrungen

- Es ist geschickt, als MediatorIn mit einem Kreis von BeratungsanwältInnen zusammenzuarbeiten. Diese sind überwiegend auch MediatorInnen oder sympathisieren mit dieser Form von Konfliktlösung, zumindest aber mit einvernehmlichen Regelungen. Viele regionale Arbeitskreise haben gemeinsame Listen von BeratungsanwältInnen erstellt. **314**
- Wichtig ist, die Beratungsanwälte mit dem Mediationsverfahren und den Bedürfnissen der Medianden vertraut zu machen. Diese brauchen Unterstützung in der Selbstbehauptung (das heißt, sie müssen ihre Rechte kennen) und ebenso die Bereitschaft des Anwalts, die von den Mediationsparteien entwickelten Optionen durchzurechnen und über die jeweiligen Vor- und Nachteile juristisch zu beraten, was sehr zeitintensiv sein kann und auch Geduld verlangt. Beratungsanwälte sollen umsichtig und versiert sein, Vereinbarungen, auch wenn sie nicht der alltäglichen Praxis entsprechen, in die juristische Realität umzusetzen.

  Das setzt die Bereitschaft voraus, mitunter die ausgetretenen juristischen Pfade zu verlassen.
- MediandInnen wählen gern aus diesem Kreis von RechtsanwältInnen denjenigen aus, der sie vertreten würde, wenn sie die Mediation abbrechen, aber weiterhin eine einvernehmliche Regelung anstreben.
- BeratungsanwältInnen werden oft auch beauftragt, das spätere Scheidungsverfahren durchzuführen oder die Konfliktpartner anderweitig anwaltlich zu vertreten, wenn es sich um andere Familien-Mediationen als um eine Trennungs- und Scheidungs-Mediation handelt.
- Wichtig ist in der Familien-Mediation auch, an BeratungsanwältInnen zu verweisen, die sich mit den Rechten der Kinder und Jugendlichen auskennen und/oder die auf Sozialrecht spezialisiert sind.
- Die Medianden müssen die Kosten für die Rechtsberatung bisher noch selbst tragen. Dafür entsteht eine Beratungsgebühr nach Nr. 2100 VV RVG. Hierfür gibt es keine festen Sätze mehr, das Honorar wird vereinbart. Über diese Möglichkeiten sollten die Mediatoren die Medianden informieren. Bislang gibt es keine Prozesskostenhilfe, und Beratungshilfe kommt in den meisten Fällen dafür nicht in Betracht. Inzwischen gibt es einige Rechtsschutzversicherungen, die Kosten übernehmen.
- Es ist hilfreich, wenn die MediandInnen möglichst viel des erarbeiteten Materials aus der Mediation mit zu den BeratungsanwältInnen nehmen, z. B. den gemeinsam erarbeiteten Fragenkatalog, die Optionen und die Fairnesskriterien, damit die Anwälte sich besser über den Stand der Mediation orientieren können.

2. Einbeziehung von psychosozialen Fachleuten

a) Theoretische Vorbemerkung

315 In den Richtlinien der BAFM wird darauf hingewiesen, dass es ratsam sei, bei bestimmten psychologischen Fragestellungen entsprechende fachliche Unterstützung in Anspruch zu nehmen. Nach unserer Erfahrung in Trennungs- und Scheidungs-Mediationen, aber auch in anderen Fällen von Familien-Mediation, ist es geboten, für bestimmte psychologische, pädagogische und sozialarbeiterische Sachverhalte entsprechende psychosoziale Fachleute mit in die Mediation einzubeziehen. Analog der Verpflichtung der psychosozialen Mediatoren, in rechtlichen Fragen Rechtsberatung für die Parteien verbindlich zu machen, sollte es eine ähnlich verbindliche Verpflichtung für juristische Mediatoren geben, in psychosozialen Fragestellungen auf eine psychosoziale Beratung hinzuwirken.

316 Bereits im Erstgespräch ist der Mediator oft mit Ambivalenzen eines Paares konfrontiert; sei es, dass das Paar seine Ambivalenzen untereinander aufgeteilt hat, der eine Partner also die Ehe fortsetzen will, der andere hingegen die Trennung will, oder dass einer oder beide Partner jeweils für sich selbst ambivalent sind. In dieser Phase kann es Sinn machen, diese Fragestellungen und Dynamiken im Rahmen einer Paarberatung oder Ehetherapie zu klären. Der Mediator sollte für diese Klärungen auf entsprechende beraterische oder therapeutische Hilfen verweisen.

317 Gleiches gilt auch für die Arbeit mit bestimmten psychischen Störungen, die sowohl bei den Erwachsenen als auch bei den Kindern und Jugendlichen durch eine Trennung oder Scheidung ausgelöst werden können. Trennung und Scheidung sind Krisensituationen, die nicht von allen Menschen gleichermaßen bewältigt werden können. In dieser Krisensituation können bestimmte Störungsbilder bei den Medianden auftreten, für die ein entsprechendes diagnostisches und psychotherapeutisches Fachwissen notwendig ist. Der Mediator muss darauf achten, ob der Mediand überhaupt in der Lage ist, sich selbst behaupten und vertreten zu können, weitreichende Entscheidungen und Verpflichtungen zum derzeitigen Zeitpunkt treffen zu können, oder ob er besser im beraterisch-therapeutischen bzw. juristischen Rahmen geschützt ist.

318 Der Mediator sollte bei der Einschätzung von Symptomen und Reaktionen von Kindern und Jugendlichen auf die Trennung der Eltern die Beratung durch einen therapeutischen Fachmann empfehlen, um angemessen einschätzen zu können, ob es sich um vorübergehende oder langfristig wirkende Störungen bei den Kindern handelt. Dies gilt auch für den Umgang mit elterlichen Projektionen; andernfalls besteht in der Mediation die Gefahr, dass die jeweiligen Aussagen eindimensional als Realität akzeptiert werden.

319 Außerdem sollte der Mediator in Fragen von Sucht, Abhängigkeit, Co-Abhängigkeit auf entsprechende fachliche Hilfe hinweisen, zur Einschätzung und gegebenenfalls Bearbeitung der offenen und verdeckten Seiten von Abhängigkeit sowie zur Klärung der Frage, welche Folgen die Sucht der

Eltern für die Kinder hat bzw. welche Veränderungen im Sinne der Kinder bewirkt werden können.

Zudem sollte der Mediator darauf hinwirken, dass bei zusätzlichen ökonomischen, betreuerischen Belastungen über unterschiedliche Leistungsangebote der Jugendhilfe und auch der Sozialhilfe unterrichtet wird. **320**

Schließlich sollte er in Familien-Mediationen mit Zweitfamilien, Adoptiv-, Pflege- und Inseminationsfamilien, mit behinderten Familien die Einbeziehung von psychosozialen Fachleuten dazu nutzen, dass sie diese Familien über ihre eigenen Strukturen, eigenen Themen, eigenen Probleme, eigenen Lösungsansätze informieren und beraten. **321**

b) Methodik

Die psychosozialen Fachleute können auf drei verschiedene Arten mit einbezogen werden: **322**

- Der Mediator kann die Mediandenzum psychosozialen Fachmann mit bestimmten Fragestellungen schicken.
- Der Mediator kann Fachleute zur Information direkt in die Mediationssitzung mit einbeziehen.
- Der Mediator kann Rücksprache mit den psychosozialen Fachleuten halten, um neue Hintergrundhypothesen sammeln zu können.

Mögliche Fragestellungen an den psychosozialen Fachmann können sein: **323**

- In welchen Phasen von Trennung und Scheidung befindet sich jeder Partner und welche Konsequenzen könnte dies für die Mediation haben?
- Kann die Ambivalenz eher im Rahmen einer Eheberatung, -therapie aufgelöst und geklärt werden?
- Ist zu diesem Zeitpunkt eigenverantwortliches, unabhängiges Handeln für jede Partei möglich oder sollte zunächst therapeutisch-beraterische Hilfe in Anspruch genommen werden?
- Wie sind die Symptome der Kinder einzuschätzen?
- Was brauchen Kinder bei Trennung und Scheidung?
- Auf welche Besonderheiten müssen wir in unserer Familienform als Zweit-, Adoptiv-, Pflege-, Inseminationsfamilie achten? Was sind förderliche Bedingungen für unsere Familienform?
- Auf welche fachlichen, finanziellen, betreuerischen Leistungen haben wir einen gesetzlichen Anspruch? Wer kann diese Leistungen erbringen?

c) Praxiserfahrungen

324

- Für die oben genannten Fragestellungen kommen folgende psychosozialen Fachleute in Betracht: Erwachsenen-Psychotherapeuten, Psychiater, Paar- und Familientherapeuten, Kinder- und Jugendlichen-Psychotherapeuten, Kinderpsychiater, Kinderärzte, Sozialarbeiter, Sozialpädagogen, Erzieher, Pädagogen.
- Als hilfreich haben sich Adressenlisten mit den entsprechenden Praxen, Beratungsstellen, Ämtern erwiesen.
- Der Mediator sollte über persönliche Kontakte zu diesen Personen und Einrichtungen verfügen, ihre theoretischen und praktischen Arbeitsansätze kennen.
- Der Mediator sollte diese Fachleute mit der Familien-Mediation vertraut machen, darüber informieren, damit sie einschätzen können, wofür deren Fachwissen benötigt wird und wie es in die Mediation einfließen kann.

X. Verhandeln

1. Theoretische Vorbemerkung

In vielen Familien gibt es bereits Verhandlungsmodelle, die auch in der Vergangenheit funktioniert haben. Trotzdem können wir in der Familien-Mediation nicht davon ausgehen, die Mediaden wüssten schon, wie sie miteinander verhandeln wollen, denn oft sind ihnen ihre Erfahrungen und Modelle in den Konflikten verloren gegangen. Es ist unsere Aufgabe als Mediatoren, zu mediieren, wie sie verhandeln wollen. Vielleicht brauchen sie einige gute Beispiele aus anderen Familien, z. B. das „Zitronen-Modell“, bei dem nach den verschiedenen Bedürfnissen geteilt wird, oder das „Feilsch-Modell“, bei dem unabhängig von den tatsächlichen Werten gehandelt wird; oder das „Halbe-Halbe-Modell“ etc. **325**

Ein Modell des mediativen Verhandelns ist das „Angebotsverhandeln“, das optionale Verhandeln über möglichst viele Angebote aller Konfliktpartner, also nicht über Positionen oder Forderungen wie in den meisten anderen bekannten Verhandlungsmodellen, sondern eben über Angebote (z. B. aus den vorher gearbeiteten Optionen oder aus dem Wertebild der materiellen oder immateriellen Werte). Diese Möglichkeit des Verhandelns ist für viele Familien oft so überraschend und neu, dass erfahrungsgemäß auch überraschende Angebote kommen. Nicht wenige Familien haben dieses Modell zu ihrem Lieblingsmodell gemacht – und praktizieren es häufig auch zuhause. Besonders Kinder und Jugendliche lieben es sehr. **326**

Das Verhandeln hat zwar seinen eigentlichen Platz in der vierten Stufe, aber meist zieht es sich durch die ganze Mediation. Trotzdem ist es wichtig, dass wir das eigentliche Verhandeln deutlich abkoppeln von der Optionenentwicklung und dafür sorgen, dass zwischen diesen beiden Stufen immer – auch in Kurz-Mediationen – eine Pause liegt zum Besprechen, Überlegen und Überprüfen. Es muss auch immer klar sein, dass die vorläufigen Zwischenergebnisse oder auch die Hauptergebnisse noch veränderbar und neu verhandelbar sind, wenn sie für einen oder auch für alle Konfliktpartner nicht mehr stimmen. **327**

Uns ist wichtig, vor oder nach dem Verhandeln noch die Maßstäbe für Fairness und Gerechtigkeit zu entwickeln, damit jeder einzelne die Ergebnisse an seinen eigenen Kriterien überprüfen und ggf. neu verhandeln kann. **328**

2. Methodik

Das Verhandeln erfolgt wieder nach dem Grundmuster der Mediation (mit Window I und II). Hilfreich ist die Frage an jeden der Konfliktpartner, was er oder sie denn anzubieten hätten. Weiter ist dann förderlich, nicht jedes Angebot diskutieren zu lassen, sondern optional möglichst viele Angebote zu sammeln und sie erst an die Eltern oder die anderen Erwachsenen zurückzugeben mit der Frage, was sie denn damit machen wollen. **329**

Ob diese Angebote nur verbal oder z. B. schriftlich auf (z. B. bunten) Karten gemacht werden, müssen Mediatoren für sich selbst – oder auch nach Art **329a** der Familien – entscheiden, ebenso wie die Frage, ob sie in dieser Phase lieber an einem großen Tisch arbeiten oder doch im gewohnten Setting. Oft ist es allerdings gut, auch das Setting zu verändern, wenn sich bei den Mediandenden etwas beginnt zu verändern.

329b Wenn möglichst viele Angebote von allen Konfliktpartnern vorliegen (oder auf dem Tisch liegen), fragen wir, wer sich welche Angebote näher ansehen und anfangen will, mit den anderen zu verhandeln (evtl. nach den vorher ausgewählten Verhandlungsmodellen). Von da an scheint uns die wichtigste Aufgabe der Mediatoren zu sein, das Verhandeln laufen zu lassen und ihre ganze Wachsamkeit und Wahrnehmungsfähigkeit den impliziten Zwischenergebnissen zu widmen und bei Konsens der Konfliktpartner unter „Vorläufige Zwischenergebnisse" aufzuschreiben (z. B. „das Haus bleibt im Familienbesitz"; „diese Vereinbarung soll gelten, bis die Kinder in die Schule kommen" etc.). Wir versuchen trotzdem, den Fluss des Verhandelns nicht zu sehr zu unterbrechen oder ihn wieder anzustoßen.

330 **Beispielsätze**

„Was hat in der Vergangenheit in Ihrer Familie als Verhandlungsmodell gut funktioniert? Mit welcher Art zu verhandeln kämen Sie auch jetzt und in Zukunft gut zurecht?"

„Wie würde jeder von Ihnen gern verhandeln?"

„Wollen Sie von mir Beispiele wissen, wie andere Familien erfolgreich verhandelt haben?"

„Was denken Sie, wäre für Ihren Mann als Vater der Kinder faires und gerechtes Verhandeln – und was denken Sie, wäre für Ihre Frau als Mutter der Kinder faires und gerechtes Verhandeln?"

„Wie würden Sie gern verhandeln?"

„Was brauchen Sie noch, um besser verhandeln zu können?"

„Welches Verhandlungsmodell würde Ihnen als Eltern – und damit auch den Kindern – am meisten nützen?"

„Was können Sie ihm/ihr anbieten, um das zu bekommen, was Sie gern hätten?"

„Was würden Sie ihm/ihr anbieten, wenn er/sie zustimmen würde?"

„Da liegen ja schon viele Angebote auf dem Tisch. Gibt es noch mehr?"

„Sie wissen ja, auch die Zwischenergebnisse können noch weiter verhandelt werden. Was denken Sie, kann ich schon mal vorläufig aufschreiben?"

3. Einbeziehung von Kindern und Jugendlichen

331 Diese Frage ist nicht leicht zu beantworten: Einerseits wäre es gut für die Kinder, wenn sie die Entwicklung von tauglichen Verhandlungsmodellen und von mediativem Verhandeln mitbekämen – auch als mögliche Modelle für ihre eigenen Konflikte in der Zukunft. Andererseits ist das eigentliche Verhandeln Sache der Eltern oder der Erwachsenen. Es wäre auch pädagogisch nicht gut, wenn die Kinder die dabei immer noch wieder auftauchenden Verletzungen und Kränkungen aus der Paar- oder Erwachsenen-Ebene mitbekämen (etwa: „Ich will einen Ersatz für die miserable Sexualität in

unsrer Ehe", „Du hast dieses Kind sowieso nicht adoptieren wollen, dann lass' mir jetzt wenigstens das Haus" etc.).

In weniger konfliktträchtigen Fällen wäre es aber sinnvoll, mit den Eltern zu mediieren, ob sie die Einbeziehung der Kinder an diesem Punkt doch wollen – eben wegen der Modelle für Konfliktlösungen in der Zukunft. Jugendliche haben uns bei Nachbefragungen öfter gesagt, dass sie diese Erfahrung besonders geschätzt haben in ihrer Familien-Mediation. **332**

4. Praxiserfahrungen

- Wir haben erlebt – besonders bei Mediationen unter großem Zeitdruck –, dass wir selbst oder auch die Medianden Widerstand entwickelt haben gegen das Mediieren von Verhandlungsmodellen, oder dass unter diesem Zeitdruck ein Modell eines der Konfliktparteien einfach ohne Mediieren genommen wurde. Das hat sich meist gerächt, und wir mussten das Mediieren zeitaufwändig nachholen. **333**
- Wir sollten als Mediatoren nie mit einem leeren Kopf ins Verhandeln einer Mediation gehen, sondern mindestens drei brauchbare Modelle im Kopf haben, um sie im Notfall als Beispiele aus anderen Familien nennen zu können, unter denen die Medianden wählen können. Meistens fallen ihnen dann auch selbst welche ein, z. B. solche, mit denen sie bisher auch schon ganz gut verhandelt haben.
- Wir sollten auch darauf achten, womöglich für die verschiedenen zu verhandelnden Themen immer neue Modelle zu mediieren, weil nicht alle für alles taugen (z. B. beim Unterhalt „Halbe-Halbe", beim Haus „Geben und Nehmen" etc.).
- Wenn wir uns für das Angebotsverhandeln entscheiden, ist es hilfreich, das Wertebild oder die Wertebilder aufzuhängen (Rn. 440 ff.), weil damit visualisiert wird, aus welchen Bereichen noch Angebote gemacht werden können, was noch offen und was schon erledigt ist.
- Unserer Erfahrung nach bemessen MediatorInnen die Zeit fürs Verhandeln meist als zu kurz. Man braucht eigentlich fast immer ein Fünftel der gesamten Mediationszeit, vor allem auch, weil hier beim Verhandeln noch einmal Streit und Konflikte auftauchen können.
- Wichtige Materialien fürs Verhandeln sind in jedem Fall die ursprüngliche Themenliste vom Anfang und besonders die Fairness-Kriterien zum Überprüfen der Verhandlungsergebnisse.

XI. Mediationsvereinbarungen bzw. Memoranden

1. Theoretische Vorbemerkung

334 Nach den Richtlinien der BAFM ist das Ziel einer Familien-Mediation eine einvernehmliche bindende Regelung bis hin zu einer umfassenden, auch formell gültigen Vereinbarung (II, 1). Alle Mediationsrichtungen haben in irgendeiner Form die Vereinbarung oder ein Memorandum in ihrem Prozessplan, sei es in schriftlicher oder in mündlicher Form. Unterschiede bestehen in den gewählten Formen, dem Grad der Rechtsverbindlichkeit und darin, wer diese verfasst.

335 Die Möglichkeit, einen Konflikt vorläufig oder dauerhaft durch eine Vereinbarung zu beenden, beruht auf der Privatautonomie, dem Prinzip der Selbstbestimmung und der Freiheit der Vertragsgestaltung, also auf Grundprinzipien des Rechts.

336 Es gibt keine allgemein gültigen Regeln, wie eine Mediations-Vereinbarung zu gestalten ist, deshalb sollte auch dieser Schritt wie alle anderen in der Mediation mediiert werden. Als mögliche Vereinbarungsformen kommen für die Familien-Mediation in Betracht:

- Mündliche Vereinbarung der Medianden
- Protokolle der Sitzungen und Abschlussprotokoll (von Medianden oder MediatorInnen verfasst)
- Memorandum
- Mediationsvereinbarung als Privatvertrag (ohne Titulierung, d.h. nicht vollstreckbar)
- Notarielle Vereinbarung
- Protokollierung im Rahmen eines gerichtlichen Verfahrens

337 Als Verfasser sind möglich:

- Die Medianden selbst bzw. einer der Medianden
- Die Mediatoren im Rahmen des Rechtsdienstleistungsgesetzes (RDG), also im wesentlichen anwaltliche MediatorInnen
- Der juristische Co-Mediator, wenn es ihn in der Mediation gibt
- Ein anderer externer Anwalt
- Eine Notar/in
- Die Jugendämter: Wenn es sich um eine ausschließliche Vereinbarung im Rahmen des KJHG handelt und die Eltern bzw. andere Erwachsene eine verbindliche Vereinbarung wünschen, sind Jugendämter verpflichtet, eine solche kostenlos auszustellen.

Wichtig für uns MediatorInnen ist es, im Sinne der Mediations-Philosophie bei jeder Form von Vereinbarungen auf folgende Kriterien zu achten: 338

- Die Veränderbarkeit und Überprüfungsmöglichkeit der Vereinbarung
- Die sprachliche Verständlichkeit für alle Konfliktpartner
- Die ressourcen- und zukunftsorientierte Formulierung
- Möglicherweise eine Präambel, welche Gerechtigkeits-Vorstellungen der Konfliktpartner hinter dieser Vereinbarung stehen
- Die dokumentierte Zustimmung aller Konfliktpartner zu dieser Vereinbarung, z. B. durch Unterschrift

2. Methodik

Letztlich ist der gesamte Mediationsprozess eine in sich fortgeschriebene Mediationsvereinbarung: Sie beginnt mit dem Mediationskontrakt, geht weiter mit dem Erstellen einer gemeinsamen Liste der Themen- und Konfliktpunkte aller Konfliktpartner, dem wechselseitigen Akzeptieren der verschiedenen Interessen und Bedürfnisse, der Übereinkunft, Optionen und Maßstäbe für Fairness und Gerechtigkeit zu entwickeln, der Abstimmung, wie die Konfliktpartner mit dem Recht umgehen wollen, und dem Konsens über die Gestalt der Vereinbarung bzw. des Memorandums. Insofern zieht sich das Mediieren von Vereinbarungen durch den gesamten Prozess, hat aber seinen besonderen Platz im Erstgespräch und spätestens vor Abfassung des Memorandums bzw. der Mediationsvereinbarung. 339

Sowohl im Erstgespräch wie spätestens vor Abfassung der Vereinbarung wird wieder nach dem Grundmuster der Mediation (Window I, siehe oben Rn. 156 ff.) an alle Konfliktpartner die Frage gestellt, wie denn jeder den Zeitpunkt, die Form, die Rechtsverbindlichkeit und den Verfasser der Vereinbarung haben möchte. Dann wird ebenfalls nach dem Grundmuster (Window II, siehe oben Rn. 169 ff.) die Wechselseitigkeit und Gemeinsamkeit sowie ein möglicher Konsens herausgearbeitet. 340

Im Allgemeinen ist im Erstgespräch bereits eine Übereinkunft hergestellt, ob, wie und von wem Ergebnis-Protokolle von den einzelnen Schritten und Sitzungen geschrieben werden, so dass die Erstellung einer Mediationsvereinbarung kein großer Aufwand mehr ist. 341

Die Mediationsvereinbarungen sollten immer für jeden einzelnen Konfliktpartner noch einmal vor dem Unterschreiben an seinen erarbeiteten Interessen und Bedürfnissen und seinen eigenen Fairness-Kriterien überprüft werden. Alle Konfliktpartner müssen ein von allen unterschriebenes Exemplar der Vereinbarungen bekommen und nicht etwa jemand ein Exemplar mit kopierten Unterschriften. In manchen Mediationen empfiehlt es sich, die Frage eines offiziellen, vielleicht sogar feierlichen Abschlusses der Mediation mit dieser Vereinbarung zu mediieren (siehe unten Rn. 345 ff.). 342

3. Einbeziehung von Kindern und Jugendlichen

343 An diesem methodischen Baustein der Familien-Mediation nehmen die Kinder und Jugendlichen im Allgemeinen nicht mit teil, es sei denn, die Jugendlichen haben eigene Rechtsansprüche oder interessieren sich aus anderen Gründen für diese Seite der Mediation. Manchmal wollen Kinder und/oder Jugendliche aus „rituellen" Gründen beim Unterschreiben der Vereinbarungen dabei sein, und es ist gut, wenn MediatorInnen – besonders dann, wenn sie juristische MediatorInnen sind – dies zulassen und fördern können, wenn die Eltern oder anderen Erwachsenen zustimmen. Das empfiehlt sich insbesondere bei Absprachen über die Kinder selbst.

4. Praxiserfahrungen

344

- Mediatoren sollten das Thema Vereinbarungen in ihrer Region und in ihren Arbeitskreisen gut diskutieren, solange es keinen einheitlichen und juristisch abgesicherten Umgang damit gibt. Dies gilt besonders für die psychosozialen Mediatoren, aber in abgewandelter Form auch für die juristischen Mediatoren. Hier wird zzt. diskutiert, ob die nachträgliche Vertragsgestaltung noch Mediatorentätigkeit ist oder anwaltliche Dienstleistung. Eine Mediatorin mit anwaltlichem Grundberuf wird die Texte „mediativ" formulieren in Gegenwart und unter Mitwirkung der Medianden.
- Mediatoren sollten besonders darauf achten, dass in die Vereinbarungen Laufzeiten, Überprüfungs- und Veränderungsmöglichkeiten möglichst konkret eingearbeitet werden, oder auch die Klausel, was passiert, wenn nur einzelne Bedingungen der Vereinbarung sich verändern.
- Selbstverständlich sollten Mediatoren diese Vereinbarungen nicht mit unterschreiben: es sind Vereinbarungen der Medianden untereinander, nicht mit ihnen als Mediatoren.

XII. Übergangs- und Abschiedsrituale

1. Theoretische Vorbemerkung

Mit dem Ende des Mediationsprozesses beginnt meist für alle Mitglieder einer Familien-Mediation ein neuer Lebensabschnitt, und gar nicht so selten taucht dann die Frage nach einem „Abschied" oder nach einem „Ritual" für diesen Übergang in diesen neuen Teil ihres Lebens auf. In vielen Fällen geht es dann einerseits um die Beendigung und die Würdigung der geleisteten Arbeit und andererseits – jedenfalls in den Trennungs- und Scheidungs-Mediationen – um das Ende der Partnerschaft und um den Übergang in die nun getrennte Familie. Wir stellen fest, dass diese Frage immer öfter auftaucht, wohl auch, weil weder der Staat noch die Kirchen für Trennung und Scheidung ein Ritual anbieten. **345**

2. Methodik

Wenn dieser Wunsch nach einem Ritual in einer Trennungs- und Scheidungs-Mediation auftaucht (in anderen Familien-Mediationen wird das unserer Erfahrung nach weniger häufig der Fall sein), so müssen die Ideen dazu genauso mediiert werden wie andere Ideen und Optionen. Das heißt, auch hier werden wir wieder mit dem Grundmuster der Mediation arbeiten, also mit Window I und Window II (siehe oben Rn. 156 ff. und Rn. 169 ff.). Wir werden Mutter und Vater jeweils nach ihren Ideen für einen solchen Abschluss fragen und dabei deutlich unterscheiden, ob sie den Schluss der Mediation meinen oder den Übergang in die getrennte Familie. Deshalb müssen wir auch gut hinhören, ob die Medianden mit „Übergang" nicht nur den Schluss ihrer Partnerschaft meinen. Manchmal kann es deshalb drei verschiedene „Rituale" geben, aber es ist wichtig, dass Konsens hergestellt wird über diese Formen oder Rituale. **346**

Diese Fragen kommen meist erst am Ende des Mediationsprozesses, aber wir müssen als Mediatoren darauf vorbereitet sein und uns dazu Gedanken gemacht haben, auch darüber, inwieweit wir selbst dazu Ideen haben. Zur Anregung seien hier einige bereits praktizierte Möglichkeiten genannt: **347**

- Gemeinsames festliches Essen (mit oder ohne Mediatoren), z. B. Fondue
- Letzte Sitzung mit der ganzen Familie, die Vereinbarung wird vorgelesen, Beglückwünschung mit einem Blumenstrauß
- Mitgehen zur Unterschrift beim Notar, anschließend gemeinsames Essen oder Trinken (z. B. mit Kindern und Großeltern)
- Zwei Stammbuch-Exemplare (oder Stammbäume) anfertigen, in die jeweils die Mediationsvereinbarungen eingelegt werden (eine Familie hatte vorher alte Dokumente und ihr „Berliner Testament" verbrannt)
- Essen und Trinken mit Vorbereitung des nächsten gemeinsamen Familienfestes (z. B. bei einer bevorstehenden Konfirmation in der Familie)

3. Einbeziehung von Kindern und Jugendlichen

348 Für Kinder, besonders für kleinere Kinder, können Rituale sehr wichtig sein, weil sie ihnen Sicherheit geben für das unsichere Neue, das auf sie zukommt. Sie brauchen solche „Zeichen", mehr noch als die Jugendlichen und die Erwachsenen, die diese Schritte eher verstandesmäßig versuchen zu bewältigen, obwohl wir auch bei ihnen Dankbarkeit gespürt haben, wenn solche Rituale gut mediiert waren und Raum gaben für Abschiedsgefühle.

349 Für das Mediieren der Abschieds- und Übergangsformen sowohl für das Ende der Mediation als auch für den Übergang in den neuen Abschnitt der Familie fanden wir es meist wichtig, die Kinder und Jugendlichen mit einzubeziehen. Gerade die Kinder hatten oft die besten und stimmigsten Ideen, sie waren die Kreativeren im Erfinden von Formen, die für die Familie passen. Die Jugendlichen waren eher zurückhaltend, manchmal sogar abwehrend, was ihrer Altersstufe ja auch eher entspricht. Umso mehr müssen wir als Mediatoren beim Mediieren darauf achten, dass die gefundenen Formen auch wirklich von allen Familienmitgliedern akzeptiert werden. Wenn kein Konsens gefunden werden konnte, haben wir die Entscheidung darüber immer in die Kompetenz der Eltern gelegt.

4. Praxiserfahrungen

350

- Wie auch bei anderen Prozessstufen, wo es um Ideen-Entwicklung geht, ist es auch hier unserer Erfahrung nach wichtig, nicht mit leerem Kopf in solche Sitzungen zu gehen, sondern wie sonst auch mindestens zwei oder drei solche Wahlmöglichkeiten für Rituale im Kopf zu haben, nicht um sie vorzuschlagen, sondern sie nur evtl. als ausprobierte Möglichkeiten aus anderen Familien zu nennen – auch wenn wir selbst ein ambivalentes Verhältnis zu solchen Abschiedsritualen haben sollten.
- Wir nehmen selbst fast nie an den ausgehandelten Ritualen teil, um uns und den Familienmitgliedern die Möglichkeit für eine evtl. notwendige Weiterführung der Mediation oder eine spätere Wiederaufnahme nicht zu erschweren.

Teil 5
Techniken für alle Stufen und methodischen Bausteine in der Familien-Mediation

Vorbemerkung

Fast alle Techniken, die wir in den Familien-Mediationen anwenden, stammen aus der systemischen Therapie. Das entspricht auch dem Ursprung der Mediation und ihrem systemischen Ansatz. Wie in der systemischen Therapie geht es auch in der Mediation um zukunftsorientierte Lösungen für Konflikte in Systemen (Paare, Familien, Mehrgenerationen), und zwar auch hier unter besonderer Berücksichtigung der Ressourcenorientierung, der Optionalität und der positiven Wertschätzung. **351**

Für viele Mediatoren gibt es noch mehr als die im Folgenden genannten Techniken; im Wesentlichen verwenden wir die unter I–X dargestellten. **352**

I. Zusammenfassen

1. Allgemeines

353 Das Zusammenfassen ist eine der Techniken, die wir am häufigsten in Sätzen und Fragen verwenden, weil sie uns und den Mediandenden hilft, sich das Gesagte noch einmal zu spiegeln und es zu verstehen. Damit wird das Zusammenfassen zu einer der wichtigsten Kommunikations-Techniken in der Mediation und häufig auch zu einem Modell für die Medianden, also nicht mehr auszugehen von Vorurteilen, sondern von genau überprüften Annahmen der verschiedenen Wirklichkeiten. Uns Mediatoren hilft das Zusammenfassen, unsere Hypothesen zu überprüfen und zu verändern.

354 Die Wirkung für die Mediation liegt ähnlich wie in der systemischen Therapie darin, dass die Systeme durch die Spiegelung und Unterstützung der Selbstbehauptung und der Unterschiedlichkeit der Konfliktpartner aus ihrer Starre herauskommen und Veränderungen möglich werden. Die Wirkung für jeden der Konfliktpartner liegt darin, dass er oder sie den sachlichen Gehalt jeder zusammengefassten Aussage besser versteht, die von sich selbst und die von den anderen. Damit wird dann auch die Selbstbehauptung jedes Einzelnen gefördert.

355 Die Unterstützung der Selbstbehauptung, der Unterschiedlichkeit und der Veränderungen sind durch den gesamten Prozess der Mediation und in verschiedenen Formen in jeder Stufe wieder neu notwendig, so dass wir die Technik des Zusammenfassens in allen Stufen und Methodiken verwenden.

356 **Beispiele**

„Für Sie geht es also mehr um den Erhalt Ihrer Ehe und für Sie mehr um Trennung?"

„Ich möchte mal zusammenfassen, was ich bisher von Ihnen, Frau P., und von Ihnen , Herr P., verstanden habe..."

„Kann es sein, dass es Ihnen insgesamt um eine gute Lösung für Ihr Haus geht?"

„Sie wollen also Alternativen zu Ihren bisherigen Entscheidungen entwickeln, Sie mehr unter dem Gesichtspunkt der Finanzen, Sie mehr unter dem des Wohnens, stimmt das so?"

„Sie brauchen also noch mehr Maßstäbe für Gerechtigkeit, bevor Sie verhandeln können, und Sie noch mehr klare Fakten, habe ich das so richtig verstanden?"

2. Die Technik des Zusammenfassens mit Kindern und Jugendlichen

357 Die Technik des Zusammenfassens verwenden wir bei der Einbeziehung von Kindern und Jugendlichen in die Mediation genauso häufig und erleben sie auch da sehr Verständnis und Prozess fördernd, sowohl bei uns wie bei den Kindern und Jugendlichen, wie aber auch bei den ja anwesenden Eltern. Für uns sind die zusammenfassenden Sätze und Fragen auch hier wichtig für die Entwicklung und Überprüfung von Hypothesen.

Wir benutzen dabei noch kürzere, einfachere Sätze und Fragen, wie wir das auch bei den Erwachsenen versuchen, und lassen besonders den Kindern Zeit zum Nachdenken und Abwägen. Sie brauchen einfache und kurze Sätze, weil sie dem Sinn sonst kognitiv nicht folgen können. Und Jugendliche brauchen viel Zeit, um einen Schritt hinter ihre generelle Abwehr Erwachsenen gegenüber machen zu können. Sie spüren am ehesten, wenn wir in unsere Zusammenfassungen Strategien hineinformulieren, statt nur neutral herauszufiltern, was wir als Wichtigstes gehört haben und wie wir versuchen, für sie die „Elternbotschaften" herauszufiltern, um den Kern ihrer eigenen Botschaften zu verstehen. Wir finden es zudem sehr wichtig, die unterschiedlichen Botschaften der Kinder und Jugendlichen einzeln zusammenzufassen und nicht eine generelle Zusammenfassung für alle Geschwister zu machen. Das bedeutet, dass wir u. U. auch eine verschiedene Sprache in den Zusammenfassungen für die verschiedenen Altersstufen verwenden, vielleicht auch eine Sprache mit verschiedenen Bildern. **358**

Beispiele **359**

„Aus dem, was du alles gesagt hast, habe ich verstanden, dass du auf jeden Fall auch weiter Kontakt zu deinem Vater behalten willst. Habe ich das richtig herausgehört?"

„Heißt das, du möchtest dein Nest nicht verlieren, und deine Eltern sollen darüber reden, wie das gehen könnte?"

„Ich habe gehört, dass du vor allem Sorge hast, wie du den Kontakt zu deinen Freunden behalten kannst und dass du dafür Regelungen brauchst."

„Deine Schwester kann sich eher vorstellen, öfter zwischen den Eltern hin und her zu fahren, ich höre, du hast da andere Vorstellungen. Habe ich das richtig gehört?"

„Meinst du mit Schlafplatz für deine Puppen und Fressen für die Katze so eine Art Nest oder Zuhause für dich und deine Puppen und deine Katze?"

II. Fokussieren

1. Allgemeines

360 Unter Fokussieren verstehen wir eine andere Art der Zusammenfassung, nämlich die mit einer bestimmten Verschärfung auf einen bestimmten Konfliktpunkt hin, um diesen zu überprüfen und für den Fortgang des Mediations-Prozesses fruchtbar zu machen. Wir verwenden das Fokussieren also nicht wie in der systemischen Therapie zur Intensivierung der Gefühle oder der Beziehungen in der Familie, sondern für den Fortgang des Prozesses auf der Regelungs-Ebene. Dementsprechend müssen unsere Zusammenfassungen aussehen, also einerseits im Blick auf den Fortgang des Prozesses, andererseits im Blick auf das Thema, das gerade dran ist.

361 **Beispiele**

„Ihnen, Frau P., geht es wohl eher um die Regeln für die Kinder, und Ihnen, Herr P., eher um die genauen Zeiten mit den Kindern – sehe ich das richtig?"

„Bei Ihnen beiden höre ich die Sorge um Ihre Kinder, bei Ihnen, Frau P., höre ich aber auch noch die Sorge, wie Sie Ihre zukünftige Berufstätigkeit mit dieser Sorge für Ihre Kinder verbinden können. Und bei Ihnen, Herr P., höre ich, dass Sie sich zusätzlich Sorgen machen, wie Sie Ihre Sorge für Ihre Kinder hinkriegen mit Ihrem Bedürfnis, Ihre eigene Mutter nicht außen vor zu lassen."

„Hinter Ihrem Streit höre ich Ihre Sorge um die Kinder und um das Haus, Sie haben nur verschiedene Ausdrücke für Ihre Sorgen. Könnten Sie mir als Brückenperson zwischen Ihnen diese verschiedenen Sorgen noch einmal mitteilen, damit ich von jedem von Ihnen den Hauptpunkt besser heraushören kann?"

2. Die Technik des Fokussierens mit Kindern und Jugendlichen

362 Auch hier gilt das für die Technik des Zusammenfassens oben Gesagte und muss hier nicht noch einmal wiederholt werden. Bei Kindern verwenden wir zum Fokussieren gern Bilder oder auch Codes, bei Jugendlichen bleiben wir eher auf der kognitiven Ebene. Bei beiden lassen wir aber bewusst sehr viel Zeit zum Hören, Verstehen, Nachdenken und eigenem Abändern.

363 **Beispiele**

„Meinst du damit so eine Art Tafel, auf der alle ihre Wünsche aufschreiben können?"

„Dir geht es also vor allem um den weiteren Kontakt zu deinen Freunden, oder?"

„Heißt das, dass es dir bei allen Regelungen, die deine Eltern finden werden, vor allem darum geht, dass du viel Kontakt mit beiden haben kannst, dass du aber nicht gefragt werden willst, wie es dir bei jedem der beiden geht. Was ist dir dabei wichtiger?"

„Du hast mich jetzt eine ganze Liste von Wünschen aufschreiben lassen. Gibt es noch einen Hauptwunsch, den du noch nicht gesagt hast?"

„Deiner Schwester geht es vor allem darum, nachts keine Sorge um ihre Katze haben zu müssen. Dafür braucht sie vor allem Regelungen. Ich habe bei dir andere Hauptsorgen gehört, für die deine Eltern sich was ausdenken müssen."

III. Normalisieren

1. Allgemeines

Die Technik des Normalisierens verwenden wir in der Mediation dann besonders gern, wenn Familien oder Paare sich einigeln in ihrer Problematik und keine Öffnung und keine Lösungen sehen können, nur sich selbst als einzige in dieser Not. Viele schämen sich auch ihrer Konflikte und igeln sich deshalb ein. Bei vielen Trennungs- und Scheidungs-Familien, aber auch bei Familien mit anderen Konflikten haben wir dieses Einigeln gesehen und dann auch die Erleichterung erlebt, wenn der Blick nach außen oder auf andere Leute in ähnlicher Situation gelenkt wurde und damit auf die Hoffnung, es könnte auch für ihre Probleme Lösungen geben. **364**

Das Normalisieren ist eine hilfreiche Interventionstechnik. Sie kann viel von der oben beschriebenen Scham der Familien wegnehmen und ihr Selbstwertgefühl wieder stärken. Oft stärkt sie auch unsere eigene Kompetenz als Mediatoren. Wir verwenden diese Technik in allen Stufen der Mediation, besonders auch bei den Übergängen von einer Stufe in die nächste. **365**

Beispiele **366**

„Ich habe gute Erfahrungen gemacht in meinen Mediationen, wenn Familien sich darauf einlassen konnten, sich viele Alternativen und Wahlmöglichkeiten zu überlegen."

„Vielen Elternpaaren fällt es erst schwer sich vorzustellen, ihre Kinder mit einzubeziehen in die Mediation ..."

„Viele Eltern hier in den Mediationen tun sich beim Verhandeln leichter, wenn sie vorher über ihre eigenen Vorstellungen von Fairness und Gerechtigkeit nachgedacht haben."

„Viele Familien in Ihrer Situation haben diese Probleme und finden dafür Lösungen ..."

„Ich kenne das von einigen Familien, die hier in Mediation waren ..."

„Sie werden das sicher kennen von anderen Familien in Trennung oder Scheidung ..."

2. Die Technik des Normalisierens mit Kindern und Jugendlichen

Wir verwenden die Technik des Normalisierens bei Kindern und Jugendlichen eher noch vorsichtiger als bei den Erwachsenen, obwohl wir wissen, wie hoch das Maß der Scham besonders bei Kindern in Trennungs- und Scheidungs-Familien ist und wie gut es ihnen tut zu sehen, dass sie nicht die einzigen sind, die diese Probleme haben. Jugendliche können das viel eher selbst wahrnehmen und einordnen. Aber auch sie sind dankbar, wenn sie aus dem Tabu und der merkwürdigen Haltung herauskommen, mit der viele Mitmenschen, besonders auch Lehrer und Sozialarbeiter sie z. B. als „arme Scheidungskinder" oder als „Kinder mit vielen Stiefgeschwistern" betrachten und anreden. Ihnen tut das Normalisieren gut, und sie sind **367** dann viel eher bereit, Alternativen und Optionen für sich und die Familie zu entwickeln.

368 **Beispiele**

„Ich schätze, dass es der Hälfte der Kinder in deiner Klasse so ähnlich geht wie dir. Kennst du welche in deiner Klasse?"

„Viele Familien, deren Eltern sich trennen, brauchen neue Regelungen für ihr weiteres Familienleben. Kennst du welche von ihnen?"

„Hier bei mir in der Mediation sind viele Familien mit den gleichen Problemen, wie Ihr sie jetzt habt. Willst du von mir wissen, was die sich so alles ausgedacht haben?"

„Kennst du Kinder in deinem Kindergarten, die auch manchmal bei Mama und manchmal bei Papa wohnen? Frag doch mal, wie die das machen."

„Viele Eltern hier streiten erst ziemlich um ihre Kinder und um das Geld. Aber meistens finden sie doch Wege, wie das jetzt weitergehen kann."

IV. Paraphrasieren

1. Allgemeines

Wir verwenden für diese Techniken die anglizierten Begriffe, weil sie sich so in der systemischen Arbeit und inzwischen auch in der Mediationsarbeit eingebürgert haben. Manchmal wird in diesem Bereich auch von „Positivem Umformulieren„ oder „Reframen" gesprochen. Wir würden insgesamt für diese Techniken am liebsten nur das Wort „Übersetzen" verwenden, weil es am sachlichsten die verschiedenen Aspekte ausdrückt, die wir mit diesen Techniken praktizieren. **369**

Es geht hier um die Verstehensebenen, einmal die der Konfliktpartner untereinander und zum anderen auch um die zwischen uns als MediatorInnen und den Medianden. Es geht nicht um Gefühle und Beziehungsblockaden und deren Auflösung wie in den therapeutischen und beraterischen Bereichen, aus denen diese Techniken kommen, sondern um eigenes und gegenseitiges Verstehen der Interessen und Bedürfnisse hinter den Konflikten. Uns scheint wichtig, dies immer wieder zu betonen, weil wir diese Techniken wirklich als „Übersetzungstechniken" verwenden wollen. Mit dem Paraphrasieren versuchen wir, emotional oder negativ beladene Aussagen der Konfliktparteien gewissermaßen zu „umschreiben" und eine für alle gültige neutrale Aussage herauszufiltern, die den weiteren Verstehens- und später Verhandlungsprozess möglich macht. Paraphrasieren brauchen wir mehr zu Beginn einer Mediation, besonders aber in den Teilen, wo es um emotionale Konflikte oder um Streit geht. **370**

Beispiele **371**

Frau P.: „Nie holst du die Kinder rechtzeitig ab!"

Herr P.: „Und du kommst garantiert immer eine halbe Stunde zu spät!"

Med.: „Es wird Regelungen geben müssen über die zuverlässige Übergabe der Kinder zwischen Ihnen als Eltern"(in der Hoffnung, dass „zuverlässige Übergabe" das Code-Wort ist, über das dann beide reden können).

Herr P.: „Du redest nur mit den Kindern über das, was du alles noch willst von mir!"

Frau P.: „Und du redest immer mit deiner Freundin darüber, was ich mal wieder alles falsch gemacht habe!"

Med.: „Sie werden darüber reden müssen, wie das direkte Gespräch zwischen Ihnen funktionieren soll." (Das Codewort wäre hier „das direkte Gespräch".)

Frau P.: „Die Kinder kommen immer total verdreckt von dir zurück!"

Herr P.: „Du putzt ihnen auch nie die Schuhe, und für die Berge muss ich sie immer erst mal neu besohlen lassen!"

Med.: „Ihnen liegt die Sauberkeit der Kinder am Herzen, sie werden darüber reden müssen, wie Sie es mit der Wäsche und den Reinigungskosten und allem, was dazu gehört, halten wollen."

Herr P.: „Ich bin es satt, alles Geld zu verdienen und mich abzurackern. Ich werde nur Regelungen zustimmen, die dem Mindestunterhalt entsprechen."

Frau P.: „Ja, ja, Du pickst Dir ja mit den Kindern sowieso immer nur die Rosinen heraus!"

Med.: „Sie haben beide viel Mühe und Arbeit in Ihre Familie und in das Haus gesteckt. Jetzt geht es vielleicht um eine neue Aufteilung für diese Mühe und Arbeit."

2. Die Technik des Paraphrasierens mit Kindern und Jugendlichen

372 Auch bei der Einbeziehung der Kinder und Jugendlichen brauchen wir diese Übersetzungstechniken, sowohl was die Übersetzung in neutrale Aussagen und in zukunftsorientierte Neuformulierungen angeht wie auch direkte positive Umformulierungen. Meist geht es hier allerdings um die Übersetzung der Elternaussagen, die ja in den gemeinsamen Sitzungen oft immer noch geprägt sind vom Streit und den Enttäuschungen auf der Paar-Ebene. Kinder und Jugendliche selbst können ihre Interessen und Bedürfnisse meist sehr direkt formulieren und brauchen eigentlich wenig Übersetzung. Sie sind aber interessiert, wenn sie die Aussagen ihrer Eltern in anderen und neutralen Formulierungen hören, weil sie für den Streit ihrer Eltern inzwischen taub geworden sind und oft überhaupt nicht mehr hinhören, also auch nicht mehr die Angebote für sie selbst heraushören können.

373 Paraphrasieren brauchen wir als Mediatoren fast in allen Sitzungen, in denen Kinder und Jugendliche direkt einbezogen sind. Bei der indirekten Einbeziehung (also etwa nur mit leeren Stühlen oder in der Phantasie) scheint uns diese Technik trotzdem oft hilfreich, weil die Eltern dann vielleicht auch versuchen, ihre Regelungen den Kindern positiv zu vermitteln. Wir halten die Übersetzungstechniken bei den Eltern für Modelle, die sozusagen „abfärben" – wie vieles, was wir in den Familien-Mediationen verwenden.

374 **Beispiele**

„Eure Eltern haben hier schon viele Punkte erarbeitet, die euch das weitere Leben in einer getrennten Familie erleichtern werden."

„Die Arbeit bisher war ganz schön schwierig. Trotzdem haben deine Eltern jetzt einen Betreuungsplan für dich aufgeschrieben, der noch nicht ganz fertig ist. Ich glaube aber, dass sie ihn fertig kriegen werden."

„Mit Umgangsrecht und Unterhalt auf ihren Listen meinen deine Eltern, dass sie beide auch weiterhin mit Zeit und Geld für dich sorgen wollen. Ich glaube, das steckt hinter dem Streit, den du immer hörst."

V. Partialisieren

1. Allgemeines

Die Technik des Partialisierens ist ebenfalls eine lösungsorientierte Technik in der Mediation und keine, die auf Gefühle oder Beziehungen abgestellt ist. Insofern gehört sie – wie auch die unter Punkt I. bis IV. genannten Techniken – zu den Bausteinen, mit denen Gefühls- und Sachebene getrennt werden können. **375**

Mit der Technik des Partialisierens meinen wir die Versuche, die großen Konfliktpakete in kleinere, vielleicht besser verhandelbare zu unterteilen. Z. B. lässt sich bei manchen Eltern, besonders bei nichtverheirateten Eltern, über das Sorgerecht überhaupt nicht verhandeln, vielleicht muss das später sogar vom Gericht entschieden werden. Aber das gesamte Paket lässt sich aufschnüren z. B. in einen Betreuungsplan, in medizinische Verantwortung, in Feriengestaltung, Geburtstage, Kinderkonto etc. Und über diese einzelnen kleineren Pakete lässt sich dann sehr wohl verhandeln. **376**

Beispiele **377**

„Wie würden Sie den großen Punkt ‚Haus' unterteilen?"

„Viele große Konfliktpunkte können später leichter verhandelt werden, wenn man sie versucht, in kleinere Punkte zu unterteilen. Wie würden Sie das beim großen Punkt Sorgerecht versuchen?"

„Manchmal wird es in der Mediation leichter, wenn die Eltern versuchen, ihre Regelungen erst mal für eine kurze Zeit festzulegen und nicht gleich die endgültige Lösung wollen. Für welchen Zeitraum könnten Sie sich das wohl vorstellen?"

„Versuchen Sie mal zu trennen zwischen Ihrer Rolle als Vater und Mutter und Ihrer Rolle als Mann und als Frau. Wie sähe dann Ihre Antwort aus?"

„Ich höre, dass Sie sich den Kontakt der Kinder mit den Großeltern momentan schwer vorstellen können. Gibt es jemand anderes, auf den Sie sich bis dahin einigen könnten?"

„Wenn Sie sich Fairness und Gerechtigkeit momentan überhaupt nicht vorstellen können in Bezug auf Kinder und Geld, gibt es denn vielleicht eine kleinere Sache oder Regelung in einem anderen Gebiet, wo Sie sich das doch vorstellen könnten?"

2. Die Technik des Partialisierens mit Kindern und Jugendlichen

Diese Technik mögen Kinder und Jugendliche gern, weil sie ihrem Denken und Handeln im Alltag eher entgegenkommt. Sie denken ja oft „erstbeste, zweitbeste, drittbeste" Lösung oder „bis morgen gilt das so und ab dann wieder anders". Nur verlässlich muss es sein und nicht chaotisch. Gerade, wenn sie ihr Vertrauen in die Verlässlichkeit ihrer Eltern verloren haben – und Trennungs- und Scheidungskinder haben es leider meist verloren –, hilft ihnen das Partialisieren sehr, erst mal für kleine Schritte und Entschei- **378** dungen wieder Vertrauen zu lernen. Sie wissen meist ganz gut selbst, an was sie das merken könnten, dass ihre Eltern wieder funktionieren.

379 **Beispiele**

„Wenn du zwei Wünsche frei hättest, und der erste große ginge momentan nicht, mit welchem zweitbesten würdest du es mal probieren?"

„Du siehst, der Punkt Taschengeld für dich ist jetzt noch nicht zu klären. Gibt es etwas, was mit Geld zu tun hat und jetzt für die nächsten drei Wochen entschieden werden muss, bis wir uns hier wiedertreffen?"

„Du sagst, du willst sowieso nicht dauernd mit deinem Bruder zusammen sein, gibt es denn bestimmte Tage oder Zeiten, wo du das doch willst?"

„Was gehört denn für dich alles zu diesem Riesenpunkt Wohnen? Welche kleineren Unterpunkte fallen dir dazu ein, die vielleicht erst mal leichter zu klären sind?"

VI. Zukunftsorientieren

1. Allgemeines

Auch das Zukunftsorientieren ist eine Technik, die wir meist in Kombination mit anderen verwenden, wie ja überhaupt die Mediationstechniken nicht trennscharf in ihrer Verwendung sind. Trotzdem möchten wir hier das Besondere des Zukunftsorientierens einzeln beschreiben. In fast allen Familien-Mediationen – aber auch in Mediationen auf anderen Gebieten – sehen wir, dass alte Regelungsmuster, alte Konfliktlösungsmuster, alte Verhandlungsmodelle nicht mehr taugen; daraus resultiert ja oft die scheinbare Aussichtslosigkeit der Konflikte, besonders dann, wenn die Konfliktparteien in irgendeiner Form weiter zusammenleben müssen oder weiterhin miteinander zu tun haben. **380**

Beispiele **381**

„Wenn Sie mal drei Jahre weiter denken, wie möchten Sie dann leben?"

„Wenn Ihre Tochter 20 ist und sagen würde: Das mit der Trennung haben meine Eltern letztlich ganz gut hingekriegt – was hätte sie damit wohl gemeint?"

„Welche Arten von Verhandeln würden Ihnen auch in Zukunft besser gefallen?"

„Was schätzen Sie, ab wann Sie mich nicht mehr als Mediator brauchen werden? An was würden Sie das merken?"

2. Die Technik des Zukunftsorientierens mit Kindern und Jugendlichen

Diese Technik ist für die Arbeit mit Kindern nicht so wesentlich, aber für die Arbeit mit Jugendlichen schon, weil sie auch eher Vorstellungen von Zukunft und von Zeit in der Zukunft haben. Für sie ist es dann auch wichtig, dass Visionen für die Zukunft entwickelt werden und dass es eine Sicherheit von Regelungen durch die Eltern dafür gibt. Für Kinder läuft diese Technik eher auf der Ebene von Wünschen und Hoffnungen, die für sie eine viel realere Ebene bedeuten als für die Erwachsenen. Wir verwenden die Technik des Zukunftsorientierens bei den Kindern und Jugendlichen eher vorsichtig, um keine falschen Hoffnungen zu wecken. **382**

Beispiele **383**

„Wenn du in zwei Jahren dein Abitur hast und langsam aus dem Haus gehen wirst, dann wirst du dir vielleicht manchmal sagen, dass die Regelungen, die deine Eltern für dich gefunden haben, doch ganz gut waren – was hättest du damit gemeint?"

„Deine Eltern sind hier, um sich für dich Gedanken zu machen, dass es dir auch morgen, nächste Woche und an deinem Geburtstag und in den Ferien und an Weihnachten gut gehen soll."

„Ihr habt jetzt hier eine Menge gelernt, wie man etwas löst, wenn es sich verknotet hat. Ihr könnt immer wieder hierher kommen, wenn es solche Knoten gibt. Aber ich denke, Ihr werdet mich nicht oft brauchen."

VII. Positives Feedback geben

1. Allgemeines

384 Wir haben lange gezögert, ob wir diese Technik überhaupt zu den „Techniken" rechnen sollen, weil wir denken, dass positives Feedback in der Mediation eher eine Haltung als eine Technik ist. Manche Medianden reagieren abweisend und geradezu „allergisch", wenn sie das positive Feedback als Technik erleben. Positives Feedback als Technik heißt für uns als MediatorInnen, ständig daran zu denken, wie schwierig es ist, Veränderungen und neue Spielregeln für Konflikte zu lernen, und wie viel positive Unterstützung selbst für die kleinsten Ansätze und auch ein kleines Maß an Lob jeder braucht. Um auch hier die Gefühls- und Sachebene voneinander zu trennen, versuchen wir auch beim positiven Feedback, eher auf der Sachebene zu bleiben und nicht in die Beziehungsebene zu gehen. Wir werden sonst schnell zu den lobenden – oder mahnenden – Müttern oder Vätern statt Vermittler zu bleiben mit der Haltung von Würdigung für alle Schritte, die diese Konfliktpartner selber machen.

385 Beispiele

„Sie werden das gut gebrauchen können in der Zukunft, was Sie da jetzt entwickelt haben."

„Mit wem können Sie Ihre Lösungen durchsprechen, damit Sie merken können, wie gut sie sind?"

„Darf ich Ihre Lösung mit dem Kinderkonto als allgemeines Beispiel für andere Familien verwenden, wenn diese von mir wissen wollen, wie man so etwas machen kann?"

„Sie haben jetzt schon neun Alternativen für Ihr zukünftiges Wohnen gefunden – ganz schön viel."

2. Die Technik des positiven Feedbacks mit Kindern und Jugendlichen

386 Obwohl die Kinder und Jugendlichen in Konfliktsituationen einer Familie meist sehr vernachlässigt werden mit Lob und Anerkennung, sind sie doch ziemlich argwöhnisch einem Erwachsenen gegenüber, der positive Anerkennung oder gar Lob ausspricht. Wir verwenden diese Technik bei Kindern und Jugendlichen deshalb genauso vorsichtig wie bei den Eltern und auch eher als Haltung denn als Technik. Wir halten sie aber auch für die Kinder und Jugendlichen in der Mediation für sehr wichtig, weil sie eben häufig große Versagens- und Schuldgefühle haben und Unterstützung darin brauchen, in ihrer Familie wieder etwas gut finden zu können. Und damit die gefundenen Regelungen auch gut funktionieren können, brauchen sie die Anerkennung für die Arbeit ihrer Eltern oder auch ihrer eigenen Arbeit. Wir würden die obigen Beispiele für die Eltern auch abgewandelt für die Kinder und Jugendlichen verwenden wollen.

VIII. Arbeiten mit der Variablen Zeit

1. Allgemeines

Eine weitere hilfreiche Technik in der Familien-Mediation ist das Arbeiten mit dem Zeitfaktor. Dabei geht es um verschiedene Möglichkeiten, mit Zeit umzugehen: Zeit für die Entwicklung einer Familie; Zeit für die verschiedenen Stufen des Mediationsprozesses; schnelles oder verlangsamtes Tempo bestimmter Teile im Prozess. Es kann außerdem für bestimmte Konflikte eine Kurz-Mediation geben oder für andere Entwicklungen eine Langzeit-Mediation. Es kann sein, dass manche Entwicklungen oder emotionale Konflikte Pausen und Unterbrechungen brauchen oder dass bestimmte Stufen vielleicht übersprungen werden müssen. Auch die in der Familien-Mediation häufigen Trainingsphasen und die Veränderbarkeit von Vereinbarungen gehören letztlich zum Zeitmanagement in der Mediation. **387**

Um diese verschiedenen Zeit-Techniken gezielt einsetzen zu können, brauchen MediatorInnen wiederum eine gründliche Hypothesenarbeit: Wann macht es in der Arbeit mit den Eltern oder auch bei der Arbeit mit der ganzen Familie Sinn, einen Prozess etwa zu verlangsamen oder zu verschnellen? Was spricht dafür, Trainingsphasen oder Veränderbarkeit einzubauen? Besonders bei Trennungs- und Scheidungs-Mediationen spielt der Zeitfaktor eine große Rolle und hat viel zu tun mit der Zeit, die die notwendigen emotionalen Phasen und Stadien der Verarbeitung von Trennung und Scheidung brauchen. In einer Familie, in der z. B. lange Zeit nach einer Scheidung die Trauerprozesse immer noch nicht abgeschlossen sind, macht es keinen Sinn, neue Unterhalts- und Umgangsregelungen zu mediieren, sie werden nicht halten. MediatorInnen tun gut daran, hier z. B. auf vorläufige oder auf Übergangsregelungen zu achten. **388**

Beispiele **389**

„In vielen Trennungsfamilien dauert es einige Zeit, bis alle Familienmitglieder mit sich und den anderen wieder gut umgehen können. Was denken Sie, wie lange das bei Ihnen, Frau P., dauern wird? Und bei Ihnen, Herr P.? Und bei den Kindern?"

„Was machen Sie hier in der Mediation damit, dass Sie als Eltern denken, etwa noch ein halbes Jahr zu brauchen, die Kinder Ihrer Meinung nach aber schneller damit zurecht kommen?"

„Ich kenne das gut, dass dieser Gedanke von eigener Fairness und Gerechtigkeit zunächst ein ungewöhnlicher ist und Zeit braucht. Lassen Sie sich ruhig soviel Zeit dafür, wie Sie brauchen."

„Wann und wie soll diese Vereinbarung noch einmal oder wieder überprüft werden?"

„Was schätzen Sie, wie lang Sie brauchen werden für das Ausprobieren Ihrer Übergangslösung?"

Das letzte Beispiel zeigt, dass einige Stufen der Familien-Mediation eher mehr Zeit und mehr Verlangsamen des Prozesses brauchen (wie z. B. die Arbeit an den Interessen und Bedürfnissen, die Konfliktbearbeitung, das **390**

Mediieren der Kriterien für Fairness und Gerechtigkeit), andere eher ein Verschnellen des Prozesses (wie z. B. die Entwicklung von Optionen, die Entwicklung von Verhandlungsmodellen). Oder es kann sein, dass Eltern beim Mediieren der Interessen, Bedürfnisse und tieferen Bedeutungen z. B. ihres gemeinsamen Hauses aus irgendeinem Grund blockieren oder in den Widerstand gehen. Da werden Mediatorinnen womöglich Stufen überspringen und gleich in die Fairnesskriterien gehen. Vielleicht kommt der Zeitpunkt für die tieferen Bedeutungen später. Auch hier sind Hypothesen über Zeit und richtige „Zeitpunkte" wichtig für die Arbeit.

391 Auch beim Mediieren der tatsächlichen Zeit für eine bestimmte Familien-Mediation spielt diese Variable eine Rolle, entweder bereits im Erstgespräch oder auch während des Prozesses. Wir halten das Mediieren der Zeit und der Dauer einer Mediation mit jedem der Konfliktpartner für wichtig, damit sich alle – auch wir als Mediatoren – auf eine bestimmte Anzahl von Sitzungen einstellen und wir vor allem unser inhaltliches Zeitmanagement darauf ausrichten können. Es müssen also alle Konfliktpartner gefragt werden, wie viel Zeit sie sich für diese Mediation gönnen wollen. Und wenn die Antworten unterschiedlich sind, müssen sie versuchen, untereinander einen Konsens oder Kompromiss herzustellen, mit dem dann gearbeitet werden kann. Es hilft alles nichts, wenn die Mutter alle Zeit der Welt für diese Mediation hat und der Vater alles in maximal sechs Sitzungen regeln will – hier muss die Zeit mediiert werden, wenn es keinen Abbruch geben soll.

2. Die Variable Zeit bei der Einbeziehung von Kindern und Jugendlichen

392 Bei der Einbeziehung von Kindern und Jugendlichen ist der achtsame Umgang mit der Variablen Zeit noch wichtiger als schon mit den Erwachsenen. Zumal Kinder, aber auch Jugendliche reagieren unbarmherzig auf zu schnelle oder zu langsame Prozesse, und wenn MediatorInnen hier nicht sehr gut wahrnehmen können und kein gutes eigenes Gefühl und Konzept haben für das angemessene Zeitmanagement, haben sie nicht viel Chancen bei der Mediation mit den Kindern und Jugendlichen.

393 Hilfreich ist bei der Einbeziehung von Kindern in die Mediation, sich als MediatorIn vorher einen Zeitplan zu machen und dann auf die eigene Wahrnehmung zu vertrauen. Es hilft auch, die Kinder und Jugendlichen immer wieder mal zwischendurch zu fragen, ob etwas zu schnell oder zu langsam für sie ist oder ob sie eine Pause brauchen.

IX. Differenziertes Fragen

1. Allgemeines zur Technik des differenzierten Fragens

Wir halten das methodische Fragen in der Familien-Mediation für unser wichtigstes Handwerkszeug. Wenn wir bewusst und methodisch fragen, ist das eine Intervention, die bei den Konflikten der Konfliktpartner in der Familie zu tieferem Verständnis der eigenen Bedürfnisse oder der anderen führen kann. **394**

Auf der Suche nach methodischen Hilfen für das bewusste Fragen in der Mediation stießen wir und einige Münchner Mediatoren auf das Fragen-Modell von K. Tomm. Er hat es nicht für die Mediation entwickelt, sondern für den familientherapeutischen Bereich. Wir fanden jedoch, dass sich seine Praxis und Systematisierung der verschiedenen Frageformen gut übertragen lässt auf die Mediationsarbeit mit Eltern und Kindern. K. Tomm geht von einem verschieden wirkenden Bewegungskreis von Fragen aus, die er spezifiziert in linear – strategisch – zirkulär – reflektiv. **395**

2. Lineares Fragen

a) Allgemeines

Beispiele für lineares Fragen **396**

„Was wollen Sie hier klären?"

„Wer tat was – wann – wo?"

„Wer von Ihnen ist ausgezogen?"

„Wer sind Ihre Anwälte?"

„Wie viel Geld fehlt genau in Ihrem Haushalsbudget?"

„Wie können Sie den Wert Ihres Hauses feststellen?"

Man merkt: Diese Fragen sind Orientierungsfragen, untersuchende Fragen, Fragen zum Sammeln von Daten, Fakten und Sachverhalten. Tomm rechnet diese Fragen zu den Informationsfragen, zu den Fragen mit Orientierungsabsicht. Der Mediator erhält meist auch eine lineare Beschreibung. Die linearen Fragen sind notwendig für die Datensammlung, auch um einen bestimmten Focus herauszuarbeiten. Darum braucht man sie eher in der Anfangsphase und der Themensammlung sowie in der Schlussphase der Mediation. **397**

b) Die Technik des linearen Fragens mit Kindern und Jugendlichen

Die meisten Fachleute in der Arbeit mit Trennungs- und Scheidungsfamilien sind bemüht, die „eigentlichen" Wünsche der Kinder und Jugendlichen herauszufinden, um gute Entscheidungen treffen zu können, die diesem Kindeswillen entsprechen. Die Empirie und die Literatur zeigen aber, dass diese direkten Befragungen von Kindern und Jugendlichen keineswegs befriedigende Ergebnisse bringen, besonders bei kleinen Kindern nicht. **398**

399 Die psychologischen Erklärungen dafür halten wir für plausibel: Die Kinder stecken tief in dem Loyalitätskonflikt zu ihren beiden Eltern. Sie brauchen diese Loyalität für ihre eigene Identität, und sie haben eine gesunde und tiefsitzende Abwehr, hier etwas preiszugeben oder gar zu verlieren. Wir haben die Erfahrung gemacht, dass sie auf direkte, d. h. meist lineare Fragen fast nie direkte Antworten geben können, auch wenn wir sie noch so geschickt befragen. Wir halten die direkten linearen Fragen für keine Fragen, die die Kinder und Jugendlichen in ihrem Konflikt schützen, sondern eher noch mehr in ihre Loyalitätskonflikte bringen. Wir verwenden sie deshalb möglichst nicht und bringen für diese Form des Fragens bei Kindern und Jugendlichen auch hier keine Beispiele.

3. Strategisches Fragen

a) Allgemeines

400 **Beispiele für strategisches Fragen**

„Wäre es Ihnen nicht lieber, dass Ihr Mann die Scheidung einreicht?"

„Was würde denn passieren, wenn Ihre Frau die Kinder öfter hätte?"

„Warum sagen Sie Ihrem Mann nicht, dass Sie sich große Sorgen wegen der Schulden machen?"

„Wann endlich wollen Sie die Verantwortung für Ihre eigenen Verdienstmöglichkeiten übernehmen?"

401 Wir halten strategisches Fragen für eher richtungsweisend und konfrontierend, oft auch lenkend und korrigierend. Wir versuchen den Medianden damit oft zu beeinflussen und zu kontrollieren, im schlimmsten Fall auch zu manipulieren.

402 Für uns Mediatoren sind die strategischen Fragen wegen ihrer die Autonomie einschränkenden Wirkung eher unbrauchbar und sollten für uns deshalb eigentlich gesperrt sein. Im Allgemeinen erzeugen sie Widerstand. Medianden fühlen sich durch strategische Fragen oft angegriffen, entwickeln Ängste und Anpassungstendenzen statt eigenständiger Ideen und Antworten.

b) Die Technik des strategischen Fragens mit Kindern und Jugendlichen

403 Im Prinzip gilt hier für uns das gleiche, was wir oben (Rn. 398) zu der Technik des linearen Fragens gesagt haben: Strategische Fragen sind auch keine schützenden Fragen. Wir denken, dass Manipulation durch Fragen Kinder und Jugendliche noch wehrloser macht als die Erwachsenen. Wir haben gemerkt, dass die Jugendlichen sich fast immer dagegen wehren, dass Kinder dieser Form des Fragens aber hilflos ausgeliefert sind. Unserer Erfahrung nach verstummen sie dann meistens. Wir versuchen, die strategischen Fragen bei Kindern und Jugendlichen ebenfalls nicht zu verwenden und bringen deshalb auch hier keine Beispiele.

4. Zirkuläres Fragen

a) Allgemeines

Beispiele für zirkuläres Fragen 404

„Wer ist sonst noch von Ihrer Scheidung/Trennung betroffen?"

„Welche Themen auf der Themenliste Ihres Mannes gefallen Ihnen mehr, welche weniger?"

„Wenn Ihre Tochter hier wäre – welche Ideen hätte sie noch dazu?"

„Wenn Sie an eine andere Familie in Ihrer Situation denken – was würden Sie ihr raten?"

Neben der akzeptierenden und befreienden Wirkung merken wir bei den zirkulären Fragen häufig, dass sie Muster und Zusammenhänge offen legen. Wir können damit neue Perspektiven mit wiederkehrenden Modellen verknüpfen und Unterschiede klarmachen, die wiederum neue Möglichkeiten eröffnen. Manchmal zeigen sie ganz unbekannte Seiten und Reaktionen des Konfliktpartners und bringen damit oft für die Mediation eine neue Qualität. 405

b) Die Technik des zirkulären Fragens mit Kindern und Jugendlichen

Wir haben die Erfahrung bei der Einbeziehung von Kindern und Jugendlichen in der Mediationsarbeit gemacht, dass sie in ihrem Dilemma, in dem sie stecken, verstanden werden wollen, dass sie nämlich beide Eltern weiter lieben wollen. Sie wollen, dass jemand ihnen hilft, dafür differenzierte und lebbare Formen zu finden. 406

Wir haben die Erfahrungen aus der Familientherapie, dass Kinder und auch Jugendliche sich gut auseinandersetzen und identifizieren können mit Beispielen oder Modellen aus anderen Familien. Über andere Kinder – oder auch über ein Tier oder eine Puppe – können Kinder oft erstaunlich klar Gefühle und Wünsche ausdrücken. 407

Wir verwenden deshalb die zirkulären Fragen gern in der Mediationsarbeit mit Kindern und Jugendlichen, weil wir sie für schützende Fragen halten. Wir können dieses zirkuläre Reden und Fragen in verschiedenen Formen tun. Wir können von einem anderen Kind oder von anderen Kindern erzählen oder wir können mit einem anderen Geschwisterkind in dieser Familie reden und darüber, welche Regelungen die wohl brauchen werden, damit es ihnen besser gehen kann. Wir können die Kinder fragen, ob sie Kinder in ihrer Klasse kennen in einer ähnlichen Situation, was sie davon wissen und welche Regelungen diese andere Familie denn gefunden hat. Denkbar sind auch zirkuläre Gespräche mit Figuren in einem Szenokasten oder mit den Figuren auf den von den Kindern gemalten Bildern. 408

Es ist wichtig, nicht zuviel in eine Frage oder zirkuläre Rede zu packen. Kinder brauchen Zeit, sich ein anderes Kind vorzustellen. Wir insistieren oft auch nicht auf einer Antwort, wenn keine kommt. Wir wissen, die zirkulären Fragen wirken auch so weiter – manchmal kommen die Antworten dann an einer ganz anderen Stelle. Wir finden auch hier wichtig, optional 409 zu denken und zu fragen, also den Kindern die Wahl zu lassen (z. B. „Und noch ein anderes Kind?" „Was könntest du dir noch vorstellen? – Und noch?")

410 Wir haben die Erfahrung gemacht, dass es in solchen Sitzungen wichtig ist, die beiden Eltern immer im Blick zu behalten und sie beide immer wieder zwischendurch zu fragen, ob sie es noch aushalten können. Eltern haben uns öfter hinterher gesagt, dass sie diese Art zu fragen und mit den Kindern zu reden sehr gut fanden, weil die Kinder eben nicht, wie sonst, direkt befragt würden. Sie hätten auch angefangen, in Beispielen aus anderen Familien zu denken und zu reden und hätten damit ganz gute Erfahrungen gemacht bei den Kindern.

411 **Beispiele für zirkuläres Fragen bei Kindern und Jugendlichen**

„Ich hatte neulich ein Mädchen etwa in deinem Alter hier in einer solchen Sitzung, die fühlte sich schuldig an der Trennung ihrer Eltern. Für sie war es sehr wichtig, dass ihre Eltern Regelungen für ihre Tage mit jeweils einem von ihnen finden konnten. Sie musste sich dann nicht mehr so schuldig fühlen."

„Ich kenne Kinder, denen es so geht wie euch, die haben Angst, dass die Liebe ihrer Eltern aufhören könnte, so wie sie erlebt haben, dass die Liebe zwischen ihren Eltern aufgehört hat. Sie hatten auch Angst, dass sie einen der Eltern verlieren würden. Sie sagten, dass sie irgendetwas bräuchten, damit sie von diesen Ängsten wieder wegkommen könnten. Was denkst du, welche Regelungen sie wohl brauchten?"

„Es gibt ja inzwischen viele Kinder, denen es ähnlich geht wie dir. Kennst du solch ein Kind? Ich kenne jedenfalls so ein Kind. Das hatte Angst, dass das Geld nicht reichen würde für zwei Kinderzimmer, für zwei Fahrräder und viele andere Sachen, die vielleicht doppelt angeschafft werden müssen. Das Kind hatte auch Angst, dass es mit einem schweren Koffer oder Rucksack zwischen beiden Eltern hin und her gehen müsste. Was hättest du denn diesem Kind gewünscht?"

„Kannst du dir vorstellen, was dein kleiner Bruder braucht, damit er nicht das Gefühl hat, er verliert seinen Vater?"

„Wenn dein großer Bruder drei Wünsche frei hätte oder zaubern könnte – was denkst du, würde er zaubern? Und was denkst du, wie man das wahr machen könnte?"

„Kennst du Kinder in deiner Klasse, die auch zwischen beiden Eltern hin und her gehen? Wie machen die das denn?"

5. Reflektives Fragen[3]

a) Allgemeines

412 **Beispiele für reflektives Fragen**

„Wie stellen Sie sich Ihr Leben in drei Jahren vor?"

„Wie lang werden Sie eine Übergangslösung brauchen, bevor Sie eine entgültige Entscheidung treffen wollen?"

3 Wir verwenden hier die sinngemäßere Übersetzung „reflektiv" statt der sonst üblichen „reflexiv".

„Angenommen, es gäbe Ihre Finanzprobleme nicht – wie sähen dann Ihre Entscheidungen aus?"

„Sie werden irgendwann eine gute Vereinbarung für Ihre Kinder haben – woran würden Sie merken, dass sie gut ist?"

„Woran würden Sie feststellen können, dass Sie mich als Mediator bald nicht mehr brauchen?"

„Wenn Sie drei Wünsche frei hätten, was würden Sie sich für Ihre Zukunft wünschen ?"

„Mit welchen Themen werden Sie vermutlich eher zu Vereinbarungen kommen – mit welchen schwerer?"

Wir finden reflektives Fragen in der Mediation am förderlichsten und kreativsten. Die reflektiven Fragen lösen bei den Medianden am ehesten produktive Veränderungen und Autonomie-Prozesse aus. Wir können mit dieser Art zu fragen die Selbstheilungskräfte der Familien mobilisieren und Möglichkeiten für die Neu-Organisation des Familien-Systems aktivieren. Wir können damit eine positivere neue Sicht und Bewertung der Situation und damit eigene Problemlösungen fördern, vor allem durch zukunftsorientierte Fragen. Wir können auch durch das Fragen nach Unterschieden manchmal völlig neue, nie gedachte und gesehene Perspektiven aufzeigen. **413**

Wir brauchen die reflektiven Fragen im Mediationsprozess bei allen inhaltlichen und methodischen Bausteinen, bei denen wir mit Selbstbehauptung (Window I, siehe oben Rn. 156 ff.) und Wechselseitigkeit (Window II, siehe oben Rn. 169 ff.) arbeiten, d. h. durch den gesamten Prozess der Arbeit an den einzelnen Themen, bei der Optionen-Entwicklung, bei den Bezugspunkten für Gerechtigkeit bis hin zum Verhandeln. **414**

b) Die Technik des reflektiven Fragens mit Kindern und Jugendlichen

Die reflektiven Fragen gehören unserer Meinung nach ebenfalls zu den schützenden Fragen und eignen sich deshalb gut für die Einbeziehung von Kindern und Jugendlichen in die Mediationsarbeit. Wir sehen, dass sie dem Denken und den Vorstellungen von Kindern besonders nahe kommen. Wir sehen allerdings auch die Gefahr, dass durch zuviel Öffnung und Fantasiereisen bei den Kindern (und auch bei den Jugendlichen) manchmal Verunsicherung und Orientierungslosigkeit eintreten können. **415**

Aber prinzipiell mögen Kinder diese Art zu denken und zu fragen und haben mit ihren Antworten, Bildern und Vorstellungen schon viele Mediationen bei uns weitergebracht, weil ja auch die Eltern diese Vorstellungen immer mitbekommen und bei ihnen auch etwas in Gang setzen, was sie sich als Erwachsene vielleicht nicht zu denken oder zu wünschen trauen. **416**

Beispiele für reflektives Fragen bei Kindern und Jugendlichen **417**

„Wenn du drei Wünsche frei hättest – was würdest du dir wünschen?"

„Angenommen, deine beste Lösung für dich geht nicht – was wäre dann deine zweitbeste, welches deine drittbeste?"

Für ältere Kinder und Jugendliche: „Stell dir mal vor, du wärst zwei Jahre älter und würdest einem Freund erzählen, das mit der Trennung hättet ihr damals ganz gut hingekriegt – was würdest du damit meinen?"

„Wenn du nachdenkst über all die Sachen, die jetzt in Eurer Familie geregelt werden müssen – was wäre für dich das Wichtigste? Was könnte eher noch warten?"

„Woran würdest du merken, dass deine Eltern wirklich gute Regelungen für dich nach der Trennung gefunden haben?"

„Mit wem könntest du über solche Wünsche noch reden, wenn du sie hier schlecht sagen kannst?"

„Wenn du einen Zauberstab hättest – was würdest du zaubern für dich und deine Familie?"

6. Praxiserfahrungen

418

- Wichtig scheint uns zu sein, dass wir aus diesem sehr nützlichen methodischen Handwerkszeug in der Mediation nicht unversehens eine therapeutische Sitzung machen. Besonders für uns als psychosoziale Mediatoren (womöglich mit familientherapeutischer Zusatzausbildung) ist das eine Warnung. Wir haben nur den Auftrag, Mediation zu machen und nicht den, „schmerzliche Gefühle zu vertiefen" oder „Trauerprozesse einzuleiten".
- Wir finden weiterhin beim methodischen Fragen wichtig, dass wir Empathie und Respekt behalten. Und wir müssen auch mal eine Frage zurücknehmen können, wenn sie „daneben" war, oder uns auch mal für eine unpassende Frage entschuldigen können.
- Insgesamt merken wir immer wieder, dass die ressourcenorientierten Fragen hilfreicher sind als die problemorientierten, die uns eher in den therapeutischen Bereich führen.
- Zeit sollte auch hier für uns ein wichtiger Faktor sein. Bewusstes Fragen löst bei den Mediaden oft bereits Veränderungsprozesse aus, die Zeit brauchen. Das gilt auch für das methodische Fragen bei den Kindern und Jugendlichen. Auch sie brauchen viel Zeit zum Nachdenken und Vorstellen.
- Wir sollten diese Fragen wegen der Balance in der Mediation immer an alle anwesenden Konfliktpartner – oder auch an die anwesenden Kinder und Jugendlichen – möglichst auch in der Formulierung gleich stellen, damit nicht unterschiedliche Prozesse in Gang gesetzt werden. Besonders Geschwister reagieren empfindlich, wenn sie nicht mit dem gleichen Wortlaut gefragt werden, sondern nur „Meinst du das auch?"
- Wir haben gute Erfahrung damit gemacht, nicht zu kompliziert zu fragen, nicht zwei Fragen auf einmal zu stellen.
- Weiter scheint uns wichtig, nach einer solchen Frage zuzuhören, die Antwort der Erwachsenen oder der Kinder stehen zu lassen und nicht dauernd zu wiederholen oder zu interpretieren – das nervt und lähmt den Prozess. Schweigen und Ruhe scheint uns besser – wir können diese Zeit gut für uns selber nutzen, um uns aus den Antworten Hypothesen für die Weiterarbeit zu bilden.

X. Arbeiten mit Übergangsschritten

1. Theoretische Vorbemerkung

Für die Klarheit der Mediationsstruktur im Hinblick auf die Mediandenund für die eigene Sicherheit der Mediatoren scheint es eine große Erleichterung zu sein, jede Stufe der Mediation mit einem Übergangsschritt einzuleiten und abzuschließen. Besonders bei Einbeziehung von Kindern und Jugendlichen dient ein solcher Schritt der Klarheit und Verständlichkeit des Vorgehens sowohl für die Eltern als auch für die Kinder und Jugendlichen. Zudem zwingt es uns Mediatoren, kurz und prägnant zu erklären, warum und wozu wir was tun; warum wir z. B. erst die Themen von allen sammeln und dann erst über die dahinter liegenden Bedürfnisse reden und nicht gleich in die Lösungen gehen; warum es Sinn macht, über die eigene Gerechtigkeit nachzudenken; warum es notwendig ist, die Bedürfnisse der Anderen zu verstehen, auch wenn sie nicht von allen geteilt werden können etc. Diese Übergangsschritte sind gleichzeitig positive Würdigungen der geleisteten bzw. zu leistenden Arbeit durch die Mediandenden. Schließlich sind sie für uns Mediatoren eine Überprüfungsmöglichkeit unserer Arbeitshypothesen und eine Lernzielkontrolle für die Arbeit mit Kindern und Jugendlichen (z. B. haben sie verstanden, was jetzt hier auf der Stufe gearbeitet worden ist; gibt es für sie noch offene Fragen; müssen Schritte wiederholt werden etc.) **418a**

2. Methodik

Methodisch hat sich bewährt, diesen Übergangsschritt immer nach dem gleichen Muster, einem Viererschritt, zu arbeiten: **418 b**

1. Zusammenfassung und Würdigung der vorausgegangenen Arbeit
2. Erklärung des nächsten Schrittes und dessen Sinn für den Prozess und für die Medianden
3. Überprüfung bei jedem (also besonders auch bei jedem der anwesenden Kinder und Jugendlichen), ob der Schritt gut genug erklärt und verstanden worden ist
4. Erlaubnis von jedem, sich auf diesen Schritt einzulassen

Grundsätzlich werden auch diese Übergangsschritte nach dem Grundmuster der Mediation gearbeitet, d.h. mit Window I das Verstehen und Einverständnis von jedem Teilnehmer abzufragen oder sich mindestens durch Blickkontakt oder Kopfnicken geben zu lassen. (Dies ist besonders bei großen Familien wichtig, um nicht z. B. eines der Kinder – meist das am meisten angepasste – oder auch einen Elternteil zu verlieren und einen Abbruch zu riskieren.) Die Arbeit mit Übergangsschritten empfiehlt sich sowohl am Anfang als auch am Ende einer Stufe. **418 c**

3. Praxiserfahrungen

418 d

- Die Arbeit mit den Übergangsschritten wird erleichtert durch das Aufhängen des Grundbauplans der Mediation.
- Wichtig für uns als Mediatoren ist, dass wir Alternativen für die Weiterarbeit haben, insbesondere bei der vierten Frage. Es kann passieren, dass eine Partei sagt, sie wolle diesen Schritt nicht machen. Wesentlich ist dann, diesen Schritt nicht gegen den Willen einer Partei durchzusetzen und damit einen Abbruch zu riskieren, sondern eine Alternative anzubieten, und zwar wieder mit den Übergangserklärungen. So kann man z. B. nach der Themensammlung gleich in die Optionen überleiten oder in die Fairnesskriterien bei Weigerung, über die Rolle des Rechts nachzudenken.

XI. Visualisierungstechniken

1. Allgemeines

Für alle Visualisierungsmöglichkeiten – wie überhaupt für alle Methoden und Techniken in der Mediation – gelten für uns folgende grundsätzliche Prinzipien: **419**

- Alle Daten, Fakten, Vorgänge, Entscheidungen sollten für alle Beteiligten veröffentlicht und visualisiert werden
- Nichts sollte verloren gehen
- Die Ressourcen sollten immer sichtbar sein
- Die Sach- und Regelungs-Ebene sollte immer für alle sichtbar und verstehbar sein
- Die Visualisierung sollte so sein, dass Veränderbarkeit nicht ausgeschlossen wird

Wir verwenden in der Familien-Mediation im Allgemeinen folgende Visualisierungstechniken: **420**

- Arbeiten mit der Flipchart (Rn. 421 ff.)
- Arbeiten mit Betreuungs- und Haushaltsplänen (Rn. 427 ff.)
- Arbeiten mit Wertebildern (Rn. 440 ff.)
- Arbeiten mit Sozio- bzw. Genogrammen (Rn. 446 ff.)

2. Arbeiten mit der Flipchart

Die oben beschriebenen allgemeinen Prinzipien der Visualisierung bedeuten für uns: In den Mediationen schreiben wir selbst nicht mit und machen uns keine geheimen Aufzeichnungen. Wir bitten dies auch die Medianden, achten dann aber darauf, dass wirklich alles veröffentlicht wird, sei es auf einer Flipchart oder auf großen Bögen auf einem großen runden Tisch als eine Art Wandzeitung oder öffentliches Protokoll. Die öffentlichen Mitschriften aller Vorgänge, Vorschläge, Optionen, Entscheidungen etc. ersetzen oft Protokolle, und wer sich eine Digitalkamera leisten kann, wird diese Wandprotokolle seinen Medianden gleich nach den Sitzungen mitgeben können zum Überdenken und Verändern zu Hause. Diese Protokolle dokumentieren außerdem den Verlauf der Mediation und sind z. B. für Beratungsanwälte oft wichtiges Material, um den Gang der Mediation zu verstehen. Wir brauchen also in unseren Mediationen viel freie Wandfläche, um immer all die erarbeiteten Papiere aufhängen zu können. Und wir brauchen eine gute schnelle Schrift, damit die Visualisierungstechniken nicht zu Blockaden in der Mediation werden. Das heißt, wir überlegen uns oft gute Abkürzungen oder Codewörter, um die Mediation am Fließen zu halten. Die Fragen des Datenschutzes für diese Blätter und öffentlichen Protokolle muss man allerdings gut klären. **421**

422 Wir haben mit dem Mitschreiben von Vorgängen und Entscheidungen durch alle Stufen der Mediation gute Erfahrungen gemacht. Wir praktizieren diese Form der Visualisierung allerdings nicht in den Sitzungen, in denen es eher um innere Prozesse geht (z. B. bei der Arbeit an der tieferen Bedeutung von bestimmten Themen oder Konflikten). Aber selbst hier nehmen wir uns meist nachher die Zeit, evtl. die wichtigsten Punkte mit den Medianden zusammen aufzuschreiben. Es hilft ihnen – und uns –, von der Gefühls- wieder auf die Sachebene zu kommen.

423 Für Kinder und Jugendliche ist diese Art zu arbeiten ein vertrautes Medium, sowohl von den Schulen wie von ihrem Leben mit Computern her. Oft hilft es ihnen, die Schritte in der Mediation besser zu verstehen und nachvollziehen zu können – sie sind viel mehr als die Erwachsenen an visuelles Denken gewöhnt. Für sie empfehlen sich zusätzliche Ideen, wie die Verwendung von verschiedenen Farben, Symbolen etc. Besonders für kleine Kinder sind Bilder und Symbole gute Hilfsmittel. Dies gilt übrigens auch für die Arbeit mit Familien, in denen wir Sprachschwierigkeiten oder Analphabetismus vermuten.

424 Wir benutzen eigentlich immer folgende Graphik, wobei wir darauf achten, dass die Medianden immer „ihre" Seite vor sich haben und nicht „überkreuz" schauen müssen:

Frau P.	Herr P.

425 Wenn die Kinder und Jugendlichen mit einbezogen werden, erweitern wir diese Graphik dann um die Spalten für die jeweiligen Kinder oder nehmen einen eigenen Bogen für die Kinder:

Mutter	Vater	Kind 1	Kind 2	Kind 3

426 Diese Graphiken brauchen wir sowohl in den Themen- und Unterthemen-Sammlungen, beim Entwickeln eigener Bedürfnisse und Interessen, bei der Entwicklung von Optionen, bei der Entwicklung von Maßstäben für Fairness und Gerechtigkeit und der Verhandlungsmodelle. Auch für Not- und Übergangslösungen empfiehlt sich die Graphik, damit jeder genau sieht, was jeder will. Und gleichzeitig ist diese Graphik eben immer auch ein Protokoll.

3. Arbeiten mit Betreuungs- und Haushaltsplänen

Eine weitere Form der Visualisierung – und wie unsere Erfahrung zeigt, sehr hilfreiche Form – ist die Arbeit mit Plänen und Listen. Sie wurde in dieser Form im Wesentlichen von John M. Haynes für die praktische Mediationsarbeit entwickelt und wird inzwischen von vielen Schulen und Ausbildungsinstituten übernommen. Besonders Mitarbeiter der Jugendämter loben ihre hohe Akzeptanz bei ihrer – z. T. hochstrittigen – Klientel. **427**

Wir geben die Muster für die Betreuungs- und Haushaltspläne (siehe im Anhang Rn. 663 ff.) oft schon im Erstgespräch oder aber später jeweils an der passenden Stelle mit und bitten die Medianden, schon einmal darüber nachzudenken und sie vielleicht auch schon auszufüllen – natürlich jeder getrennt, sozusagen als eigenen Wunschplan. Wenn sie die Pläne unausgefüllt zurückbringen, kann die MediatorIn dies gemeinsam in der Sitzung nachholen – nach dem Muster der Mediation jeder seine eigene Seite und die Seite der Kinder aus seiner Sicht. Auch das sollte möglichst unkommentiert bleiben, sowohl von dem anderen Elternteil als auch vom Mediator. Wie mit den Diskrepanzen und Unterdeckungen umgegangen wird, wird ja später bei den Optionen thematisiert. **428**

a) Haushaltspläne

aa) Allgemeines

Der Ort der Arbeit mit Haushaltsplänen ist unserer Erfahrung nach nicht genau bestimmbar. Es kann sein, dass wir bereits in der zweiten Sitzung damit beginnen, z. B. wenn die Fragen von Unterhalt und Finanzierung der Familie drängend im Vordergrund stehen. Es kommt aber auch vor, dass die Eltern diese Arbeit zu Hause machen und die fertigen Haushaltspläne, manchmal bereits mit Lösungen wie Kinderkonto oder Familienkonto, selbst erarbeitet mitbringen. Wir haben aber auch schon erlebt, dass wir in einer Mediation zwei- oder mehrmals Haushaltspläne erarbeiten mussten, weil sich die Voraussetzungen geändert hatten. Spätestens beim möglichen Unterthema „Finanzierung" ist der Platz für diese Arbeit. Wir arbeiten auch hier mit Unterstützung der Selbstbehauptung und der Wechselseitigkeit (siehe oben Rn. 156 ff. und Rn. 169 ff.). Meistens ist hier das Entwickeln von Optionen (siehe oben Rn. 257 ff.) notwendig zur Frage der Deckungslücke, die in fast allen Familien durch die Trennung entsteht. Wir weisen hier nochmals besonders hin auf die Optionalität bei uns Mediatoren, weil wir allzu schnell – besonders in Armutsfamilien – die Schere „Sparen" im Kopf haben und die anderen Optionen nicht sehen können. **429**

bb) Einbeziehung von Kindern und Jugendlichen

Im Allgemeinen beziehen wir die Kinder und Jugendlichen nicht in diese Visualisierungsarbeit mit ein, weil hier häufig nochmals heftiger Streit auf der Paar-Ebene entsteht. Manchmal allerdings haben wir gute Erfahrungen damit gemacht, ältere Jugendliche mit einzubeziehen, besonders dann, wenn sie eigene Einkünfte und eigene Forderungen an die Familienfinan- **430** zen haben. Methodisch muss es dann im Haushaltsplan natürlich eigene Einnahmen- und Ausgabenspalten für diese Jugendlichen geben.

431 Allerdings halten wir es häufig für sinnvoll, Kindern und Jugendlichen die fertigen Ergebnisse in einer Mediationssitzung mitzuteilen und zu erklären, z. B. das Kinderkonto (siehe Rn. 654 ff.). Wir überlassen diese Erklärungen immer den Eltern und stärken sie hier auch in ihrer Kompetenz. Wir haben nicht selten erlebt, dass Kinder und Jugendliche stolz reagiert haben auf ihre „wieder funktionierenden" Eltern. Manchmal war es dann sinnvoll, auch mit Visualisierung noch eine „Taschengeld„-Mediation anzufügen, die aufgrund des visualisierten Zahlen-Materials meist leicht ging (wieder nach dem Muster: „Was braucht und will jeder?" – „Was ist vorhanden?" – „Welche Möglichkeiten gibt es, das eventuelle Defizit aufzufüllen, d. h. den Kuchen zu vergrößern?").

b) Betreuungspläne

aa) Allgemeines

432 Wir lassen diese Betreuungspläne (Muster Rn. 664 f.) also als Wunschpläne für die Zeit der Trennung, des Auseinanderziehens oder auch der entgültigen Vereinbarung ausfüllen. In einer gemeinsamen Sitzung versuchen die Eltern dann, daraus einen gemeinsamen – meist vorläufigen – Elternplan zu bauen. Das heißt, die Mutter wird z. B. mit roten Punkten oder Kreuzen eingetragen, der Vater mit grünen. Wir tragen zunächst nur die Tage ein, die auf beiden Plänen identisch sind. Oft sind das z. B. die Wochenenden. Über die übrigen Tage muss dann verhandelt oder aber darüber geredet werden, mit welchen zusätzlichen Personen die Versorgungslücken geschlossen werden müssen. Wir achten sehr darauf, dass alle Anfangs-, Übergabe- und Schlusszeiten genau mit Uhrzeiten eingetragen werden.

433 Oft sind diese Betreuungspläne „Zuständigkeitspläne" – besonders für die Zeit des Getrenntlebens – und bringen häufig hohe Versachlichung in die hitzige Debatte um das Sorgerecht oder um den Lebensschwerpunkt der Kinder. Meist stellt sich anhand dieser Visualisierung heraus, wie die Möglichkeiten der Eltern überhaupt aussehen. Manchmal haben wir allerdings auch dabei erlebt, dass eigentlich keiner die Kinder wirklich will und dass der Plan wenigstens als Minimalplan und mit anderen Betreuungspersonen oder anderen Möglichkeiten ausgefüllt wird. Auf jeden Fall ist es wichtig, bei den Betreuungsplänen die Zeiten weiterer Betreuungspersonen, die genauen Übergabezeiten und die Kontakte mit eventuellen neuen PartnerInnen zu mediieren.

434 Auch hier betonen wir immer wieder die Veränderbarkeit und die Überprüfungsmöglichkeit, um den Eltern Mut zu machen, auch an vorläufige Regelungen denken zu können. Die gleiche Visualisierungsarbeit machen wir dann auch mit den Regelungen für Fest- und Feiertage, für Ferien, Urlaubszeiten etc. Wir haben die Erfahrung gemacht, dass Anwälte, Jugendämter und Gerichte dankbar sind für solche visualisierten Kontakt- und Betreuungspläne und dass sie oft direkt in die Entscheidungen oder Urteile übernommen werden, wenn sie von beiden Eltern unterschrieben worden sind.

In welcher Phase des Mediationsprozesses mit Betreuungsplänen gearbeitet wird, ist aus unserer Erfahrung nicht genau bestimmbar. Manchmal machen wir diese Arbeit schon im Erstgespräch, wenn eine Notlösung oder Übergangsregelung notwendig wird. Manchmal machen wir diese Arbeit auch überhaupt nicht, wenn wir überprüft haben, dass alle Beteiligten bereits ein bestehendes Bertreuungsmodell akzeptieren und fair finden. Wir mediieren dann höchstens noch, in welcher Form es Eingang finden soll in die allgemeine Mediations-Vereinbarung. Manchmal müssen wir im Laufe einer Mediation aber auch zwei oder mehrere Male an einem Betreuungsplan arbeiten, weil sich die Wohnsituation der Familie, die Bedürfnisse der Kinder oder andere Bedingungen verändern. Üblicherweise werden diese Pläne aber bei uns im ersten Drittel einer Mediation erarbeitet. **435**

Methodisch arbeiten wir dabei natürlich immer wieder mit Selbstbehauptung (Window I – siehe oben Rn. 156 ff.) und auch mit Wechselseitigkeit (Window II – siehe oben Rn. 169 ff.) und besonders mit Optionen (siehe oben Rn. 257 ff.). **436**

bb) Einbeziehung von Kindern und Jugendlichen

Auch in die Arbeit mit Betreuungsplänen beziehen wir Kinder und Jugendliche im Allgemeinen nicht ein, es sei denn, sie sind sowieso in den meisten Mediations-Sitzungen dabei oder sind bereits so alt, dass sie völlig selbstständige Zeitplanungen machen und es für die Eltern nur noch darum geht, ihre eigenen jeweiligen zeitlichen Zuständigkeiten zu klären und festzulegen. **437**

Auch hier gilt wie bei den Haushaltsplänen: Es hat sich für uns als förderlich gezeigt, die Kinder oder Jugendlichen in die Sitzungen mit einzubeziehen, wenn die Pläne fertig waren. Wenn einer oder beide Eltern ihnen diese Pläne erklärten und sie ihre möglichen Veränderungswünsche dazu sagen und aufschreiben konnten, war der nächste Schritt für die Eltern, nämlich die Einarbeitung dieser Wünsche, meist nicht mehr schwierig. Wir haben erlebt, dass es günstig war, die Trainingsphasen und die Art der Überprüfung mit den Kindern abzusprechen. In den Nachbesprechungs-Sitzungen hat sich gezeigt, dass diese Pläne sehr viel besser funktionierten und von den Kindern auch beachtet wurden. Meist sorgten sie selbst dafür, dass diese Pläne in beiden elterlichen Wohnungen gut sichtbar aufgehängt wurden und wiesen ihre Eltern immer wieder auf ihre eigenen Abmachungen hin. **438**

c) Praxiserfahrungen

- Wir haben die Erfahrung gemacht, dass die Arbeit mit Haushalts- und Betreuungsplänen eine ziemlich anstrengende, aber lohnende Arbeit ist. Anstrengend ist sie, weil wir uns als Mediatoren in das gesamte Haushalts- und Wertesystem dieser Familie begeben müssen, und lohnend ist sie, weil die Familie mit beiden Arten von Plänen ein Modell an die Hand bekommt, mit dem sie die entsprechenden Probleme in der Zukunft selbstständig regeln kann. **439**

- Wir verwenden für die Arbeit mit den Haushaltsplänen Taschenrechner für alle Anwesenden – auch für uns Mediatoren, möglichst gleiche für alle.
- Es wird wichtig sein, dass wir als Mediatoren für uns stimmige und übersichtliche Pläne und Methoden entwickeln, damit wir überzeugend damit arbeiten können.
- Die ausgefüllten Betreuungs- und Haushaltspläne sind eine große Hilfe für die Beratungs-Anwälte und für die Familienrichter, und wir sollten die Eltern immer ermutigen, sie dorthin mitzunehmen oder hinzuschicken.

4. Arbeiten mit Wertebildern

a) Allgemeines

440 Für die Mediation in einer Trennungs- oder Scheidungsfamilie – aber auch in anderen Familien-Mediationen – finden wir es hilfreich, mit einer übersichtlichen, nicht juristischen Zusammenstellung und Übersicht über die Gelder und die „Schätze" dieser Familie zu arbeiten, gewissermaßen einer veränderbaren Momentaufnahme der Werte und Lebensgrundlagen der Familie. Diese Gesamtschau scheint uns deshalb wichtig, weil z. B. bei der Erarbeitung der Haushalts-Budgets oder dem Aufstellen von Vermögenswerten oft nur jeder seine eigene Seite im Auge hat. Das bedeutet aber, dass die Haushaltsplanung für die nächste Zukunft gemacht und alle derzeitigen Einkommensmöglichkeiten auf dem Tisch sein müssen sowie die vorhandenen Gelder auf allen Konten oder wo sie sonst noch deponiert sind. Der Sinn dieser Visualisierung ist, die materiellen und ideellen Ressourcen der Familie aufzuzeigen. Oft ist der Blick dafür in all dem Streit und Konflikt verloren gegangen, und manche Familien sind überrascht, wenn sie jetzt sehen können, dass sie ja gar nicht so arm sind, wie sie dachten.

441 Das Wertebild selbst wird in der Regel von uns Mediatoren erstellt, d. h. wir schreiben auf einem großen Bogen entweder die entsprechenden Zahlen auf oder wir verwenden dafür eine Graphik. Wichtig ist in jedem Fall, eine Form zu finden, die nicht von vornherein eine feste parteiliche – und juristisch vorgegebene – Zuordnung bedeutet. Deshalb sind farbige Klebeblätter hilfreich, die im Verlauf der Mediation beschriftet, verändert und auch anders zugeordnet werden können, z. B. Blau für alle fließenden Gelder, Grün für alle Vermögensschätze, Rot für alle Schulden, Gelb für immaterielle Werte. Wichtig sind auch leere Blätter, weil erfahrungsgemäß immer noch vergessene oder verheimlichte „Schätze" oder Schulden auftauchen können.

Eine gute Möglichkeit für das Wertebild ist die Anordnung im Kreis: 442

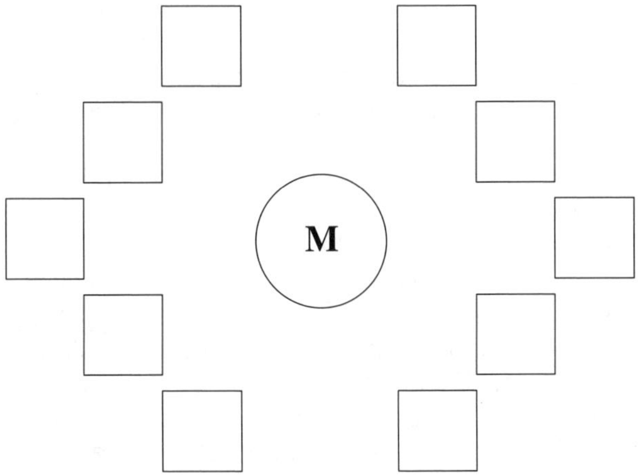

Wir verwenden Wertebilder in der Regel vor dem Verhandeln, oft sogar vor den Optionen. Wichtig sind diese Bilder auf jeden Fall für die Entwicklung von Maßstäben für Fairness und Gerechtigkeit in dieser Familie. Eben deshalb ist es wichtig, dass auf dem Wertebild noch keine Lösungen eingezeichnet sind. Eine Kopie oder Zeichnung dieses Bildes ist auch für die Beratungsanwälte hilfreich, weil sie dann auch eine nicht-juristische Sicht auf die materiellen und ideellen Schätze dieser Familie gewinnen können und noch einmal die parteilichen Risiken aufzeigen können. 443

b) Einbeziehung von Kindern und Jugendlichen

Bei der Einbeziehung von Kindern und Jugendlichen halten wir es für wichtig, auch deren ökonomische Situation mit aufzuzeichnen. Häufig verfügen sie nämlich über beträchtliche Einnahmen und Ausgaben, und es ist wichtig, diese in das Wertebild mit einzuordnen. Dabei ist klar, dass die Erarbeitung des Wertebildes zunächst Elternsache ist und dass wir mediieren müssen, inwieweit sie die Kinder damit konfrontieren wollen. Meist ist dies der Fall, wenn es um Mediationen über Erbe, Ausbildungskosten, Taschengelder, Kinderkonto etc. geht. Hier ist die Arbeit mit Wertebildern und die direkte Einbeziehung von Kindern und Jugendlichen unerlässlich. 444

c) Praxiserfahrungen

- Wir verwenden für die Arbeit mit den Wertebildern Taschenrechner für alle Anwesenden – auch für uns Mediatoren, möglichst gleiche für alle. 445
- Auch wenn die Erstellung der Wertebilder uns Mediatoren – besonders wenn wir aus dem psychosozialen Bereich kommen – manchmal Mühe macht, die Arbeit lohnt sich: sie hilft uns, wegzukommen von unserer „Schere im Kopf" und hilft uns zu einer neuen Sicht der ideellen Ressourcen in einer Familie.

5. Arbeiten mit Sozio- bzw. Genogrammen

a) Allgemeines

446 Eine weitere Visualisierungsmöglichkeit halten wir für die Familien-Mediation für sehr hilfreich: die Arbeit mit Sozio- bzw. Genogrammen. Das heißt, dass wir bei besonders komplizierten Familien-Systemen wie z. B. Pflegefamilien, neu zusammengesetzten Familien, Inseminations- oder Adoptivfamilien mit zusätzlich eigenen leiblichen Kindern eine Graphik von dieser komplexen Gestalt einer Familie oder mehrerer Familien zeichnen. Für uns Mediatoren ist es häufig hilfreich zu sehen, zwischen wie vielen verschiedenen Systemen Kinder wechseln müssen und für welche Systeme es in der Mediation Regeln zu entwickeln gilt. Besonders bei Pflegekindern und Halbgeschwistern ist es wichtig, ein genaues Bild zu haben, um die Kontakt- und Umgangsmöglichkeiten auf Ressourcen und Machbarkeit abklopfen zu können. Manchmal haben die Eltern und die anderen Bezugspersonen selbst kein genaues Bild von dieser Komplexität, mit der die Kinder leben und umgehen müssen, und finden es hilfreich, ein solches genaues Bild vor sich zu haben. Für die Visualisierung an der Flipchart verwenden wir meist die Modelle aus der systemischen Familientherapie oder aus der Gruppendynamik, weil sie am schnellsten Überblick verschaffen über komplizierte Zusammenhänge.

447 Genogramm der Familie Peters

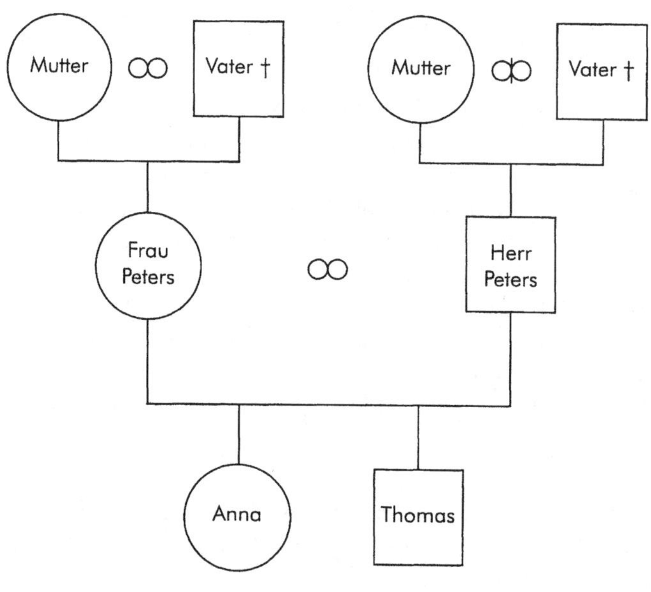

448 Wir verwenden gern eine Graphik über drei Generationen, soweit die Fakten und Daten bekannt sind. Daraus werden manchmal für uns und für die Familie ganz neue Aspekte und Möglichkeiten deutlich, z. B. für die Betreuung von Kindern oder für pädagogische Patenschaften für die Kinder und Jugendlichen.

449 Trotz der Nähe zur familientherapeutischen Arbeit – oft werden Tabus der Familie erkennbar – sollte die Arbeit mit Genogrammen hier mediatives Handwerkszeug bleiben. Wichtig ist die graphische Gestaltung in einer Weise, dass die sozialen Bezüge und die Möglichkeiten für die Mediations-Vereinbarungen sichtbar werden, d. h. hier tauchen in der Darstellung vielleicht Personen auf, die bei einer familientherapeutischen Darstellung fehlen würden, z. B. Pateneltern oder neue Partner der Eltern.

450 Der Ort für die Arbeit mit Sozio- und Genogrammen in der Mediation ist weniger die erste und zweite Stufe im Prozess, außer vielleicht in sehr komplizierten Fällen. Wir verwenden sie insbesondere in der dritten und vierten Stufe und besonders dann, wenn es um Konfliktbearbeitung, Entwicklung von Optionen und ums Verhandeln geht.

b) Einbeziehung von Kindern und Jugendlichen

451 Kinder und Jugendliche mögen diese Art der Darstellung ihrer Familienverhältnisse – es hat für sie neben der Visualisierung und Verdeutlichung auch noch einen Charakter von Stammbaum-Arbeit. Und das ist für sie sehr wichtig, z. B. in einer Zeit, in der sie Angst haben, dass durch die Trennung ihrer Eltern die ganze Familie auseinander fällt.

452 Die Kinder und Jugendlichen beziehen wir erst ein in diese Arbeit, wenn das Sozio- oder Genogramm mit den Eltern erstellt worden ist, es sei denn, die Kompliziertheit der Systeme taucht in einer Sitzung mit den Kindern auf, und wir brauchen dieses Hilfsmittel, um selbst Klarheit zu bekommen.

453 Die Arbeit mit dieser Form von Visualisierung schafft Kindern und Jugendlichen häufig große Erleichterung und Absicherung und ist deshalb für uns Mediatoren ein gutes Hilfsmittel.

c) Praxiserfahrung

454
- Wir arbeiten gern mit dieser Form der Visualisierung, weil wir oft der Gefahr erliegen, für die Ressourcen der Familie eben nur die Familie zu sehen und nicht die anderen dazugehörenden Systeme und Personen.
- Wenn wir familientherapeutische Erfahrungen haben, müssen wir sehr darauf achten, dass wir nicht in therapeutische Arbeit fallen; aber wenn wir bei unserem Mediations-Auftrag bleiben, schaffen Sozio- und Genogramme uns viel Klarheit und Erleichterung, z. B. für die Betreuungspläne, für die diversen Optionenentwicklungen wie pädagogischen Paten etc.
- Wichtig erscheint uns, dass wir uns wie auch in den anderen Visualisierungsformen ein für uns selbst stimmiges Modell und eine Methodik erarbeiten, die es uns erlauben, mit diesen Methoden leicht umzugehen.
- Unabdingbar scheint uns die Arbeit mit Geno- oder Soziogrammen bei so komplizierten Familiensystemen wie Pflegefamilien, neu zusammengesetzten Familien, Inseminationsfamilien mit sozialen und leiblichen Eltern.

Teil 6
Hintergrundwissen

I. Phasen bei Trennung und Scheidung

Trennung und Scheidung sind keine statischen Ereignisse. Sie entwickeln sich und dauern bis zur endgültigen Bewältigung eine längere Zeit an, in der Regel zwei bis drei Jahre. Der Ablauf von Trennung und Scheidung lässt sich auf zwei Arten beschreiben und einteilen: in emotionale Kategorien sowie in die Beschreibung des Verlaufs. Die Trennung verheirateter Paare läuft dabei in gleicher Weise ab wie die nicht verheirateter Paare. **455**

Die emotionalen Phasen bei Trennung und Scheidung werden aus den Phasenbeschreibungen beim Tod eines Menschen (nach Kübler-Ross) abgeleitet. Emotional beschrieben durchläuft demnach eine Trennung/Scheidung insgesamt 5 Phasen: **456**

- Verleugnung der Tatsachen
- Wut, Anklage, Hass
- Depression, Verzweiflung (evtl. nochmaliger Versuch der Beziehung)
- Trauer
- Verhandeln, Neuorientierung, neue Ziele, neue Lebensplanung

In den Kategorien des Verlaufs gibt es bei Trennung und Scheidung folgende Phasen: **457**

- Ehekonflikte, Ehekrise
- Ambivalenzphase: ein oder beide Partner überlegen sich, ob sie die Ehe fortsetzen oder sich trennen wollen
- Trennungsphase: ein oder beide Partner wollen sich räumlich und zeitweilig oder endgültig trennen
- Scheidungsphase: ein oder beide Partner leiten juristische Schritte ein
- Nachscheidungsphase/Reorganisation der Familie

Beide Phasenbeschreibungen sind oft nicht deckungsgleich; sie beschreiben innere bzw. äußere Prozesse, die analog verlaufen können. Dabei können insbesondere die emotionalen Phasen auf jeder Stufe mehrmals durchlaufen werden, aber auch bei den Verlaufsphasen passiert es oft, dass man in eine frühere Phase mehrmals zurückkehrt und zwischen den Phasen wechselt; dies gilt insbesondere für den Übergang von der Ambivalenz- in die Trennungsphase. Zudem befinden sich oft die Partner in jeweils unterschiedlichen emotionalen bzw. Verlaufsphasen. Während der/die eine noch die Ehe fortführen möchte, will der/die andere die Scheidungsfolgen regeln. **458**

Das Hintergrundwissen um die emotionalen und Verlaufs-Phasen ist für den Mediator bei der Gestaltung des Mediationsprozesses wichtig. Anklage, **459**

Wut, Hass bei einer oder beiden Seiten in der Mediation können stehen gelassen werden; in der Phase von Ambivalenz kann der Mediator auf die Möglichkeiten einer Zwei-Wege-Mediation hinweisen (siehe oben Rn. 201 ff.); in Zweit- oder neu zusammengesetzten Familien oder in Pflegefamilien kann der außerhalb lebende, leibliche Elternteil die Trennung noch nicht bewältigt haben, in Wut, Anklage, Hass oder Depression, Verzweiflung stecken geblieben sein, so dass bestimmte Prozessschritte in der Mediation noch nicht oder zu einem späteren Zeitpunkt erst gemacht werden können.

II. Gespräche mit Kindern und Jugendlichen

Mediatoren brauchen für die Gespräche mit Kindern und Jugendlichen in der Mediation Kenntnisse über deren Entwicklungsstufen, über deren kognitive, emotionale und soziale Entwicklung. Dies gilt insbesondere für das kognitive Verständnis von Ambivalenz und Konflikt. Zugleich sollten Mediatoren über die Auswirkungen ihres Kontakts zu Kindern und Jugendlichen informiert sein. **459 a**

Kinder und Jugendliche lassen sich generell in drei Altersgruppen einteilen:

Vorschulkinder bis 7 Jahren, Schulkinder von 8 bis 14 Jahren, Jugendliche von 14 bis 18 Jahren.

1. Vorschulkinder

Im Alter von 3 bis 5 Jahren entwickeln Kinder erste Vorstellungen von der Welt, die aus Kindern und Erwachsenen besteht. Dabei erkennen sie aus ihrer Ich-Perspektive heraus zunächst nicht, dass andere die Situationen anders einschätzen als sie selbst. Die Kinder nehmen meist an, dass die Perspektiven gleich sind. Sie können lediglich äußere, beobachtbare Unterscheidungen zwischen Menschen treffen. Da sie noch nicht in der Lange sind, sprachlich-begrifflich zu denken, sind ihre Ausdrucksformen das direkte Alltagsverhalten und das Spiel. **459 b**

- Deshalb müssen Mediatoren in Gesprächen mit Vorschulkindern darauf achten, dass die Kinder ihre Gefühle, Wünsche und Vorstellungen in ihren Bildern ausdrücken können, auch über Puppen, Tiere oder eigene gemalte Bilder.

Vorschulkinder können Konflikte nur als existent betrachten, wenn sie offen im Verhalten gezeigt werden. Bei anhaltenden familiären Spannungen von Eltern oder anderen Erwachsenen reagieren sie oft mit Ängsten oder Verhaltensproblemen oder auch diffus. Sie haben noch kein stabiles kognitives Konzept für das familiäre Beziehungsgefüge. Sie orientieren sich an den sicheren Teilen des Familiengefüges. Sie können selten Geschichten erzählen, in denen sie zwei Gefühle gleichzeitig erleben oder erlebt haben, können also auch Ambivalenz schlecht beschreiben und aushalten. Sie spalten Personen oder Erlebnisse eher in gut oder böse, nett oder gemein auf.

- Deshalb müssen Mediatoren in Gesprächen mit Vorschulkindern anbieten, gute *und* böse Gedanken und Gefühle ausdrücken zu dürfen, evtl. über *zwei* andere Kinder, *zwei* Puppen o. ä. Mediatoren sollten auch versuchen, durch einfache Zeichen diese Ambivalenz aufzuzeichnen und sie dadurch zu erlauben, z. B. bei der Themensammlung oder der Optionenentwicklung (s. jeweils dort) mit Vorschulkindern.

2. Schulkinder

Im Alter von 5 bis 7 Jahren entwickeln sich bei Kindern erste bewusste Vorstellungen von der Dynamik eines Menschenlebens; ihre Raum- und Zeit- **459 c** vorstellungen erlauben bereits erste Orientierungen. Sie können erkennen, dass andere Personen ihre Sichtweisen nicht teilen und eigene Gefühle und Einschätzungen haben. Bei ihnen ist die Fähigkeit gewachsen, eigene Bilder von anderen Personen zu entwickeln. Sie fangen an, die Absichten, Meinungen und Wünsche ihrer Eltern oder anderer Erwachsenen zu verstehen. Ihre Beziehungsvorstellung ist zweiseitig geworden. Bei Konflikten der Erwachsenen bemühen sich die Kinder, den Streit zu verstehen oder auch die Wahrheit herauszufinden. Um die ungelösten Konflikte der Eltern oder anderer Erwachsener aushalten zu können, übernehmen sie oft selbst die Schuld für diese Konflikte.

- Deshalb brauchen Kinder in diesem Alter auch von den Mediatoren die konkrete Zusicherung, dass sie nicht schuld sind an den Konflikten ihrer Familie und die Erwachsenen diese selber lösen müssen, dass sie als Kinder aber trotzdem Wünsche für sich selbst und für ihr weiteres Leben haben dürfen.

Schulkinder bemühen sich, jede Seite zufrieden zu stellen oder erzählen Geschichten mit jeweils anderen Gefühlen oder Sachverhalten (von den Erwachsenen dann oft als „Lügen" abgetan und nicht als Bemühen anerkannt, den Erwachsenen helfen zu wollen). So können meist erst Elfjährige ambivalente Gefühle zum gleichen Sachverhalt oder zur gleichen Person äußern (z. B. Zuneigung *und* Wut gegenüber dem selben Elternteil). Sie wollen die Beziehung zu jedem Elternteil aufrechterhalten und geraten dabei häufig in Loyalitätskonflikte, was oft zu der Lösung führt, für eine Seite Partei zu ergreifen und die andere abzulehnen oder auch abwechselnd alle Sichtweisen einer Partei zuzuordnen, weil die Erwachsenen-Beziehungen für sie zu kompliziert werden (z. B. in Mehrgenerationen-Mediationen oder mit Patchworkfamilien).

- Deshalb brauchen Kinder in diesem Alter von Mediatoren viel Unterstützung und Verständnis für ihre komplizierten Beziehungswelten, z. B. durch würdigendes Benennen und Aufzeichnen dieser Welten oder durch Fragen nach ihren speziellen Wünschen in jeder dieser Welten. Sie bekommen mehr Sicherheit, dass sie diese verschiedenen Welten akzeptieren dürfen und nicht mehr „lügen" müssen.

3. Jugendliche ab 14 Jahren

459 d Sie verfügen über die Sprache als Kommunikationsmittel. Bei ihnen ist inzwischen die Fähigkeit ausgebildet, eine gegenseitige Perspektive einnehmen oder auch verschiedene Perspektiven miteinander koordinieren zu können. Damit erweitern sich für Jugendliche die Möglichkeiten, über die eigene Person nachdenken und komplexere Empfindungen in Worte fassen zu können. Sie können über anstehende Entscheidungen nachdenken und haben vielfach bereits gelernt, ihre Wünsche in differenzierter Form zu kommunizieren.

- Jugendliche brauchen in Gesprächen mit Mediatoren zunächst viel Zusicherung von Vertraulichkeit und Respekt (ohne dass Mediatoren sich anbiedern). Sie brauchen aber auch viel Unterstützung für ihre

Ablösung von den familiären Strukturen und bei ihrer eigenen Suche nach Selbstfindung und Authentizität, für die oft bei Konflikten in der Familie kein Platz bleibt, so z. B. durch Fragen nach Peergroups oder anderen Unterstützungspersonen. Mediatoren müssen allerdings auch damit rechnen, dass Jugendliche bei Konflikten in frühere Entwicklungsstufen zurückfallen und dann evtl. wieder die Unterstützung der vorangegangenen Stufen brauchen (s. dort).

III. Kinder und Jugendliche bei Ambivalenz in Beziehungen, bei Trennung und Scheidung

460 Scheidungen von Ehepaaren haben in den zurückliegenden zwei Jahrzehnten in großem Umfang zugenommen. Damit hat sich auch die Zahl der Kinder, deren Eltern geschieden sind, erhöht. Zählt man noch die Zahl der Kinder aus getrennt lebenden nichtehelichen Lebensgemeinschaften hinzu, liegt ihre Anzahl weitaus höher. Wir meinen, dass zusätzlich auch die Kinder hinzugezählt werden sollten, deren Eltern in Hinblick auf ihre Ehe/Beziehung ambivalent sind, da ihre Lebenssituation vergleichbar ist mit der von Kindern getrennt lebender Eltern. Die Zahl von Kindern und Jugendlichen bei Ambivalenz, Trennung und Scheidung ist nach unserer Meinung daher weitaus höher als es die offizielle Statistik zu „Scheidungskindern" ausweist.

461 Wie erleben und bewältigen diese Kinder und Jugendlichen ihre Lebenssituation? Betrachtet man Forschungsstudien und Fachliteratur, so kommen alle übereinstimmend zu dem Ergebnis, dass Trennung und Scheidung für Kinder und Jugendliche einen bedeutenden Einschnitt in ihr bisheriges Leben bedeuten. Betont wird dabei vorwiegend die sie belastende Seite von Trennung und Scheidung. Hierzu liegen eine Reihe von Untersuchungsergebnissen und Interpretationen vor. Weniger Aufmerksamkeit wird unserer Ansicht nach der entlastenden, wachstumsfördernden Seite von Ambivalenz, Trennung und Scheidung gewidmet.

462 Zunächst wollen wir einen Überblick über die Belastungen von Kindern und Jugendlichen geben. Kinder drücken ihre Belastungen mit Hilfe von Symptomen aus. Dabei wäre es verkürzt, wenn man ihre Reaktionen am juristischen Akt der Scheidung festmachen würde. Bereits vor dem Vollzug von Trennung und Scheidung – in der Phase der Ambivalenz – befinden sich die Kinder in einer Situation weitgehender Verunsicherung. Da eine große Zahl von Erwachsenen in dieser Krisensituation zu fordernden anklagenden „Kindern" regredieren, können sie ihre eigenen Kinder nicht in deren Bedürfnis nach Trost und Sicherheit trotz aller guten Absichten wahrnehmen. Die Kinder müssen in dieser Zeit selber herausfinden, was gerade in ihrer Familie geschieht. Niemand erklärt ihnen, was die gegenseitigen Vorwürfe, die sich wiederholenden Streitereien, das Weinen des einen Elternteils, das nächtliche Fernbleiben des anderen Elternteils bedeutet. In der Phase von Ambivalenz können sie bereits zu Verbündeten, Ersatzpartnern werden oder den Schwächeren der beiden Eltern schützen wollen. Mit diesen Aufgaben sind sie überfordert. Ihre Reaktionen auf diese Belastungen sind Schlafstörungen, Anklammern, Schuldgefühle am Zerwürfnis der Eltern.

463 Diese und andere Symptome können als Bemühen zur Wiederherstellung des alten familiären Gleichgewichts, zur Wiederherstellung der Beziehung ihrer Eltern verstanden werden sowie als ein Versuch, mit Gefühlen der Angst vor dem Verlassenwerden oder der Ohnmacht gegenüber den ablaufenden Ereignissen fertig zu werden. In der Phase der Ambivalenz können unserer Erfahrung nach die Belastungen weitaus höher sein als in der Zeit der Trennung oder danach.

Besonders belastend erscheint uns die Ambivalenzphase für Kinder zu sein, wenn sie bereits „Trennungserfahrungen" gemacht haben und diese nun erneut befürchten. Dies gilt für Kinder aus Zweitfamilien, aber auch für Kinder aus Pflege-/Adoptiv- und Inseminationsfamilien, in denen es oft Geheimnisse und Tabus um den außerhalb lebenden leiblichen Elternteil bzw. die außerhalb lebenden leiblichen Eltern gibt. Diese dürfen für die Kinder oft nicht existieren und werden nicht mit in die Familie einbezogen, in der das Kind lebt; gleichwohl halten die Kinder diesen Elternteil unbewusst lebendig. **464**

Für die Phase von Trennung und Scheidung gibt es bereits eine Reihe von Untersuchungsergebnissen, die die belastende Seite für Kinder und Jugendliche erfassen. Darin werden ihre Reaktionen nach Alter und Geschlecht unterschieden. Generell lässt sich wohl feststellen, dass alle Kinder um ein bis zwei Entwicklungsstufen – vorübergehend – zurückfallen. Ihre Reaktionen reichen von allgemeinen Angstzuständen, psychosomatischen Reaktionen, Wut- und Weinanfällen bis zu Schul- und Verhaltensauffälligkeiten. **465**

Bei diesen beschriebenen Symptomen der Kinder und Jugendlichen handelt es sich um relativ kurz andauernde Reaktionen auf die Trennung, Scheidung der Eltern. Sie klingen nach 1 bis 2 Jahren wieder ab, wenn das Kind in die neue Familiensituation eingebunden ist. Diese Trennungsreaktionen sind daher keine irreversiblen Beeinträchtigungen der Persönlichkeitsentwicklung der Kinder und Jugendlichen. Diese eher passageren Entwicklungsverzögerungen können von ihnen im Rahmen des veränderten familiären Netzes rasch aufgeholt werden. Die Eltern können diesen Entwicklungsprozess fördern, indem sie dem Kind mit jedem Elternteil hinreichend verlässliche Kontakte ermöglichen, die Kooperation als Eltern untereinander entwickeln sowie einen hinreichend gesicherten finanziellen Rahmen für alle Familienmitglieder gewährleisten. Gelingt es den Eltern, diese Aufgaben bei einer Trennung neu auszuhandeln und mit zunehmender Dauer auch zu gestalten, werden nicht nur die Symptome der Kinder zurückgehen, sondern darüber hinaus neue Formen des Kontaktes zwischen jedem Elternteil und den Kindern entstehen können. **466**

Bedenklich erscheint uns eher das Verhalten von Kindern, bei denen sichtbare Reaktionen auf die Scheidung ihrer Eltern fehlen. Diese Kinder werden als problemlos, brav, vorbildlich von ihren Eltern beschrieben. Oft sind sie die problemlosen Geschwister jener Kinder, deretwegen die Eltern besorgt sind. Problemloses Verhalten scheint für diese Kinder eine besondere Form der Bewältigung der im Zuge der Trennung aktivierten Ängste zu sein. Sie haben sich angepasst und verleugnen ihren Trennungsschmerz, ihre Angst vor vollständigem Verlust eines oder beider Elternteile. Oft mag dabei auch die Erwartungshaltung der Eltern eine Rolle spielen, ihre Kinder sollten von der Trennung gänzlich unberührt bleiben. Eine Trennung löst jedoch als einschneidendes Erlebnis bei allen Familienmitgliedern Reaktionen aus, da sich die bisherigen Lebensverhältnisse verändern werden. Dieses Ereignis zieht **467** auch Reaktionen der Kinder nach sich, seien sie belastender oder entwicklungsfördernder Natur.

468 Unserer Meinung nach sind in der Fachöffentlichkeit zu sehr die akuten Schwierigkeiten von Kindern bei Trennung und Scheidung in den Vordergrund gerückt worden. Weit weniger werden die Chancen und Ressourcen dargestellt, die im Falle einer – gelingenden – Scheidung, einer neu sich bildenden Familienform vorhanden sind.

469 So können die Kinder lernen, mit Ambivalenzen umzugehen, diese für die Entwicklung weiterer Schritte erst einmal stehen zu lassen; beide Seiten eines Themas betrachten zu können. Kinder können die Vielfältigkeit zweier Eltern- und Familienwirklichkeiten, Kulturen, Sprachen, Religionen, Philosophien kennen lernen, von beiden lernen, profitieren, sie integrieren in Zweit- und neu zusammengesetzte Familien, in Adoptiv- und Pflegefamilien. Sie lernen, in mehreren Systemen zu leben, die jeweils unterschiedlichen Ressourcen zu nutzen.

470 Letztlich gewährleistet das Leben in den unterschiedlichen vielfältigen Familienformen ein Leben in einer „Groß-Familie" mit einem entsprechenden Netz an Kontaktmöglichkeiten und Sicherheiten; zum anderen ermöglicht es eine Vielfalt an unterschiedlichen „Kulturen", neuen Erfahrungen und Auseinandersetzungen, neuen Begegnungen. Wir meinen, dass die Familien-Mediation viel stärker auf dieses Netz, diese Vielfalt aufmerksam machen sollte und dabei unterstützen sollte.

IV. Hintergrundwissen zu Jugendlichen

Bei Eltern-Jugendlichen-Mediationen benötigt der Mediator Kenntnisse der Entwicklungspsychologie, der Gestaltung von Gesprächen mit Jugendlichen, gegebenenfalls auch zu Reaktionen von Jugendlichen auf Trennung und Scheidung, sowie Kenntnisse in pädagogischen Fragen. **470a**

Spezifische Entwicklungsaufgaben der Adoleszenz

Die Entwicklungsaufgaben der Jugendlichen lassen sich in drei Bereiche unterteilen: **470b**

1. **Persönliche Entwicklungsaufgaben:**
   Die Entwicklungsaufgaben des persönlichen Bereichs ergeben sich zum einen aus den neuen psychischen Sachverhalten der Adoleszenz, z. B. der Fähigkeit zur Abstraktion, einem veränderten Wertesystem und ethischen Prinzipien. Zum anderen leiten sich Entwicklungsaufgaben aus den biologischen Veränderungen ab, z. B. dem Akzeptieren des sich verändernden Körpers sowie der männlichen und weiblichen Geschlechtsrolle.
2. **Zwischenmenschliche Entwicklungsaufgaben:**
   Die Entwicklungsaufgaben im zwischenmenschlichen Bereich ergeben sich aus den neuen Beziehungsmustern, beispielsweise der Differenzierung der Freundschaftsbeziehungen zu Altersgleichen beiderlei Geschlechts oder der zunehmenden Symmetrie in der Beziehung zu den Eltern. Die neuen Beziehungen zu gegengeschlechtlichen Gleichaltrigen ermöglichen den Aufbau von Partnerschaften, Ehe.
3. **Gesellschaftliche Entwicklungsaufgaben:**
   Die Entwicklungsaufgaben im gesellschaftlichen Bereich stammen vorwiegend aus den veränderten soziokulturellen Anforderungen, mit welchen die Jugendlichen jetzt konfrontiert sind, beispielsweise mit der Ausrichtung auf die berufliche Zukunft und damit der Vorbereitung auf die finanzielle Selbständigkeit, aber auch mit der Erwartung, sozial verantwortlich handeln zu können.

Diesen drei Entwicklungsbereichen übergeordnet ist die Erarbeitung der Identität. Diese Aufgabe beinhaltet, ein bewusstes Verhalten zu sich und der Umwelt mit dem Resultat zu gewinnen, sich in der vorgegebenen Kultur zu verankern. **470c**

Die Jugendphase bedeutet letztlich soziale Neuorientierung. Es beginnt die Ablösung von den Eltern, von den Leitbildern vergangener Jahre hin zu Autonomie und Ich-Identität. Im Jugendalter sind alle Variationen der seelischen und körperlichen Entwicklung, von einer infantilen Entwicklung bis zur vorgereiften Akzeleration anzutreffen. Ein allgemeingültiges Verhaltensmuster gibt es nicht. Die Feststellung der neuen Identität, der seelischen Harmonie, führt meistens über Ablehnungs- und Protestaktionen in Form passiver Resistenz bis hin zu radikalen Forderungen nach Umwertung aller Werte, bis schließlich eine Neuorientierung und Neuanpassung in allen **470d**

Bereichen erfolgt ist. Im Idealfall werden dann gelockerte oder durchtrennte Familienbande in gegenseitigem Respekt neu geknüpft.

470e Das körperliche Wachstum allein reicht nicht aus, um als Erwachsener anerkannt zu werden.

Intellektuell und emotional werden Jugendliche von ihren Eltern zunächst als Kinder behandelt, von anderen Erwachsenen hingegen als Fast-Erwachsene oder gar als Erwachsene.

470f Eine Trennung der Eltern bedeutet für Jugendliche, sich ebenfalls zu trennen. Sie orientieren sich dann ausschließlich an ihrer Peergroup, treten als Pseudoerwachsene auf. Bisweilen kann eine Trennung der Eltern auch dazu führen, dass der zurückgebliebene Elternteil sich in starkem Maße an den Jugendlichen bindet, ihn als Partnerersatz in sein Leben einbindet. Eine Ablösung der Jugendlichen ist dann oft nur noch in massiver Form möglich.

470g Bei der Gestaltung der Gesprächssituation kann der Mediator bei Jugendlichen in der Regel davon ausgehen, dass sie die Möglichkeit der Reflexion über die eigene Person über ihre Wirkung auf die andere Person bereits entwikkelt haben. Komplexe Problemlösungen sind ihnen möglich. Wünsche können in differenzierter Form artikuliert werden. Im Gespräch mit ihnen ist von Seiten des Mediators Authentizität notwendig, Respekt sowie gleiche Augenhöhe, ohne sich dabei anzubiedern. Von großer Bedeutung ist zudem die Zusicherung von Vertraulichkeit.

V. Rechtssituation von Kindern und Jugendlichen

1. Grundlagen

Zum notwendigen Handwerkszeug eines Familien-Mediators gehören solide Kenntnisse im Familienrecht und den benachbarten Rechtsgebieten einschließlich Erbrecht. Den oben (Rn. 1 ff.) dargestellten Veränderungen in der Familie entsprechend können sich diese nicht mehr auf Grundzüge des Scheidungs-, Unterhalts- und ehelichen Vermögensrechts, des Kindschaftsrechts und des dazugehörigen Prozessrechts beschränken. Dazu gehören auch Kenntnisse im Bereich der nichtehelichen Lebensgemeinschaft und Lebenspartnerschaft sowie der familienrechtlichen Bezüge im Steuer- und im Sozialrecht. Der Erwerb dieser Kenntnisse gehört in die Mediationsausbildung. Wichtig ist, diese regelmäßig aufzufrischen und zu aktualisieren, da dieses Rechtsgebiet ständigem Wandel unterworfen ist (siehe oben Rn. 34 ff.). **471**

Für die Familien-Mediation mit Kindern lohnt es sich auch, die rechtlichen Regelungen aus der Perspektive der Kinder und Jugendlichen anzuschauen und zu untersuchen, wo sie eine eigene Rechtsstellung haben. Denn diese beginnt mit der Geburt, im Einzelfall sogar schon davor – im Erbrecht, im Schutz gegen unerlaubte Handlungen und als Träger des Grundrechts auf Menschenwürde, so etwa im Zusammenhang mit dem Embryonenschutzgesetz. Ab dem fünften Lebensjahr beginnen Mitwirkungsrechte beim Namensrecht, mit sechs die Schulpflicht, mit sieben die beschränkte Geschäftsfähigkeit. Das zehnjährige Kind ist unter bestimmten Voraussetzungen bei der Änderung des religiösen Bekenntnisses zu hören (§ 2 Abs. 3 RelKErzG), mit zwölf kann dieses nicht mehr gegen seinen Willen geändert werden (§ 5 S. 2 RelKErzG). Mit vierzehn beginnt die strafrechtliche Verantwortlichkeit, wenn die entsprechende Einsichtsfähigkeit vorhanden ist; die Jugendlichen können ihr Bekenntnis frei wählen (§ 5 S. 1 RelKErzG). Der/die Fünfzehnjährige kann Anträge auf Sozialleistungen stellen und diese entgegennehmen (§ 11 Abs. 1 Nr. 2 SGB X i.V.m. § 36 SGB I). Mit 16 beginnt die Testierfähigkeit und eine Eheschließung ist möglich, ebenso die Vereidigung. **472**

Mit achtzehn beginnen die Volljährigkeit und die volle Geschäftsfähigkeit, die Ehemündigkeit, aber auch die unbeschränkte Deliktsfähigkeit.

Wir wollen MediatorInnen ermutigen, nach eigenen Möglichkeiten Ausschau zu halten, wie sie ihre Rechtskenntnisse erweitern und auf neuestem Stand halten können, nicht, um etwa Rechtsberatung in der Mediation durchzuführen (siehe oben Rn. 278 ff.). Vielmehr ist dies für die Vor- und Nachbereitung der Gespräche mit den Beratungsanwälten, beim Entwickeln von Optionen, bei der Rolle des Rechts, beim Verhandeln und Vereinbaren notwendig – eigentlich auf jeder Stufe des Mediationsprozesses. **473**

Es empfiehlt sich, eine juristische Fachzeitschrift zu abonnieren (ZKJ, FamRZ, FuR, „Familie, Partnerschaft, Recht", Das Jugendamt), die regelmäßig über Änderungen informieren. Wer in einem Netzwerk arbeitet, kann aktuelle Fortbildungsveranstaltungen zu den jeweiligen Rechtsänderungen organi- **474** sieren. Auch hier haben gute Kontakte zu anderen Experten unschätzbare Vorteile.

475 Im Folgenden soll für die einzelnen Rechtsgebiete auf einige Aspekte hingewiesen werden, die für Kinder und Jugendliche in der Mediation besonders wichtig sind. Für die grundlegenden Darstellungen verweisen wir auf die umfangreiche Fachliteratur.

2. Kindesunterhalt

476 MediatorInnen sollten die Unterhaltsansprüche der Kindes gegen ihre Eltern kennen (§§ 1601 ff. BGB) und wissen, wer sie wie geltend machen kann (vgl. z. B. § 1629 BGB und §§ 621a Abs. 1 und 642 ff. ZPO). Gegenüber minderjährigen Kindern besteht grundsätzlich eine erhöhte Leistungsverpflichtung der Eltern (§ 1603 Abs. 2 Satz 1 BGB). Die Eltern sind verpflichtet, alle zumutbaren Erwerbsmöglichkeiten auszuschöpfen. Außerdem muss der Unterhaltspflichtige u. U. auch seinen Vermögensstamm einsetzen, um die Unterhaltspflicht zu erfüllen.

§ 1612 a BGB setzt einen Mindestunterhalt für Kinder fest. Er orientiert sich am steuerlichen Existenzminimum und dem einkommenssteuerrechtlichen Kinderfreibetrag. Damit wird versucht, eine Vereinheitlichung zwischen Unterhalts-, Steuer- und Sozialrecht zu erreichen. Die RegelbetragsVO gilt nicht mehr. Ein dynamisierter Unterhaltstitel ist weiterhin möglich, jetzt bezogen auf den jeweiligen Prozentsatz des Mindestbedarfs.

477 In der Regel erfüllt der Elternteil, der ein minderjähriges Kind betreut, seine Unterhaltsverpflichtung durch Pflege und Erziehung des Kindes („sog. Naturalunterhalt"). Der andere Elternteil schuldet sog. „Barunterhalt". Die Höhe des geschuldeten Barunterhalts wird in der Regel der Düsseldorfer Tabelle oder den vergleichbaren Leitlinien des jeweiligen Oberlandesgerichts entnommen. Grundsätzlich sind bei diesen Bedarfssätzen Zusatzkosten für ein Kind, die das übliche Maß übersteigen, nicht berücksichtigt. Die Kosten hierfür können zusätzlich als Mehr- oder Sonderbedarf verlangt werden, § 1613 Abs. 2 BGB. Beispiel hierfür sind Nachhilfeunterricht, Klassenfahrten und medizinische Behandlungen.

478 Grundsätzlich steht das vom Staat bezogene Kindergeld beiden Eltern zu (§ 63 EStG). Nach der Neuregelung des § 1612 b BGB ist es zur Deckung des Barbedarfs des Kindes zu verwenden, d.h. es mindert ihn. Folglich ist jetzt bei Unterhaltsberechnungen sofort das hälftige Kindergeld vom Tabellenbetrag abzuziehen. Bei volljährigen Kindern (auch den sog. privilegierten Volljährigen i.S.d. § 1603 Abs. 2 Satz 2 BGB) wird das Kindergeld in voller Höhe vom Tabellenbetrag abgezogen.

479 Bar- und Naturalunterhalt werden im Unterhaltsrecht als gleichwertig eingestuft. Dieser rechtlichen Wertung lag das bisherige Altersphasen-Modell zugrunde, das die volle Berufstätigkeit des betreuenden Elternteils erst bei älteren Kindern bejahte. Die gesetzliche Änderung wird hier noch weitere Auswirkungen haben. Folgerichtig hat die Rechtsprechung klargestellt, dass die Kosten für den Kindergartenbesuch zum Lebensbedarf eines Kindes

gehören; er diene pädagogischen Zwecken. Die über den Halbtagsbesuch hinausgehenden Kosten könnten als Mehrbedarf geltend gemacht werden, für den beide Elternteile anteilig nach ihren Einkommensverhältnissen aufzukommen haben.

Das Kind hat ein Recht auf eine Titulierung des Unterhalts, d. h. auf Erstellung einer Urkunde, mit der dann nötigenfalls die Zwangsvollstreckung betrieben werden kann. Beim Jugendamt kann man für minderjährige Kinder kostenfrei einen Unterhaltstitel erstellen. **480**

Ein Unterhaltsanspruch besteht auch bei heterologer Insemination, wenn der Vater zugestimmt hat. Gem. § 1600 Abs. 4 BGB gibt es kein Anfechtungsrecht für Vater oder Mutter, nur für das Kind. Folglich kann die Unterhaltspflicht nur entfallen, wenn das Kind anficht. **481**

Eigene Einkünfte mindern u. U. den Unterhaltsanspruch des Kindes. Hier ist zum Beispiel an Einkünfte aus Kapitalerträgen, Vermietung oder Waisenrente zu denken. Den Stamm seines Vermögens braucht das minderjährige Kind bei Leistungsfähigkeit der Eltern jedoch nicht zu verwerten (§ 1602 Abs. 2 BGB). **482**

Bei Volljährigkeit ändert sich der Unterhaltsanspruch. Der/die Jugendliche muss nun selbst tätig werden, um ihn geltend zu machen. Grundsätzlich sind nun beide Elternteile quotenmäßig entsprechend ihrem Einkommen zur Zahlung von Barunterhalt verpflichtet. Sogenannte privilegierte volljährige Kinder, also solche, die noch in der allgemeinen Schulbildung sind und im Haushalt eines Elternteils leben, sind bis zur Vollendung des 21. Lebensjahres den minderjährigen Kindern gleichgestellt in der Rangfolge und bei der erhöhten Leistungsverpflichtung der Eltern (§ 1603 Abs. 2 S. 2 BGB). Das Kindergeld wird in voller Höhe auf den Bedarf angerechnet. **483**

Ein Verzicht auf zukünftigen Kindesunterhalt ganz oder teilweise ist unzulässig (§ 1614 Abs. 1 BGB). Wollen die Eltern jedoch die Unterhaltslast abweichend von den gesetzlichen Regelungen verteilen, können sie dies als Vertrag zu Gunsten Dritter gem. § 328 BGB vereinbaren. Gebräuchlich sind auch Freistellungsvereinbarungen, in denen sich ein Elternteil gegenüber dem anderen verpflichtet, die Unterhaltsleistung ganz zu übernehmen, z. B. als Gegenleistung für einen Verzicht auf Ehegattenunterhalt. Der gesetzliche Unterhaltsanspruch des Kindes bleibt von solchen Vereinbarungen der Eltern unberührt. Folglich brauchen Kinder und Jugendliche einer derartigen Vereinbarung nicht zuzustimmen. **484**

Der Unterhaltsanspruch umfasst auch die Kosten einer angemessenen Berufsausbildung (§ 1610 Abs. 2 BGB). Dementsprechend haben die Eltern einen einheitlichen Ausbildungsgang oder ein Studium zu finanzieren. Hier tauchen Konflikte auf, wenn zuerst eine Berufsausbildung gewählt wird und dann der Wunsch auftritt, ein Studium anzuschließen oder wenn die erste Ausbildung abgebrochen wird, weil sie nicht den Begabungen und Neigungen entsprach. Hier lässt die Rechtsprechung unter bestimmten Voraussetzungen den Unterhaltsanspruch bestehen. **485**

3. Sorge- und Umgangsrecht

486 Das Kindschaftsrechtsreformgesetz von 1998 hat die elterliche Sorge neu geregelt. Es legte die grundsätzliche Gleichstellung der ehelichen und nichtehelichen Kinder fest. Auch nicht miteinander verheiratete Paare haben die gemeinsame elterliche Sorge, wenn sie eine entsprechende Erklärung vor dem Jugendamt oder einem Notar abgegeben haben. Im Fall der Trennung oder Scheidung bleibt es grundsätzlich bei der gemeinsamen elterlichen Sorge, unabhängig davon, ob die Eltern miteinander verheiratet sind oder nicht, solange das Familiengericht nicht auf Antrag die elterliche Sorge einem Elternteil überträgt. Dem Antrag ist stattzugeben, wenn entweder der andere Elternteil zustimmt oder dies dem Wohl des Kindes entspricht. Das Jugendamt wird im Scheidungsverfahren nicht mehr automatisch tätig. Die Neuregelung soll der Familie in der Trennungs- oder Scheidungssituation mehr Raum für eigene Gestaltung – z. B. mittels Mediation – geben. Tatsächlich gibt es nach der Reform weniger streitige Sorgerechtsverfahren. Konflikte treten allerdings weiterhin auf bei Teilaspekten der elterlichen Sorge, z. B. dem Aufenthaltsbestimmungsrecht, wenn es um den Lebensmittelpunkt des Kindes geht oder ein Elternteil mit den Kindern an einen anderen Ort oder ins Ausland ziehen will.

486a Gemeinsame elterliche Sorge nach der Trennung bedeutet nach dem Konzept des Gesetzgebers gegenseitiges Einvernehmen bei Entscheidungen in Angelegenheiten, deren Regelung für das Kind von erheblicher Bedeutung ist. In alltäglichen Fragen entscheidet der Elternteil, der das Kind tatsächlich betreut. Für nicht miteinander verheiratete Eltern, die sich vor Inkrafttreten des neuen Kindschaftsrechts getrennt haben, wurde eine Übergangsregelung geschaffen, die ihnen die gemeinsame elterliche Sorge ermöglicht.

486b Auch Stiefelternteile, also der/die neue EhepartnerIn der Mutter oder des Vaters sowie der/die eingetragene LebenspartnerIn sind aufgrund von §1678 b BGB bzw. § 9 LPartG befugt, in Angelegenheiten des täglichen Lebens mit-, bei Gefahr in Verzug sogar allein zu entscheiden.

486c Auch im Umgangsrecht spielt es keine Rolle mehr, ob die Eltern miteinander verheiratet waren oder nicht. Es kann nur eingeschränkt oder ausgeschlossen werden, soweit dies zum Wohl des Kindes erforderlich bzw. (bei länger andauernden Maßnahmen) andernfalls das Kindeswohl gefährdet wäre.

486d Das Kind hat ein eigenes Recht auf Umgang mit seinen Eltern, es ist also nicht mehr nur Elternrecht, sondern damit auch Pflicht der Eltern geworden. Dieses Recht steht mittlerweile auch dem biologischen Vater zu, der nicht der rechtliche Vater ist, wenn das Kind mit ihm längere Zeit in häuslicher Gemeinschaft zusammengelebt hat (§ 1685 Abs. 2 BGB.; die Vorschrift gilt ebenso für Stiefeltern, auch unverheiratete Lebenspartner und Lebenspartner i.S. d. LPartG. Auch Großeltern und Geschwister haben ein Umgangsrecht, wenn dies dem Wohl des Kindes dient (§ 1685 Abs. 1 BGB).

486e Das Familiengericht soll bei familiären Konflikten vorrangig nach einverständlichen Regelungen suchen (so auch § 17 SGB VIII). Gemäß § 52 Abs. 1

FGG (ab 1.9.2009 § 156 Abs. 1 Satz 1 FamFG) soll das Gericht „so früh wie möglich und in jeder Lage des Verfahrens auf ein Einvernehmen der Beteiligten hinwirken". § 52 Abs. 2 FGG (ab 1.9.2009 § 156 Abs. 1 Satz 2 FamFG) erlaubt es dem Gericht, das Verfahren auszusetzen (diese Möglichkeit entfällt ab dem 1.9.2009, damit es nicht zu einer Verzögerung des Verfahrens kommt) und den Beteiligten nahe zu legen, eine außergerichtliche Beratung durch die Beratungsstellen und -dienste der Träger der Jugendhilfe in Anspruch zu nehmen, wenn es Chancen für eine Einigung sieht. Familiengerichte wenden diese Vorschrift entsprechend an, wenn die Beteiligten eine Mediation beginnen, oder empfehlen sogar eine Mediation. In einigen Städten haben inzwischen die Jugendämter in Zusammenarbeit mit den Familiengerichten, den Beratungsstellen und der Anwaltschaft Modelle entwickelt, die für die Beratung der betroffenen Familien auch die nötigen finanziellen Mittel zur Verfügung stellen.

Darüber hinaus stellt § 52a FGG (ab 1.9.2009 § 165 FamFG) bei Problemen **486f**
im Umgangsrecht ein eigenes – richterliches – Vermittlungsverfahren zur Verfügung. Auch wenn mit der Einführung dieses Vermittlungsverfahrens verstärkt mediative Elemente in die richterliche Arbeit integriert werden, so bestehen doch wesentliche Unterschiede zu einer Mediation. Voraussetzung eines Verfahrens nach § 52a FGG (ab 1.9.2009 § 165 FamFG) ist ja, dass das Gericht bereits eine Verfügung zum Umgangsrecht getroffen hat und somit als Entscheidender der Streitfrage hoheitlich tätig geworden ist. Außerdem ist das Gericht ausdrücklich gehalten, auf seine Möglichkeiten hinzuweisen, regelnd einzugreifen und Druck auszuüben. Das Vermittlungsverfahren ist als Erweiterung der richterlichen Handlungsmöglichkeiten zu begrüßen, ersetzt jedoch keine Mediation. Deshalb halten wir es für sinnvoller, den Eltern in einer solchen Situation eine Mediation außerhalb der Gerichte zu empfehlen

Das Gesetz sieht in Sorgerechtsverfahren die Anhörung von Kindern unter **486g**
vierzehn Jahren vor, bei Jugendlichen ab vierzehn Jahren soll nur ausnahmsweise darauf verzichtet werden (§ 50b FGG; ab 1.9.2009 § 159 FamFG). Sie haben ein eigenes Beschwerderecht in Angelegenheiten der Freiwilligen Gerichtsbarkeit, also z. B. bei Sorge- und Umgangsverfahren (§ 59 Abs. 1 FGG; ab 1.9.2009 § 60 FamFG).

Zusätzlich können die Interessen des Kindes in den Verfahren der Familien- **486h**
und Vormundschaftsgerichte durch eine/n vom Gericht bestellte/n VerfahrenspflegerIn (ab dem 1.9.09 „Verfahrensbeistand") vertreten werden; die Bestellung hat zu erfolgen, wenn es einen erheblichen Interessengegensatz zwischen dem Kind und seinen gesetzlichen Vertretern gibt (§ 50 FGG; ab 1.9.2009 § 158 FamFG – Verfahrensbeistand). Dies wird z. B. dann der Fall sein, wenn das Gericht den Eindruck gewinnt, dass die Eltern über ihrem Streit die eigentlichen Interessen des Kindes völlig aus dem Blick verlieren. Dabei ist es Aufgabe des Verfahrenspflegers/-beistands, die Interessen des Kindes wahrzunehmen, d. h. seinen Willen zu ermitteln und dem Gericht vorzutragen. Auch bei Verfahren, bei denen es um schwerwiegende Maßnahmen wie Entzug der Personensorge, Trennung des Kindes von der Per-

son, in deren Obhut es sich befindet, oder Herausgabe geht, ist in Zukunft die Beistandschaft obligatorisch.

487 Nachdem anfangs Unklarheiten darüber bestanden, welche Tätigkeiten für die Verfahrenspfleger damit verbunden sind, hat das Bundesverfassungsgericht mittlerweile klargestellt, dass Vermittlung und Mediation nicht dazu gehören und deshalb auch nicht vergütet werden. Gut vorstellbar wäre, VerfahrenspflegerInnen in eine Mediation, auch in eine Kindersitzung, einzubeziehen.

488 Die Reform des familiengerichtlichen Verfahrens (FGG-Reformgesetz s.o. Rn. 43 ff.) wird die Position des Kindes noch weiter stärken und sicherstellen, dass Eltern über Mediationsangebote informiert werden.

489 Beantragt ein Elternteil die Übertragung der elterlichen Sorge auf ihn und stimmt der andere Elternteil zu, nachdem die Eltern sich z. B. in einer Mediation hierauf geeinigt haben, hat das über vierzehnjährige Kind die Möglichkeit zu widersprechen (§ 1671 Abs. 2 BGB Satz 1). Das Gericht wird dann in der Regel prüfen, ob die Übertragung des Sorgerechts dem Kindeswohl entspricht. Das Kind hat also kein Vetorecht gegen eine übereinstimmende Elternentscheidung, es kann aber das Gericht dazu bringen, die Hintergründe der Sorgerechtsfrage genauer zu beleuchten. Der Gesetzgeber will also Regelungen vermeiden, die über den Kopf des Kindes hinweg von den Eltern getroffen werden – ein Gedanke, der für die frühzeitige Einbeziehung von Kindern und Jugendlichen in die Mediation spricht.

490 Das Sorgerecht umfasst die Teilbereiche der Personensorge und der Vermögenssorge. Im Rahmen der Vermögenssorge ist zu beachten, dass die Eltern zur Vornahme bestimmter schwerwiegender Rechtsgeschäfte wie z. B. der Übertragung von Immobilien des Kindes der Genehmigung des Familiengerichts bedürfen, § 1643 i.V.m. §§ 1821, 1822 BGB. Dies kann auch in Mediationen eine Rolle spielen.

491 Gewisse Unterschiede beim Sorgerecht sind auch nach der Kindschaftsrechtsreform zwischen Kindern von miteinander verheirateten und nicht miteinander verheirateten Eltern geblieben (dazu oben Rn. 35 ff.)

492 Bei Abstimmungsproblemen zwischen Eltern bei gemeinsamer elterliche Sorge können Vollmachten für einen Elternteil für bestimmte Angelegenheiten, z. B. gegenüber Behörden allein für das Kind tätig zu werden, den Alltag der Scheidungsfamilie zusätzlich erleichtern.

493 Im Rahmen einer Mediation ist noch wichtig zu beachten, dass das Sorgerecht nicht zur völlig freien Disposition der Eltern steht. Für eine rechtsverbindliche Gestaltung des Sorgerechts bedarf es daher in der Regel eines zusätzlichen Beschlusses des Familiengerichts, indem sich der Richter eine in der Mediation erarbeitete Vereinbarung gewissermaßen zu Eigen macht.

494 Schließlich sei noch auf die „Wächterfunktion" des Staates hingewiesen, die es dem Familiengericht erlaubt, bei Gefährdung des Kindeswohls die notwendigen Maßnahmen bis hin zum Entzug des Sorgerechts zu treffen, § 1666 BGB. Das Gericht hat hierbei den Grundsatz der Verhältnismäßigkeit strikt zu beachten.

Grundsätzlich hat jedes Kind ein eigenes Recht auf Umgang mit beiden Elternteilen (§ 1684 Abs. 1 Halbsatz 1). Dieses Recht kann es sogar gerichtlich geltend machen. Umgekehrt bestehen eine Verpflichtung jedes Elternteils und eine Berechtigung zum Umgang mit dem Kind (§ 1684 Abs. 1 Halbsatz 2), auf das grundsätzlich nicht verzichtet werden kann. Ferner haben andere wichtige Bezugspersonen ein Recht (keine Pflicht) zum Umgang mit dem Kind, so die Großeltern und Geschwister (§ 1685 Abs. 1 BGB) sowie (frühere) Ehegatten und LebenspartnerIn eines Elternteils, mit dem das Kind längere Zeit in häuslicher Gemeinschaft gelebt hat, sowie Pflegeeltern (1685 Abs. 2 BGB) und seit neuerem auch unter bestimmten Voraussetzungen der leibliche Vater, der nicht der rechtliche Vater ist (s. o. Rn. 35 b). **495**

4. Rechtsverhältnis zwischen Eltern und Kindern

In Mediationen zwischen Jugendlichen und ihren Eltern geht es oft um Fragen der Höhe des Taschengeldes, wann die Jugendlichen abends zu Hause sein müssen, Kontakt zu Gleichaltrigen, Alkohol- und Drogenkonsum, ob Piercing erlaubt ist, ab wann Mädchen die Pille nehmen dürfen ohne Zustimmung der Eltern, die Einwilligung in einen Schwangerschaftsabbruch bei einer Minderjährigen, das Engagement in einer religiösen Gemeinschaft oder einer politischen Partei, wann Jugendliche zu Hause ausziehen und eine eigene Wohnung haben dürfen usw. Hierzu gibt es wenig einschlägige rechtliche Regelungen und auch keine einheitliche Gerichtspraxis. Oft differiert die Rechtsprechung innerhalb desselben Gerichtsbezirks. **496**

Aus den Vorschriften des BGB über die Geschäftsfähigkeit ergibt sich, inwieweit Minderjährige rechtlich verbindliche Geschäfte ohne und mit Zustimmung ihrer Eltern tätigen können. Ein weiterer Anhaltspunkt ist § 1303 Abs. 2 BGB, aus dem sich die grundsätzliche Ehefähigkeit ab Erreichen des sechzehnten Lebensjahres ergibt. Daraus wird verschiedentlich abgeleitet, dass Jugendliche ab diesem Alter auch über medizinische Eingriffe und Medikamente selbst entscheiden können – davon zu unterscheiden ist allerdings die Frage, wer die Kosten zu tragen hat. **497**

Da „Sozialrechtsmündigkeit" bereits mit 15 Jahren besteht, können Jugendliche ab diesem Alter einen Antrag auf Unterbringung in einem Heim oder auf Übernahme der Kosten einer ärztlichen Heilbehandlung stellen. Die Leistungsträger können mit befreiender Wirkung Sach- und Geldleistungen an Jugendliche erbringen. Damit können Jugendliche ab diesem Alter auch eine ärztliche Maßnahme gegen den Willen der Eltern durchsetzen. Allerdings sollen die Eltern unterrichtet werden. **497a**

Sämtliche Erziehungsmaßnahmen stehen unter dem grundsätzlichen Recht des Kindes auf gewaltfreie Erziehung (s. o. Rn. 45). Körperliche Bestrafungen, seelische Verletzungen und entwürdigende Maßnahmen sind unzulässig. In der juristischen Fachliteratur wird kontrovers diskutiert, ob Kinder bei Zuwiderhandlung einen gerichtlich durchsetzbaren Unterlassungsanspruch oder Schadensersatzansprüche gegen ihre Eltern haben. **497b**

Das Kind hat darüber hinaus einen Anspruch auf Achtung seiner Privatsphäre, zu dessen Beachtung Eltern im Rahmen der elterlichen Sorge verpflichtet sind. Je älter das Kind oder ein Jugendlicher ist, umso mehr werden Kontroll- und Überwachungsmaßnahmen von Eltern an diesem Maßstab zu prüfen sein.

498 Eltern unverheirateter minderjähriger Kinder können bestimmen, dass ihre Kinder bei ihnen wohnen, § 1612 Abs. 2 BGB. Hiergegen kann das Kind das Familiengericht anrufen, das diese Festlegung für unwirksam erklärt, wenn auf die Belange des Kindes oder des anderen Elternteils nicht gebührend Rücksicht genommen wurde oder die Regelung unpraktikabel ist.

499 Im Übrigen gilt, dass Eltern und Kinder gegenseitig Beistand und Rücksicht schulden (§ 1618a BGB) und das Kind, solange es dem elterlichen Hausstand angehört, verpflichtet ist, „in einer seinen Kräften und seiner Lebensstellung gemäßen Weise den Eltern in ihrem Hauswesen und Geschäfte Dienste zu leisten" (§ 1619 BGB). Niemand leitet daraus jedoch einen Anspruch auf Mithilfe im Haushalt ab.

5. Ausländische bzw. gemischt-nationale Familien

500 MediatorInnen müssen bei gemischt-nationalen Familien daran denken, dass besondere Vorschriften für die internationale Zuständigkeit (Haager Kindesentführungsabkommen, Minderjährigenschutzabkommen; vgl. auch §§ 621a ZPO, 64 Abs. 3 Satz 2, 35b FGG) gelten; außerdem dürfen sie nicht davon ausgehen, dass immer deutsches Recht anwendbar ist, sondern sollten wissen, dass das EGBGB, aber auch die einschlägigen internationalen Abkommen, hierfür eigene Vorschriften enthalten. Hier sollten sie sich mit Fachleuten in Verbindung setzen.

6. Adoptivfamilien

501 Nach den gesetzlichen Vorschriften sind die Verwandtschaftsverhältnisse im Fall der Minderjährigenadoption zu den leiblichen Eltern erloschen, so dass keine wechselseitigen Rechte und Pflichten bestehen. Die in den letzten Jahren vielerorts praktizierten verschiedenen Formen der „offenen Adoption" enthalten indes Vereinbarungen über Kontakte zwischen leiblichen Eltern, Adoptiveltern und den Adoptierten; denkbar ist, dass diese auch Mediationsklauseln enthalten, also die Vereinbarung, bei auftretenden Schwierigkeiten eine Mediation zu beginnen. Besondere Regelungen gelten für die Adoption von Erwachsenen.

502 Die Adoptierten selbst haben ein eigenes Recht auf Kenntnis der eigenen Abstammung, das das Bundesverfassungsgericht u. a. aus dem Allgemeinen Persönlichkeitsrecht abgeleitet hat (Art 2 GG). Gem. § 61 PStG haben sie ab dem sechzehnten Lebensjahr einen Anspruch, Einsicht in ihre Abstammungsurkunde zu nehmen und die Namen ihrer Herkunftsfamilie zu erfahren; vorher bedürfen sie dazu der Zustimmung ihrer Adoptiveltern. § 1758 BGB steht dem Wunsch der Kinder und Jugendlichen, etwas über die eigene Herkunft zu erfahren, nach überwiegender Ansicht nicht entgegen; die Vorschrift schützt das Adoptionsgeheimnis gegenüber Dritten, nicht aber gegenüber den Betroffenen. Zunehmend versuchen auch die abgebenden Eltern, vornehmlich die Mütter, Kontakt zu ihren Kindern aufzunehmen. Auch hier könnten in einer vorgeschalteten Mediation die wechselseitigen Erwartungen geklärt und Regeln für den Umgang miteinander vereinbart werden.

Bei Stiefkindadoptionen ist die Einwilligung des Kindes erst ab 14 Jahren **503** erforderlich, bis dahin wird sie vom gesetzlichen Vertreter erteilt, was sicher nicht unproblematisch ist.

Leben die Kinder oder Jugendlichen in einer Pflegefamilie, können die leib- **504** lichen Eltern das Sorgerecht u. U. behalten und haben ein regelmäßiges Umgangsrecht. Die Pflegeeltern entscheiden in Angelegenheiten des täglichen Lebens gem. § 1688 BGB. Hier kann es darum gehen, dass das Kind seinen Anspruch auf Umgang mit den leiblichen Eltern gegenüber den Pflegeeltern geltend macht, aber genauso kann es beanspruchen, für einen gewissen Zeitraum keinen Kontakt zu haben. Auch hier sollten sich MediatorInnen genau auskennen, wenn sie in diesem Bereich tätig werden wollen.

7. Gleichgeschlechtliche Beziehungen

Das Gesetz über die Eingetragene Lebenspartnerschaft (LPartG), das zum **504 a** 1.8.2001 in Kraft getreten ist, stellt rechtliche Regelungen für homosexuelle Paare zur Verfügung, die in eheähnlicher Lebensgemeinschaft zusammenleben und sich registrieren lassen. An vielen Stellen des LPartG wird auf das Familienrecht verwiesen, z. B. bei der Unterhaltspflicht sowie beim neu geschaffenen Vermögensstand der Ausgleichsgemeinschaft.

Im Zusammenhang mit diesem Gesetz wurde eine Neuregelung eingeführt, die für hetero- und homosexuelle Stieffamilien gleichermaßen gilt: Der/die neue EhepartnerIn einer Mutter oder eines Vaters sowie der/die eingetragene LebenspartnerIn sind gem. § 1687b BGB bzw. § 9 LPartG befugt, in Bezug auf das Kind in Angelegenheiten des täglichen Lebens mitzuentscheiden; ferner darf er/sie bei Gefahr im Verzug allein entscheiden.

8. Abstammungsrecht

Sobald die rechtliche Zuordnung eines Kindes zu seinem Vater in Frage **505** gestellt wird, sind die Vorschriften des Abstammungsrechts zu beachten (§§ 1591 ff. BGB). Das Kind hat ein Recht darauf, seine Abstammung zu kennen. Dies wird aus Art. 1 und 2 des Grundgesetzes hergeleitet (Menschenwürde und freie Entfaltung der Persönlichkeit). Grundsätzlich kann das Kind von seiner Mutter verlangen, ihm Auskunft über den Vater zu erteilen.

Da der mit der Mutter des Kindes zum Zeitpunkt der Geburt verheiratete **505a** Mann per Gesetz der Vater ist (§ 1592 Nr. 1 BGB), kann es zu einem Auseinanderfallen von biologischem und rechtlichem Vater kommen. Kinder haben ebenso wie die Mutter und der „Scheinvater" ein eigenes Recht zur gerichtlichen Anfechtung und zur Feststellung der Vaterschaft. Auf Intervention des Bundesverfassungsgerichts wurde inzwischen auch dem biologischen Vater das Recht eingeräumt, die Abstammung klären zu lassen, so dass er eine Vaterposition erlangen kann, wenn der Schutz der familiären Beziehung zwischen dem Kind und seinem rechtlichen Vater dem nicht entgegenstehen (§ 1600 BGB).

505b Väter, die per Gesetz zum Vater erklärt werden, bekommen mitunter Zweifel – häufig im Zusammenhang mit Trennungen –, ob sie der tatsächliche Vater des Kindes sind. Sie nahmen zunehmend Zuflucht zu einem heimlichen Vaterschaftstest und wollten mit dessen Ergebnis die Abstammung anfechten. Das hat das Bundesverfassungsgericht untersagt.

505c Um dem grundrechtlich abgesicherten Recht auf Kenntnis der eigenen Abstammung Rechnung zu tragen, wurde ein neues Verfahren zur Klärung der Abstammung ohne Statuswirkung (1598 a BGB) eingeführt. Danach haben Vater, Mutter und Kind gegenüber den jeweils anderen beiden einen Anspruch auf Einwilligung in eine genetische Abstammungsuntersuchung und die Entnahme der dafür erforderlichen Proben. Die Einwilligung kann im Falle der Weigerung durch das Familiengericht ersetzt werden, außer, das Kindeswohl steht dem entgegen (z. B. in bestimmten Lebens- und Entwicklungsphasen des Kindes, bei Magersucht oder Suizidgefahr). Das Kind kann in diesem Verfahren nicht durch seine Eltern vertreten werden (§ 1629 a Abs. 2 BGB) und braucht deshalb einen Ergänzungspfleger.

505d Auch ein behördliches Anfechtungsrecht zur Bekämpfung rechtswidrig erfolgter Vaterschaftsanerkennungen (im Zusammenhang mit ausländerrechtlichen Vorteilen) wurde eingeführt (§ 1600 Abs. 1 Nr. 5 BGB).

505e Die Anfechtung der Vaterschaft bei heterologer Insemination ist dagegen ausgeschlossen, es sei denn, das Kind ficht an (§ 1600 Abs. 4 BGB). Daneben gibt es weiterhin die Klage auf Feststellung der Vaterschaft (§ 1600 d BGB).

505f Für alle Verfahren sind die Familiengerichte zuständig.

9. Namensrecht

506 Die Veränderungen in Struktur und Zusammensetzung der Familien spiegelt sich auch in zahlreichen Änderungen des Namensrechts wider. Eine besonders konfliktträchtige Situation ist gegeben, wenn ein Kind aus einer geschiedenen Ehe den Namen des neuen Ehepartners des sorgeberechtigten Elternteils erhalten soll (sog. Einbenennung). Ist der andere Elternteil mit dieser Einbenennung nicht einverstanden, so kann das Familiengericht seine Einwilligung ersetzen, wenn dies zum Wohl des Kindes erforderlich ist, § 1618 Satz 4 BGB. Hier hat der Gesetzgeber bewusst eine hohe Hürde gewählt. Er hält die Beibehaltung des Namensbandes zwischen dem Kind und dem nicht sorgeberechtigten Elternteil im Zweifel für wichtiger als einheitliche Namen der Mitglieder der Stieffamilie.

507 Bei nachträglichen Änderungen des Nachnamens muss das über fünfjährige Kind generell zustimmen (vgl. §§ 1617 a Abs. 2, 1617 b Abs. 2 und 1617 c Abs. 1, 1618 Satz 3 BGB). Ist das Kind noch nicht vierzehn Jahre alt, ist die Zustimmung allerdings von seinem gesetzlichen Vertreter, also in der Regel vom Sorgeberechtigten, zu erklären. Ein Kind, das zwischen vierzehn und achtzehn Jahren alt ist, kann mit formfreier Zustimmung des gesetzlichen Vertreters selbst einwilligen.

Bei gemischt-nationalen Familien ist zu beachten, dass ausländisches Namensrecht anwendbar sein könnte und die Möglichkeiten der Namenswahl eventuell erweitert sind (Art. 10 Abs. 3 EGBGB). **508**

10. Erbrecht

Seit 1998 haben eheliche und nichteheliche Kinder die gleiche erbrechtliche Stellung. Es gibt keine Unterschiede mehr. Trifft der Erblasser keine letztwillige Verfügung, so tritt die gesetzliche Erbfolge ein. Dies bedeutet, dass in einem solchen Fall nichteheliche Kinder neben ehelichen Abkömmlingen gleichberechtigt erben. **509**

Werden Kinder durch ein Testament enterbt, so steht ihnen jedenfalls der sog. Pflichtteil zu. Während ein Erbe in die Rechtsposition des Erblassers mit grundsätzlich allen Rechten und Pflichten eintritt, ist der Pflichtteilsanspruch auf eine Geldzahlung gerichtet. Der Anspruch besteht gegenüber dem oder den Erben. Gerade wenn es um die Nachfolge in einem Familienunternehmen oder um die Übertragung eines Familienheims geht, dürfen mögliche Pflichtteilsrechte der Beteiligten aus juristischer Sicht nicht außer Acht gelassen werden. Geht es in einer Familienmediation um solche Themen, ist die ausreichende rechtliche Beratung der Beteiligten durch ihre Beratungsanwälte von großer Bedeutung. **510**

Derzeit ist eine umfassende Reform des Erbrechts in Arbeit. Das Pflichtteilsrecht soll modernisiert und die Testierfreiheit erweitert werden. Außerdem wird ein Ausgleich für Pflegeleistungen eingeführt, der bei der Erbauseinandersetzung zu berücksichtigen ist. **510a**

VI. Indikationen und Kontra-Indikationen

1. Allgemeines

511 Die Frage nach der Indikation und den Grenzen der Familien-Mediation ist in Forschung und Literatur bisher nicht hinreichend beantwortet worden. Eindeutige Kriterien, für welche Familien die Mediation ein geeignetes Mittel der Konfliktregelung ist und für welche nicht, gibt es bisher kaum (Bastine, Link, Lörch 1992, S. 379 ff.).

512 John M. Haynes stellt zur Klärung der Indikation folgende Fragen:

- Ist das Paar für die Mediation geeignet?
- Kann sich das Paar vorstellen, mit diesen Mediatoren zu arbeiten?
- Können die Mediatoren mit diesem Paar arbeiten? (Haynes et al. 1993, S. 60–62)

513 Wenn in die Familien-Mediation die beteiligten Kinder und Jugendlichen tatsächlich mit in die Arbeit einbezogen werden sollen, können einige weitere Fragen gestellt werden:

- Wollen die Eltern bzw. alle betroffenen Erwachsenen für diese Kinder und Jugendlichen gemeinsam verantwortlich bleiben?
- Sind die Eltern bzw. die Erwachsenen mit der Einbeziehung der Kinder einverstanden?
- Können die Mediatoren mit diesen Kindern und Jugendlichen arbeiten?

514 Wir haben drei Arten von Indikation entwickelt:

- Positive Indikation
- Eingeschränkte Indikation
- Kontra-Indikation

515 Diese Indikationen gelten gleichermaßen für Trennungs- und Scheidungs-Mediation wie für die anderen Formen von Familien-Mediation. Wir bleiben auch hier bei dem ressourcenorientierten Ansatz, das heißt, wir prüfen immer wieder, ob sich die Annahmen, die für eine eingeschränkte oder Kontra-Indikation sprechen, nicht doch in eine positive Indikation verwandeln lassen.

2. Indikationskriterien bei den Familien selbst

a) Positive Indikation

516 Bei positiver Indikation gehen wir davon aus, dass die Familienmitglieder bereit und in der Lage sind, am Mediationsprozess teilzunehmen und zu einer Vereinbarung zu kommen. Das ist unsere Grundannahme zu Beginn jeder Mediation. Wir prüfen im Erstgespräch und in den weiteren Sitzungen – mit Hilfe von Hypothesenbildung – allerdings, ob die Eltern bzw. die ein-

zelnen Familienmitglieder ihre Interessen hinreichend vertreten können – also genügend Selbstbehauptung haben – und auch willens sind, die Interessen der anderen bei ihren Entscheidungen einzubeziehen – also Wechselseitigkeit und Gemeinsamkeit haben –, z. B. sich als Elternteil gegenseitig zu respektieren. Grundsätzlich sollten auch Ansätze für Verhandlungsbereitschaft bestehen, die sich auch erst im Laufe des Mediationsprozesses herausbilden kann.

b) Eingeschränkte Indikation

Bei eingeschränkter Indikation achten wir sorgfältig darauf, ob andere Kon- **517**
fliktlösungsmodelle (z. B. das juristische System) oder andere Angebote (z. B. Paar- oder Familientherapie bzw. Beratung) die bessere Alternative für die Beteiligten wäre.

Fast alle problemorientierten Symptome in Paarbeziehungen, in der Familie **518**
oder in der Art und Weise, in der in und mit den Konflikten umgegangen wird, lassen sich in Ressourcen verwandeln; sobald der Mediator seine eigene Sichtweise ändern und die Problemorientierung aufgeben kann, schafft er die Voraussetzung für die Mediations-Parteien, in der Mediation handlungsfähig zu werden und zu guten Ergebnissen zu kommen. So lassen sich für die meisten „Probleme" Wege finden, die gleichwohl Mediation ermöglichen. Wir geben hier einige Beispiele:

- **Es besteht keine Einigkeit darüber, ob die Partner sich trennen** **519**
  wollen

  Hier brechen viele MediatorInnen die Mediation ab und sagen: Klärt das erst, dann könnt ihr wiederkommen. Wir versuchen hier eine Mehrwege-Mediation (siehe oben Rn. 201 ff.).

  Sich befehdende Partei-Anwälte im Hintergrund oder schier unvereinbare Fairness- und Gerechtigkeitsvorstellungen: Es lohnt sich, z. B. Kooperations-Modelle oder die Vorbereitung und Durchführung der Anwalts-Modelle zu mediieren, bevor wir sagen: Mediation geht hier nicht.

- **Eine oder mehrere Parteien legen keine Zahlen oder Fakten** **520**
  offen

  Es lohnt sich, sich davon nicht beeindrucken zu lassen und erst einmal trotzdem normal zu arbeiten und immer wieder darauf hinzuweisen, was noch alles fehlt, evtl. dies auch ständig zu visualisieren, z. B. im Wertebild (siehe oben Rn. 440). Oft wird die Preisgabe von Informationen Verhandlungsgegenstand, manchmal können in der Mediation Lösungen nur für die Konfliktpunkte gefunden werden, deren Sachverhalte von beiden Seiten geklärt sind. Die anderen Themen gehen möglicherweise ins juristische System.

- **Die Konfliktpartner wollen oder können nicht miteinander** **521**
  reden

  Im Sinne der Selbstbehauptung kann es z. B. auch hilfreich sein, bei sprachlichen oder anderen Ausdrucksproblemen mit Dolmetschern oder anderen Unterstützungspersonen der jeweiligen Konfliktpartei zu arbeiten. Auch die Einbeziehung von Anwälten in die Mediationen kann die Selbstbehauptung fördern.

522 • **Bei Abbruchdrohungen u. Ä.**

Hier hilft es z. B., genau nachzufragen, welche Alternativen es zur Mediation gibt und die Chancen dort einzuschätzen, auch im Sinne der WATNA – der schlechtesten Alternativen – aus dem Harvard-Konzept.

523 • **Bei hohem Konfliktpotential und körperlichen Attacken**

Es lohnt sich auch hier, nicht gleich die Flinte ins Korn zu werfen, sondern zu versuchen, mit Verstärkung der Sachebene, durch Arbeiten mit Plänen und Übergangslösungen die eingeschränkte Indikation in eine positive Indikation zu verwandeln.

c) Kontra-Indikation

524 Allerdings gibt es einige Phänomene, bei denen Mediation ausgeschlossen oder nur im eingeschränkten Umfang möglich ist:

525 • **Sucht- und Abhängigkeitskrankheiten in der Familie**

Hier ist Mediation grundsätzlich schwierig; hier wäre zu prüfen, ob es trotz der Abhängigkeit Zeiten der Klarheit gibt, in denen Selbstvertretung möglich ist, besonders bei Dauerabhängigkeit.

526 • **Andere schwere psychische Krankheiten, die die Selbstbehauptung beeinträchtigen, insbesondere bei Psychosen oder schweren Depressionen.**

527 • **Gewalt in der Familie**

Hier kann Mediation ausgeschlossen sein. Evtl. versuchen wir hier erst einmal, mit den Medianden Leute in der näheren Umgebung oder Verwandtschaft zu finden, die als „Ombudsleute" fungieren können (siehe unten Rn. 659 ff.).

528 • **Fälle von sexuellem Missbrauch in der Familie**

Selbst hier sollten wir genau prüfen, ob es nicht auch hier mediierbare Punkte gibt, z. B. Betreuter Kontakt mit den Kindern, Konsensmöglichkeiten über Finanzen, Eigentum etc.

3. Indikationskriterien während des Mediationsprozesses

529 Es gibt im Mediationsprozess immer wieder Stellen, an denen wir uns als MediatorInnen mit Indikation beschäftigen müssen. Bei Familien, die mit einer positiven Indikation begonnen haben, kann sich herausstellen, dass sie nur eingeschränkt oder gar nicht für Mediation geeignet sind. Es empfiehlt sich, diesen Eindruck in einer Supervision zu überprüfen, bevor wir die Mediation abbrechen. Manchmal gibt es noch andere Möglichkeiten, z. B. für die Einbeziehung der Kinder und Jugendlichen einen Co-Mediator zu

wählen, oder es ist notwendig, einen juristischen Mediator hinzuzuziehen, weil die Medianden sich in den rechtlichen Fragen unsicher fühlen.

Es gibt tatsächlich Familien-Konstellationen, die besser in einem anderen System aufgehoben sind. Manche Familien brauchen therapeutische oder beraterische Unterstützung. Andere sollten in den juristischen Bereich wechseln, weil sie eine autoritative Entscheidung brauchen, um den Konflikt zu beenden oder einen vorübergehenden Waffenstillstand zu erreichen. Achtung: Dies trifft nur für sehr wenige Familien zu, und wir sollten den Abbruch der Mediation vorher in der Supervision reflektiert haben, bevor wir uns dazu entschließen. Es gehört zur Professionalität eines jeden Mediators, die Grenze der Mediation zu erkennen und dann auch entsprechend zu handeln. **530**

Wenn sich die Konfliktparteien beharrlich weigern, Beratungsanwälte aufzusuchen, kann dies den Abbruch der Mediation indizieren. Allerdings sollten sich Mediatoren vorher fragen, ob sie selbst vom Nutzen und der Notwendigkeit der Beratungsanwälte überzeugt sind oder darin nur eine lästige Pflicht sehen. Jenachdem haben sie vielleicht nicht gut genug für diesen Schritt geworben. Schließlich wäre auch hier zu prüfen, ob nicht wenigstens einige Elternvereinbarungen zustande kommen oder einige vorläufige Lösungen gefunden werden können. **531**

4. Indikationskriterien bei den Mediatoren

Leider sind wir MediatorInnen oft das größte Hindernis in der Mediation. Deshalb gehört Mediations-Supervision notwendig zu unserer Arbeit (siehe unten Rn. 574 ff.). Hier sind besonders auch die Kontra-Indikationen des Mediators zu betrachten, insbesondere die persönlichen „Fallen". **532**

Auf einer Fachtagung zur Familien-Mediation schätzte über die Hälfte der Teilnehmer (47) ihre eigene Betroffenheit mit Problemen der Kinder in der Mediation als Gefahr für ihre Arbeitsfähigkeit ein, weitere 35 Teilnehmer ihre Betroffenheit durch eigene Probleme mit Geld, Reichtum, Armut, Eigentum, Schulden etc. und etwa 10 Teilnehmer ihre Betroffenheit durch eigene Einstellungen zu Ehe und Trennung bzw. Scheidung und durch eigene Trennungserfahrungen. **533**

Diese Erkenntnis heißt für uns, dass wir unsere biographischen und beruflichen Fallen erforschen, kennen lernen und damit umgehen können sollten, damit sie nicht in den Familien-Mediationen hochkommen und zu „Kontra-Indikationen" werden. Es gibt immer Zeiten von größerer Betroffenheit für bestimmte Fragen und Probleme in der Mediation. Wenn aber auch Supervision oder ein zusätzlicher Co-Mediator keine Klärung zur Arbeitsfähigkeit bringen, sollten wir die Mediation abgeben. **534**

Wenn MediatorInnen in einer anderen Rolle mit der Familie oder einer Konfliktpartei befasst waren, scheidet Mediation aus: Das gilt im psychosozialen Bereich, wenn etwa Mediatoren bereits als Sachverständige oder Gutachter tätig waren oder sind und für die Rollen-Übergänge keine klaren Aufträge vorliegen. Dasselbe gilt für MitarbeiterInnen von Jugendämtern **535** und Beratungsstellen, die im Rahmen der §§ 17, 18 und § 50 KJHG Mediation anbieten. Hier müssen Vorkehrungen getroffen werden, dass andere Kollegen die Aufgaben im Rahmen des § 50 KJHG bei einem evtl. nachfolgenden Gerichtsverfahren übernehmen; dasselbe gilt analog für den umgekehrten Weg.

536 Auch psychosoziale Mediatoren, die ein Mitglied der Familie in Beratung oder Therapie hatten, sollten keine Mediation mit der Familie durchführen. Ob dies auch gilt, wenn beide Eltern oder z. B. bei Familientherapeuten die ganze Familie in Beratung oder Therapie bei diesem betreffenden Mediator war, wird kontrovers diskutiert. Wir neigen dazu, uns im Zweifelsfall für Klarheit und Rollentrennung zu entscheiden.

537 Dies sollte auch gelten, wenn ein oder beide Elternteile aus dem näheren Bekannten-, Freundes- oder Verwandtenkreis kommen. Nach diesen Prinzipien scheiden auch Mediatoren für eine Familie aus, die eine oder mehrere Personen aus dieser Familie vorher anwaltlich – auch in anderen Angelegenheiten – beraten oder vertreten haben. Dies gilt neben den Einschränkungen des Berufsrechts auch für gegenwärtige oder frühere Mitglieder oder Sozien einer Kanzlei.

5. Einbeziehung von Kindern und Jugendlichen

538 Viele MediatorInnen lehnen ab, bei nur eingeschränkter oder Kontra-Indikation, mit einer Familie zu arbeiten. Damit bleiben die Kinder und Jugendliche unbeteiligt. Viele Mediatoren wollen die Kinder schützen vor noch mehr Konflikten, ohne zu bedenken, dass sie ihnen damit auch eine neue Art, mit diesen umzugehen, vorenthalten.

539 In vielen dieser Familien, die nur eine eingeschränkte oder sogar eine Kontra-Indikation hatten, haben wir die Kinder und Jugendlichen mit in die Mediation einbezogen, wenn es die Eltern zuließen. Unsere Erfahrungen haben gezeigt, dass gerade diese für ihre spezielle Situation die besten Ideen und Optionen hatten. Manche entpuppten sich als regelrechte Experten und Lebenskünstler, wenn man ihnen Raum für ihre Vorschläge gab.

540 Die Weigerung der Eltern, ihre Kinder in die Mediation direkt einzubeziehen, ist für uns generell keine Kontra-Indikation – wir würden es dann mit der indirekten Einbeziehung versuchen und offen lassen, ob die Kinder und Jugendlichen vielleicht zu einem späteren Zeitpunkt doch noch mitgebracht werden.

6. Praxiserfahrungen

- Wir haben die Erfahrung gemacht, dass fast alle anderen Familienformen in den Bereich der positiven Indikation gehören. Wir denken, dass sie auf Mediation angewiesen sind, weil für sie normative Regelungen häufig nicht existieren oder die vorhandenen nicht greifen, so z. B.: 541
  - Ambivalenz-Familien
  - Kinderreiche Familien
  - Familien mit unterschiedlichen Lebensauffassungen, Weltanschauungen oder verschiedenen Ideologien
  - Aus mehreren Kernfamilien neu zusammengesetzte Familien
  - Familien mit einem gleichgeschlechtlich orientierten Elternteil
  - Nichteheliche Familien
  - Bi-nationale, bi-konfessionelle Familien
  - Familien mit behinderten Kindern oder behinderten Elternteilen
  - Familien mit mehreren erwachsenen Kinder in Ausbildungen
  - Familien, deren Mitglieder weit voneinander entfernt leben
  - Armutsfamilien, Asylfamilien, Flüchtlingsfamilien
- Wir sollten uns nicht abschrecken lassen von sehr „kärglichen" Mediationen, die vielleicht viele Anzeichen von Kontra-Indikation haben oder sich ganz eng an den vorhandenen Rechtsmaßstäben bewegen wollen. Für uns spräche das immer für eine eingeschränkte Indikation, die verwandelbar ist und die für eingeschränkte oder vorläufige Regelungen und Lösungen spricht. Nicht selten sind aus solchen Mediationen später dann doch Voll-Mediationen geworden – manchmal nach ihrem Gang zum Gericht oder wenn die Kinder und Jugendlichen in ihren Entwicklungen nach neuen Regelungen verlangten.
- Die Frage der Indikation wegen der verweigerten Beratungsanwälte sollten wir allerdings für uns genau prüfen, weniger unter dem Aspekt der Indikation als unter dem der eigenen Haftung.
- Insgesamt haben wir die Erfahrung gemacht – bei uns selbst und in Ausbildungs-Supervisionen –, dass die Frage der Indikation meist – durch Mediations-Supervision – auflösbar ist.

VII. Projektion und Kollusion

542 Projektion und Kollusion sind Erklärungsmodelle für psychische Mechanismen, die bei Konflikten zwischen Menschen, in diesem Fall bei Paaren und Familien (in Trennungen), ablaufen. In der Familien-Mediation sind sie für uns als Hintergrundwissen wichtig, da sie uns einerseits die Hypothesenbildung in unserer Arbeit erleichtern, andererseits die den ganzen Prozess durchgehende Arbeit mit Selbstbehauptung jedes einzelnen Konfliktpartners ermöglichen.

543 Das Wissen um diese Mechanismen ist alt – im Neuen Testament gibt es das Bild vom Splitter im Auge des anderen und vom Balken im eigenen Auge. Neuere Erklärungsversuche gibt es bei Freud, Paul, Willi u. a. Sie gehen davon aus, dass im Laufe der kindlichen Entwicklung Frustrationen – insbesondere in der Beziehung zu Mutter und Vater wie durch mangelnde Zärtlichkeit oder Abwesenheit – entstehen, die abgespaltet werden müssen, da sie sonst nur schwer zu ertragen wären. Diese Anteile bleiben abgewehrt, werden abgespaltet, wenn sie im Laufe des Erwachsenwerdens nicht wieder ins ICH integriert werden. Für diese früheren abgespaltenen Erfahrungen suchen wir uns eine Fläche, einen Parkplatz beim Partner, bei Familienangehörigen, bei Freunden oder in anderen Beziehungen. Hier können sie dann im Konfliktfall als „Enttäuschung" bekämpft werden. Die Chancen, sie als eigene Anteile bei uns zu integrieren, können dadurch nicht genutzt werden. So bleiben wir im Konflikt mit dem Partner gefangen, eine Trennung wird nicht möglich, und damit bleiben auch die notwendigen Veränderungsschritte aus.

544 Diese unbewussten Anteile können besonders in Familienstreitigkeiten auf die Kinder verlagert werden. In den Kindern bekämpfen wir nun nicht mehr unser eigenes „Erbe", sondern das des anderen Elternteils. Dies mag eine Erklärung dafür sein, mit welcher Heftigkeit Eltern sich in Familien-Mediationen gegenseitig Vorwürfe machen, den anderen Elternteil jeweils in Frage stellen und die Kinder vor ihm schützen wollen.

545 Gelingt es nicht, die eigenen Anteile zu sich zu holen, bleiben die Beteiligten in den Beziehungen und Ambivalenzen gefangen, was letztlich auch fatal für die Kinder und Jugendlichen ist. Die psychischen Mechanismen werden in die nächste Generation verlagert und die Kinder werden nicht frei, ihre eigenen Wege zu gehen, sich von ihrer Familie zu lösen und sich weiterzuentwickeln.

546 Eine Veränderung, Lockerung des ehelichen und elterlichen Projektionssystems wird letztlich erst dadurch möglich, dass jeder Partner die Aufmerksamkeit vom anderen Partner weg auf die eigene Person, den eigenen Anteil, verlagert.

547 In der Familien-Mediation geschieht dies, wenn jede Seite seine eigenen Themen, seine Interessen und Bedürfnisse, seine Ideen, seine Maßstäbe für Fairness und Gerechtigkeit und seine Verhandlungsangebote nennen darf. Die konsequente methodische Arbeit mit der Autonomie und Selbstbehauptung (Window I) im gesamten Prozess der Familien-Mediation hat genau die Wirkung, den Blick auf den eigenen Anteil werfen zu können.

VIII. Der systemische Ansatz in der Familien-Mediation

Für die Mediationsarbeit mit Familien brauchen wir als Mediatoren ein theoretisches Grundgerüst, mit dem wir arbeiten können, soll es nicht eine beliebige Arbeit sein. Wir haben es in der Familien-Mediation sowohl mit einzelnen Konfliktpartnern zu tun wie auch mit Systemen oder mit Subsystemen, so z. B. mit einem oder mehreren Elternsystemen und mit einem oder mehreren Kinder-Subsystemen. Dies gilt besonders bei Pflege- oder neu zusammengesetzten Familien, aber auch bei den meisten Trennungsfamilien. **548**

Wir haben bei John M. Haynes gelernt, die systemische Sichtweise von Familie, ihren Strukturen und ihren Veränderungsmöglichkeiten unserer Arbeit zu Grunde zu legen. Er selbst hat diese Möglichkeit für seine eigene Mediationsarbeit mit Familien früh erkannt und sich sein theoretisches und praktisches Handwerkszeug bei der so genannten „Mailänder Schule" und ihren Vertretern geholt. Wir haben von ihm besonders drei wichtige Thesen für die Mediationsarbeit mit Familien gelernt, übernommen und weiter entwickelt: **549**

- Das systemische Denken hilft uns zu verstehen, dass Familien sich ihre Wirklichkeit und ihre Konflikte selbst konstruieren. **550**
- Familien haben die Fähigkeit, sowohl ihre Kontinuität zu wahren als auch bei Veränderung oder Anpassungs-Notwendigkeiten neue Strukturen konstruieren zu können, wenn ihre systemischen Grenzen (z. B. die Generationengrenzen) fest genug und wenn sie innerhalb dieser Grenzen flexibel genug sind.
- Wenn Familien auf Konflikte und Veränderungsnotwendigkeiten mit Starrheit (Homöostase) reagieren, können mit systemischen Techniken Veränderungen angestoßen werden, so dass neue Ausrichtungen und Strukturen möglich werden.

An diesen Thesen kann man erkennen, dass für die Mediationsarbeit mit Familien, besonders auch für die Einbeziehung von Kindern und Jugendlichen, systemtheoretische Kenntnisse förderlich sind. Wir können gut damit arbeiten, dass jedes Familien-Mitglied Teil eines oder mehrerer Systeme oder Subsysteme ist. Auch die Sicherheit, dass jedes dieser Systeme Selbstheilungskräfte und die Fähigkeit zur Selbstregulation hat, gibt uns die Grundlage für unseren Arbeitsansatz, mit Autonomie und Selbstbehauptung der einzelnen Konfliktpartner, aber auch der verschiedenen Systeme zu arbeiten. **551**

Viele der in diesem Buch beschriebenen Methoden und Techniken kommen aus der systemischen Arbeit und sind kreative und mächtige Interventions- und Gestaltungstechniken für die Familien-Mediation, so z. B. die Arbeit mit Brainstorming und Optionen, mit Bildern und Metaphern, mit zirkulären und reflektiven Fragen. **552**

Für uns ergeben sich aus dem systemtheoretischen Ansatz und Ursprung der Mediation speziell für die Familien-Mediation drei Folgerungen:

553 • Die Familien-Mediation, insbesondere die Trennungs- und Scheidungs-Mediation, ist Mediation mit verschiedenen Systemen, insbesondere bei Einbeziehung der Kinder und Jugendlichen. In der Scheidungs-Mediation, aber auch in anderen Familien-Mediationen, geht es meist um mehrere sich neu bildende und sich neu organisierende Systeme. Für diese neuen Systeme gilt das oben allgemein zu Systemen Gesagte, nämlich die Grundannahme der Fähigkeit zu Autonomie und Selbstregulation. Das bedeutet für unsere Arbeit in der Familien-Mediation, dass wir mit viel Gewissheit auf diese Ressourcen hinarbeiten können und nicht so sehr auf die Probleme starren müssen. Wenn die Systeme sich nicht verändern oder neu organisieren können, bleibt ihnen immer der Weg ins therapeutische und/oder ins juristische System.

554 • Neben dieser grundsätzlichen systemischen Einstellung brauchen wir für die Arbeit mit Kindern und Jugendlichen besonders die Fähigkeit, innerhalb des großen Systems Familie mit einem oder mehreren Subsystemen arbeiten zu können, ohne dabei unsere Neutralität den Eltern bzw. den anderen Erwachsenen gegenüber zu verlieren. In Mediationen mit neu zusammengesetzten Familien oder mit Pflegefamilien kann das z. B. bedeuten, dass wir mit zwei oder drei Erwachsenen-Systemen und zwei oder drei Kinder-Systemen arbeiten. Vielleicht brauchen wir dann besonders für die Kinder-Subsysteme Unterstützung durch einen Co-Mediator, damit wir nicht in die Falle tappen, ausschließlich Anwälte der Kinder-Systeme oder auch ausschließlich Anwälte des oder der Eltern-Systeme zu sein. Dazu brauchen wir Erfahrungen und Kenntnisse, dass wir auch Kindern und Jugendlichen zutrauen können, z. B. in zwei oder drei Systemen leben zu können.

555 • Wir sind als Familien-Mediatoren systemische Arbeiter mit Katalysatoren-Funktion. Das heißt, wir sind keine „Helfer" oder „Berater", sondern Initiatoren für neue Regelungsprozesse. Das heißt, wir müssen uns Gedanken machen und Hypothesen bilden über das Funktionieren und die Ressourcen der beteiligten Systeme, aber auch über deren Optionen und Veränderungsmöglichkeiten. Wir sollten so viel und so gutes Handwerkszeug haben, diese Veränderungsprozesse in Gang setzen zu können, dass wir nie in die Gefahr kommen müssen, Medianden und den Familiensystemen helfen oder sie beraten zu wollen.

Teil 7
Die Person der Mediatorin und des Mediators

I. Körperhaltung

Zu unserer inneren Haltung der ausbalancierten Neutralität als Mediatoren gehört auch eine entsprechende Körperhaltung. Unsere äußere Haltung ist ein Ausdruck der inneren und wird von den Medianden seismographisch genau registriert, besonders in Hinblick auf Ausgewogenheit und Neutralität. **556**

Vor allem unsere Augen, unsere Hände und Beine, aber auch unsere gesamte Körperhaltung drücken die innere Balance aus, mit der wir arbeiten wollen und die Medianden von uns erwarten. Wer von seinem Herkunftsberuf mehr die Arbeit mit einer Person oder Partei gewöhnt ist, dem fällt die Arbeit mit zwei Personen oft schwerer; denjenigen, die sonst mit Paaren arbeiten, fällt vielleicht die Arbeit mit Mehrparteien schwer. Bei Gruppen-Mediationen – in der Familien-Mediation eher selten, außer vielleicht in großen Erb-Mediationen – müssen wir alle dazulernen, ausgewogene Balance oder „positive Parteilichkeit" herzustellen, wie G. Friedman und J. Himmelstein diese Haltung nennen. **557**

Beginnen wir mit unserer inneren Ausgewogenheit und Gelassenheit. Hier hat wahrscheinlich jeder andere Möglichkeiten, diese auch in Stress- oder Konfliktsituationen zu halten. Uns scheint besonders hilfreich, Gelassenheit über die Atmung herzustellen. Bei Anspannung und Konflikten – in Mediationen ja nicht gerade selten – ist es förderlich, z. B. Atmungsanweisungen aus dem Joga zu beachten: Bei Stress mehrmals langsam und tief ausatmen. Das verschafft Ruhe und Gelassenheit, die sich auch auf streitende oder gereizte Medianden übertragen wird. Manchmal hilft es zusätzlich, sich vor dem inneren Auge ein Bild für die eigene Balance vorzustellen, z. B.: in der Mitte einer Wippe zu stehen oder so viele Seile in den Händen zu halten, wie wir Medianden vor uns haben. **558**

Wichtig ist auch, dass wir bei der Mediationsarbeit beide Füße am Boden haben, fest auf beiden Seiten sitzen und unseren Rücken an der Lehne spüren. Es lohnt sich, bei Beginn jeder Mediations-Sitzung diese „Körperhaltung der Neutralität" und den möglichst gleich weiten Abstand zu allen Medianden zu überprüfen – bei ungerader Anzahl von Medianden ist das immer ein Problem, wenn wir ohne Tisch arbeiten. Auch die Prüfung der für uns stimmigen Nähe bzw. Distanz zu allen sollten wir uns gönnen. **559**

Beachtenswert scheint uns der Augenkontakt zu beiden bzw. bei Mehrparteien-Mediation zu allen Konfliktpartnern. Es bedarf einer gewissen Übung, mit einem Konfliktpartner zu arbeiten und mit dem oder den anderen Blickkontakt zu halten. Von Medianden wird dieser allparteiliche Blickkontakt **560** wohltuend und unterstützend und sein Fehlen als Störung und einseitige Parteilichkeit empfunden. Bei sehr großen Familien-Mediationen oder bei Einbeziehung von sehr vielen Kindern kann das z. B. eine Indikation für eine Co-Mediation sein, weil wir als Einzel-Mediatoren einfach nicht alle Beteiligten „im Blick" behalten können.

561 Besonders wenn wir keinen „schützenden" Tisch zwischen uns und den Medianden haben, wird oft die – übliche – parteiliche Körperhaltung der übergeschlagenen Beine deutlich, die sowohl Aggression wie einseitige Sympathie ausdrücken kann. Wenn wir schon nicht auf diese Körperhaltung verzichten können, sollten wir sie wenigstens wahrnehmen und gezielt einsetzen, das heißt unsere Körperhaltung der jeweiligen Konfliktpartei zuwenden, mit der wir gerade arbeiten.

562 Unsere Arme und Hände sind oft ein Problem. Wir helfen uns damit, einen Stift in den Händen zu behalten, einerseits, um uns auch selbst an etwas festhalten zu können, andererseits um zu zeigen, wer hier in der Mediation „den Stift in der Hand hat". Bei Co-Mediationen geben wir meist ganz bewusst diesen Stift an unsere „Co" weiter, wenn sie übernehmen soll, um unser Einverständnis zu demonstrieren und um zu zeigen, wer jetzt gerade „den Stift in der Hand hat".

563 An manchen Stellen der Mediation ist es für uns und die Medianden gut, aufzustehen und sozusagen „Bewegung in die Sitzung" zu bringen. Wenn wir mit der Flipchart arbeiten, stellen wir uns manchmal hinter den Konfliktpartner, den wir gerade besonders unterstützen oder konfrontieren und wechseln dann zu dem, mit dem wir weiterarbeiten. Außerdem verschafft uns dieser Abstand einen besseren Überblick über die Resultate an der Flipchart. Die Abwechslung und der Ausgleich von Konzentration und Bewegung entsprechen der Dynamik einer Mediation, sie können – behutsam und an der richtigen Stelle eingesetzt – unterstützend sein, wenn sie denn der „positiven Parteilichkeit" und der „ausbalancierten Neutralität" entsprechen.

2. Praxisanregung

564 Wir sollten uns als Familien-Mediatoren von Zeit zu Zeit gönnen, in einer Mediations-Sitzung oder auch in einem Rollenspiel mit KollegInnen ein Video mitlaufen zu lassen, um unsere Körperhaltung und ihre geheimen Botschaften überprüfen und gegebenenfalls verändern zu können.

II. Co-Mediation

1. Theoretische Vorbemerkung

Unter Co-Arbeit in der Familien-Mediation wird im Allgemeinen die gemischtgeschlechtliche oder interdisziplinär gemischte Zusammenarbeit von zwei fachlichen Leitern bzw. Leiterinnen einer Mediation verstanden. Die interdisziplinäre Co-Arbeit wird zur Zeit meist verstanden als Zusammenarbeit von psychosozialen und juristischen Mediatoren, ist aber auch denkbar als Co-Arbeit mit anderen Professionen, z. B. mit Lehrern oder Medizinern. **565**

Die Zusammenarbeit von zwei Frauen oder zwei Männern wird von Familien-Mediatoren kontrovers beurteilt, wäre aber im erweiterten Verständnis der Familien-Mediation vorstellbar, in der es nicht ausschließlich um Paar-Mediation geht. In der Paar-Mediation ist die Neutralität und Balance durch zwei Frauen oder zwei Männer oft gefährdet. **566**

Prozessformen dieser Zusammenarbeit gibt es in verschiedenen Variationen: **567**

- Durchgängige Co-Arbeit durch die gesamte Mediation
- Sukzessive Co-Arbeit, d. h. Hinzukommen eines Co-Mediators für bestimmte Bereiche
- Punktuelle Co-Arbeit

Für den Einsatz von Co-Mediation gibt es eine Reihe von Indikationen: **568**

- Sehr große Familien
- Unterschiedliche Altersgruppen der Kinder (z. B. Jugendliche aus einer ersten Ehe und kleine Kinder etwa aus einer zweiten Ehe)
- Zusammengesetzte Familien mit mehreren Kernfamiliensystemen
- Familien mit verschiedenen Kulturen, Religionen, Ideologien etc.
- Formen von Befangenheit oder andere Formen von nicht gewährleisteter Neutralität der Mediatoren
- Paare bzw. Familien mit hoher Emotionalität
- Phasenungleichheit der Partner (z. B. in Trennungs- und Scheidungs-Mediationen)
- Ungleichheit in der Selbstbehauptung der Konfliktpartner oder andere Arten von Machtgefälle

2. Methodik

Methodisch gibt es mehrere Variationsmöglichkeiten in der Co-Mediation: **569**

- Parallel-Unterstützung bzw. -Konfrontation der Konfliktpartner nach verschiedenen Aspekten. Im Allgemeinen unterstützt dann in einer

Zweier-Mediation der Mediator den oder die männlichen Medianden und die Mediatorin die weibliche(n) Mediandin(nen)

- Überkreuz-Unterstützung bzw. -Konfrontation der Konfliktpartner nach verschiedenen Aspekten (d. h. Frauen werden vom Mediator unterstützt, Männer von der Mediatorin)

  Diese Unterstützung kann durchgängig oder abschnittsweise in der Mediation gehandhabt werden.

570
- Eine(r) arbeitet, der oder die andere beobachtet, das nächste Mal z. B. umgekehrt
- Eine(r) arbeitet, der oder die andere macht z. B. alle Visualisierungen

Die Zusammenarbeit wird mit oder ohne Absprache kreativ gehandhabt.

571 Denkbar für die unterschiedliche Zusammenarbeit könnten auch inhaltliche oder systemische Aspekte in der Mediation sein:

- Einer unterstützt die Eltern – der oder die andere die Kinder
- Einer unterstützt die Paar-Ebene – der oder die andere die Eltern-Ebene
- Einer unterstützt z. B. die Trennung – der oder die andere die Bindung bzw. Fortführung der Ehe (oder andere unterschiedliche Paar-Aspekte)
- Einer arbeitet mehr am Prozess – der oder die andere achtet mehr auf die Inhalte
- Beide wechseln sich in den verschiedenen Stufen und methodischen Schritten nacheinander ab

572 Wichtig ist unserer Erfahrung nach, den Einsatz von Co-Mediation gut zu planen und diesen Einsatz auch ggf. mit den Konfliktparteien zu mediieren. Bei eigener Befangenheit oder eigenen Fallen (z. B. ähnliches Beziehungs- oder Trennungsgeschehen, zu nahe Beziehung zu den Kindern in der Familie, persönliche Konflikte mit zu großem Reichtum oder zu großer Armut bzw. ähnliche Fallen) wird man dieses Mediieren unter Hinweis auf die gefährdete Neutralität erklären.

3. Praxiserfahrungen

Unserer Erfahrung nach gibt es eine Reihe positiver Aspekte der Co-Mediation: 573

- Mehr Lebendigkeit und Dynamik in den Mediationen
- Mehr Möglichkeiten für positives Feedback und für fachliche Kritik
- Mehr Erholungsmöglichkeiten – weniger Anstrengung
- Mehr Balance und Neutralität, der einzelne Mediator kann sich selbst weiter exponieren
- Mehr Erweiterung der Perspektiven, Optionen und Lernmöglichkeiten für die Mediananden
- Bei interdisziplinärer Co-Arbeit kommen andere wichtige sachliche Aspekte in der Mediation mehr zur Geltung (z. B. das Recht, die Pädagogik etc.)
- Durch die gegenseitige Kontrolle entsteht nicht so schnell „Routine"
- Co-Mediatoren als Konfliktmodell für das Paar oder die Familien
- Gemeinsame Supervision bei Konflikten

Allerdings kann es auch Schwierigkeiten in der Co-Arbeit geben, für die Absprachen notwendig sind:

- Häufigere Terminprobleme
- Mehrkosten für die Medianden
- Erhöhter Zeitaufwand für die Mediatoren durch notwendige Vor- und Nachbesprechungen
- Evtl. Balance-Schwierigkeiten und Rivalitäts-Probleme
- Die Mediationen können zäher und langsamer werden
- Bei ungleicher Ausbildung oder Mediationserfahrung kann Co-Arbeit anstrengend sein

III. Praxisbegleitung und Mediations-Supervision

1. Theoretische Vorbemerkung

574 Mediatoren aus dem psychosozialen Bereich kennen die Notwendigkeit von Praxisbegleitung bzw. Supervision für ihre Arbeit. Inzwischen fordern fast alle Ausbildungsinstitute für Familien-Mediation wenigstens während der Ausbildungen 30 Stunden begleitende Supervision. Für die Praxis danach gibt es allerdings bisher kaum Standards oder festgelegte Forderungen.

575 Dabei klagen viele Familien-MediatorInnen sowohl im Bereich von Trennungs- und Scheidungs-Mediation wie auch in den Bereichen der erweiterten Familien-Mediation über Probleme mit dem Akquirieren von Fällen, über drohende oder vollzogene Abbrüche und über inhaltliche und methodische Schwierigkeiten mit ihren Fällen. Dies trifft insbesondere für die bisher noch nicht so geläufigen Felder der Familien-Mediation wie z. B. der Erb-Mediation, der Pflegefamilien-Mediation, der Wirtschafts-Mediation im Bereich der Familie etc. zu.

576 Normale und besondere Konstellationen in der Familien-Mediation verlangen nach systematischer Praxisreflexion oder Supervision, wie z. B. bei der Frage des Macht-Ungleichgewichts, bei schwierigen Finanzierungen, bei heftigen Erziehungskonflikten etc. Auch wenn eine Familien-Mediation zu einer Mehrparteien- oder Mehrgenerationen-Mediation wird, brauchen Mediatoren oft Hilfe, auch für die Einbeziehung anderer Fachleute oder für die Frage der Settings oder der Co-Mediation. Ebenso brauchen Familien-Mediationen, die z. B. von Familien- und Oberlandesgerichten zur Mediation überwiesen werden, Reflexion und Unterstützung durch Kollegen oder Supervisoren.

577 Bei vielen komplizierten Familien-Mediationen handelt es sich zudem um so genannte „Misch-Mediationen", die oft als solche nicht sofort zu erkennen sind und ohne Reflexion und Unterstützung häufig zu Abbrüchen führen. Eine Misch-Mediation ist z. B. bei einer Trennungs- und Scheidungs-Mediation eine Mischung aus Mehrgenerationen- und Erb-Mediation oder bei einer Ehe- oder Ambivalenz-Mediation eine Mischung aus Familien- und Wirtschafts-Mediation, die auch dementsprechend mediiert werden muss.

578 Dazu kommen gerade in der Familien-Mediation häufig biographische oder berufliche „Fallen" oder Rollenkonflikte, die mit den Herkunftsberufen der MediatorInnen und den verschiedenen Rollen und Aufträgen zu tun haben. Auch die Einbeziehung von Kindern und Jugendlichen in die verschiedenen Typen von Familien-Mediationen verlangt häufig nach Unterstützung, Erfahrungsaustausch und begleitender Supervision.

2. Methodik

579 Die Erfahrung mit den traditionellen Formen von Supervision von Fällen aus der Familien-Mediation – meist systemische, psychoanalytische oder Gestalt-Supervision – haben gezeigt, dass diese nur begrenzt hilfreich sind. Von daher war es sinnvoll, diese traditionellen Supervisionsformen auf ihre

Tauglichkeit für die Familien-Mediation zu überprüfen, geeignete Elemente zu übernehmen und eine eigene „mediationsanaloge“ Supervision zu entwickeln und zu praktizieren.

Diese Analogie bezieht sich vor allem auf die Supervisions-Arbeit analog den Prozessstufen, der Methodik und den Techniken der Mediation. In der mediationsanalogen Supervision wird außerdem stärker mit Ressourcen- und Zukunftsorientierung statt mit Problem- und Vergangenheits-Aufarbeitung, mit Optionalität und mit Fairnesskontrolle gearbeitet. **580**

Die analogen Prozessschritte in der Mediations-Supervision ergeben sich aus dem inhaltlichen Bauplan der Mediation und laufen ähnlich ab wie in einer Familien-Mediation selbst. Für die Supervisanden am hilfreichsten sind die Entwicklung von Arbeitsannahmen bzw. Hypothesen für die verschiedenen Bereiche ihres Falles, die Entwicklung von Handlungsalternativen bzw. Optionen sowie die Entwicklung von Fairnesskontrolle für ihren Fall. **581**

Gearbeitet wird mit Supervisionsformen wie Rollenspiel- oder Skulpturarbeit, mit Assoziations- und Bilderarbeit sowie mit besonderen Visualisierungsformen wie z. B. Genogrammen und Wertebildern. So können sich Supervisanden in einer Supervisions- oder Intervisionsgruppe besser vorbereiten auf die Problemstellungen in einer Familien-Mediation, besonders auch bei den Problemstellungen bei Einbeziehung von Kindern und Jugendlichen. **582**

3. Praxiserfahrungen

Die Erfahrungen mit Familien-Mediationen, in denen Kinder und Jugendliche einbezogen werden, zeigen, dass regelmäßige Praxisbegleitung dringend notwendig ist, um die Energie und die Lust nicht zu verlieren, in diesem effektiven aber auch schwierigen Setting der Mediation zu arbeiten. Ob diese Praxisbegleitung dann in Form von Gruppensupervision, von Intervision, von Co-Vision oder von Tutorenbegleitung geschieht, ist eher eine Frage der Gelegenheiten. **583**

Zu Supervisionen/Praxistagen sowie zur Ausbildung in mediationsanaloger Supervision siehe www.mediatio.de oder www.mediationswerkstatt-muenster.de

Teil 8
Praxisfragen

I. Vorbemerkung

Im Folgenden geben wir Hinweise und Anregungen für die tägliche Praxis der Mediation, die aus unserer eigenen Erfahrung und unserem Austausch mit anderen MediatorInnen stammen. Sie sollen denjenigen helfen, die beginnen, ihre eigene Mediationspraxis aufzubauen. Den erfahrenen PraktikerInnen mögen sie dazu dienen, die eigene Arbeitsweise zu überdenken. Vielleicht wollen sie das eine oder andere übernehmen oder zumindest einmal ausprobieren. **584**

Wichtig ist uns, dass es nur Anregungen sind, es also nicht darum geht, dass man etwas so machen „muss". Vielmehr möchten wir dazu ermutigen, auch hier optional zu bleiben, das heißt, immer wieder etwas zu verändern, Neues auszuprobieren, mit anderen im Dialog zu bleiben, um so langfristig den eigenen Stil zu entwickeln, der zu einem passt bzw. zu erkennen, dass auch die unterschiedlichen Mediationsformen und -felder auch differenzierte Handhabungen erfordern. **585**

So wird eine Familien-Mediation in einer Beratungsstelle oder in einem Jugendamt von den praktischen Rahmenbedingungen anders aussehen als die in einer freien Praxis eines Psychologen oder einer Rechtsanwältin. So kann es in einem Fall vorrangig darum gehen, einen Raum zu finden, in dem nur Mediationen stattfinden oder der zumindest für Mediationen ordentlich aufgeräumt wird, während MediatorInnen in freier Praxis ihren eigenen Geschmack und viel Geld in die Einrichtung ihres Mediationsraumes investieren können, wenn es ihnen wichtig ist. Wir hoffen, dass alle Berufsgruppen von unseren Praxisanregungen profitieren können. **586**

Die praktischen Fragen spielen natürlich auch eine unterschiedliche Rolle, je nachdem, ob jemand sich entschieden hat, zukünftig von der Mediation – zumindest teilweise – zu leben, oder ob er/sie nebenbei, eher versuchsweise anbietet. Je mehr die Wahl für das Erstere getroffen wurde, umso weniger wird jemand Kompromisse hinnehmen, z. B. bei der Gestaltung des Raumes. Gleichzeitig sollte man die Wirkung des Umfeldes für das Gelingen der Mediation nicht unterschätzen. Wer also Mediation in einem wenig dafür geeigneten oder hergerichteten Umfeld anbietet, darf sich nicht wundern, wenn weniger gelingt. **587**

Wer allerdings ganz am Anfang steht und den Aufwand und die Kosten scheut, gleich eigene Räume anzumieten und zu gestalten, sollte versuchen, evtl. die Räume in einer bereits bestehenden Mediationspraxis mit zu benutzen oder sich mit anderen zusammenzuschließen. Das bietet mehr Möglichkeiten für eine optionale Gestaltung der Praxis als eine Einzelpraxis, die ohnedies eher die Ausnahme sein sollte. **588**

589 Was die Werbung und das Marketing (siehe unten Rn. 635 ff.), aber auch die tägliche Mediationspraxis angeht, wird sich jeder einzelne Mediator fragen müssen, ob er Mediation als Dienstleistung versteht, was andere Anstrengungen bedeutet als wenn es nur ein zusätzliches Angebot an diejenigen ist, die ohnehin kommen (z. B. bei Beratungsstellen). Zu klären ist auch, wie weit der Einfluss der Herkunftsprofession geht, ob die psychotherapeutische Mediatorin in ihrer Zurückhaltung und Abstinenz bleibt oder der anwaltliche Mediator sich hauptsächlich an den Regeln seines Berufsrechts orientiert.

II. Räume und Materialien

Viele Mediatoren haben eigene Räume für ihre Familien-Mediationen eingerichtet, weil die Räume ihrer sonstigen beruflichen Praxis oft nicht den Ansprüchen einer Familien-Mediation – u. U. mit Kindern und Jugendlichen, evtl. mit Spielzeug für Kinder, mit vielen großen Papieren an den Wänden etc.– entsprachen. Wir arbeiten meist mit beweglichem Mobiliar, das heißt mit leicht beweglichen Stühlen (keine Sessel, kein Sofa) und mit einer Flipchart. Wenn wir volle Mediationen mit allen finanziellen Regelungen machen, brauchen wir oft auch mindestens zwei Flipcharts oder Pinwände. **590**

Die Arbeitspapiere von den Flipcharts befestigen wir dann mit Magnetknöpfen auf langen Metallbändern an den möglichst von Bildern freien Wänden. Wir benutzen große farbige Filzstifte und manchmal zur besseren Visualisierung zusätzlich farbige bunte Klebeblätter. Zum Aufbewahren der Arbeitsbögen rollen wir sie entweder und stellen sie pro Fall gerollt in eine Kiste oder wir falten sie zusammen und legen sie auch pro Fall in ein Regal. Man muss sich aus Datenschutzgründen einiges einfallen lassen zu diesen Arbeitsbögen. **591**

Ideal für die Mediationsarbeit ist eine Digital-Kamera, weil dann nach jeder Sitzung die Medianden gleichsam als Protokolle die Arbeitspapiere mit nach Hause nehmen können. Ansonsten müssten wir ihnen die Gelegenheit geben, dass sie sie abschreiben können; jedenfalls geben wir die Arbeitsbögen nie aus der Hand: Es sind ja auch unsere Protokolle und unsere Materialien zum Weiterarbeiten. **592**

Wir arbeiten auch gern am großen runden oder ovalen Tisch, weil viele Leute in den Familien-Mediationen Platz brauchen für ihre Papiere und Unterlagen. Uns scheint wichtig, dass Bücher, gutes Spielzeug und Schreib- bzw. Malsachen vorhanden sind, damit Kinder und auch Jugendliche sich in den Mediationen zurückziehen können, wenn sie das brauchen. Wir finden gut, dass die Tische entweder zusammenklappbar sind oder der Raum so groß ist, dass eine Familie auch im Halbkreis sitzen kann. Es empfiehlt sich auch, mehr Stühle zur Verfügung zu haben als Personen anwesend sein werden; oft stellt sich in einer Mediation heraus, wer eigentlich noch alles dazugehört – dann ist es gut, einstweilen die leeren Stühle dazuzustellen. **593**

Viele Familien-Mediatoren bieten Tee, Kaffee oder Wasser an und für die Kinder Limo. Mit Rauchen gehen sie verschieden um – wir bevorzugen auch wegen der Kinder Nichtraucherzonen für die Familien-Mediation. **594**

III. Setting

595 Das Setting in den Familien-Mediationen hängt eng zusammen mit der Raumfrage. In einer Familien-Mediation können leicht einmal 6–10 Personen anwesend sein, d. h. die Einbeziehung von anderen Beteiligten oder der Kinder und Jugendlichen darf sich nicht an unserem begrenzten Raum entscheiden.

596 Wir bevorzugen eine Sitzordnung sowohl im Halbkreis wie auch am Tisch, bei der wir als Mediatoren – in der Einzel- und auch in der Co-Arbeit – den Eltern oder der Familie gegenübersitzen, so dass wir immer alle im Blick haben können. Wir sollten aus Gründen der Neutralität darauf achten, dass alle Teilnehmer einer Mediation gleich weit von uns entfernt und möglichst auch gleich weit entfernt von der Flipchart sitzen.

597 Eine wichtige Settingfrage für die Familien-Mediation ist die Sitzordnung, wenn Kinder und Jugendliche oder auch andere Bezugs- oder Bertreuungspersonen einbezogen werden. Wir würden immer eine „systemische" Anordnung bevorzugen, d. h. die Gruppierungen bzw. Sub-Systeme so setzen, dass sie sich unterstützen können, also z. B. die Eltern zusammen, die Kinder zusammen, die Betreuungspersonen zusammen bzw. den jeweiligen Kindern und Jugendlichen zugeordnet.

598 Wenn andere Unterstützungspersonen, z. B. Dolmetscher oder psychische Unterstützer, oder auch die dazugehörigen (Beratungs-)Anwälte anwesend sein sollen, so bevorzugen wir Sitzordnungen, die den Hauptbeteiligten in der Mediation die Chance geben, sich während einer Mediation umzudrehen und beraten bzw. unterstützt zu werden oder Übersetzungen zu bekommen. So z. B. sitzen diese Hilfspersonen hinter den jeweiligen Hauptbeteiligten.

599 Gute Erfahrung haben wir als Mediatoren auch damit gemacht, selbst öfter einmal aufzustehen und herumzugehen, uns z. B. hinter die Mediganden zu stellen und die Flipchart einmal von weitem und aus dem gleichen Blickwinkel wie die Medianden zu sehen. Manchmal bringt diese Veränderung des Settings im wahrsten Sinn des Wortes „Bewegung" in die Mediation.

600 Auch Pausen und frische Luft während einer Mediation können nützliche Setting-Veränderungen sein. Dies würden wir allerdings immer mediieren, ob solche Veränderungen wirklich von allen gewollt werden.

IV. Vorlaufphase

1. Erstkontakt

Beim ersten Kontakt, also zumeist am Telefon, entscheidet sich, ob überhaupt eine Mediation zustande kommt. Deshalb bereiten wir diese Phase genauso sorgfältig und überlegt vor wie jede Mediationssitzung. Wer über mangelnde Fälle klagt, mag vielleicht überprüfen, wie freundlich und einladend er diesen Teil gestaltet. Abschreckend sind anonyme Anrufbeantworter (zumindest wenn sie nicht einmal angeben, wann der Mediator persönlich erreichbar ist), unfreundliche und uninformierte SekretärInnen („Mediation, was ist denn das?") oder MediatorInnen, die sich nicht sicher sind, ob sie wirklich einen Fall haben wollen. **601**

Der erste Kontakt kann sich auch aus informellen Informationsveranstaltungen oder aus einer ursprünglich als Beratungsgespräch konzipierten Begegnung entwickeln. In allen Fällen beachten wir die Grundsätze der Mediation, insbesondere die Neutralität des Mediators. Viele Mediatoren scheuen deswegen den Kontakt mit einer Partei vor der ersten Mediationssitzung, weil sie befürchten, bereits durch die gehörte „Story" des einen befangen zu sein. Das geht dann allerdings auf Kosten des direkten Kontakts, der für viele InteressentInnen in der Entscheidungsphase, ob sie eine Mediation beginnen wollen, wichtig ist. Viele möchten vor der ersten Sitzung zumindest die Stimme des Mediators kennen oder einige Fragen direkt beantwortet erhalten haben. Nur so haben sie das nötige Vertrauen, um in die erste Sitzung zu kommen. **602**

Für uns ist denkbar, den ersten Kontakt über Dritte, also nicht den Mediator, laufen zu lassen, wenn diese gut geschult sind und wirklich alle nötigen Informationen geben können. Dies geht umso einfacher, wenn man ohnehin vor der ersten Sitzung Informationsmaterial verschickt (dazu unten Rn. 617). Wir haben bessere Erfahrungen damit gemacht, wenn wir als Mediatoren vor der ersten Sitzung mit beiden bzw. allen Parteien einen kurzen Kontakt hatten. Auf Grund unserer Kenntnisse können wir die Fragen der InteressentInnen gut und präzise beantworten. Dies hilft ihnen herauszufinden, ob Mediation für sie das Richtige ist, sie bekommen Argumente, wie sie den oder die andere/n für Mediation interessieren können und können ihre Unsicherheit abbauen. Nicht zuletzt gewinnen wir sie mit unserer eigenen Überzeugung, dass Mediation wirklich eine gute Methode ist. **603**

Wir als Mediatoren erhalten in diesem ersten Kontakt wichtige Informationen über das Paar, die Familie, können erste Hypothesen entwickeln und gleich entscheiden, welche Personen zum ersten Gespräch kommen sollen (wichtig bei Mehrparteien-Mediationen). Das kann erheblich sein für die Auswahl und Gestaltung des Mediationsraumes oder die Entscheidung, von Anfang an einen Co-Mediator hinzuzuziehen. Dafür kann man sich sofort entscheiden, wenn einem beim ersten Telefonat etwas schwierig erscheint, man die Gefahr einer „Falle" merkt oder jemand sogar etwas unsympathisch klingt. **604**

605 Wichtig ist: Wer anruft oder sonst Kontakt aufnimmt, ist schon interessiert und deshalb schon halb gewonnen. Er oder sie wird in die Mediation kommen, wenn der Mediator gute und präzise Antworten auf die Fragen hat und neutral bleibt. Je klarer die Antworten sind, desto mehr kann er/sie Vertrauen erwecken, und die Mediation wird zustande kommen. Auf folgende Fragen sollten MediatorInnen sich gute Antworten überlegen – es sind die am häufigsten gestellten:

606 • **Was ist Mediation?**

Hier erklären wir Mediation in maximal drei kurzen, gut verständlichen Sätzen, bleiben dabei aber auch hier optional, haben also mehrere Varianten parat, je nach persönlichem Hintergrund des Fragers ist eine andere Antwort gefragt.

607 • **Was kostet die Mediation?**

Wir geben die Preisgestaltung und -struktur (siehe unten Rn. 626 ff.) genau und präzise an. Wer hier vage ist, wird keine Mediation zustande bekommen. An dieser Stelle weisen wir ggf. auch darauf hin, dass die Mediation nach oder vor jeder Sitzung sofort zu zahlen ist.

608 • **Wie lange dauert die Mediation?**

Genaue Vorhersagen können wir nicht geben, bei einer Trennungs- und Scheidungs-Mediation liegt der Durchschnitt bei vier bis acht Sitzungen (bzw. den eigenen Erfahrungswert angeben), und im Übrigen bestimmen die Parteien, wie oft sie kommen. In manchen Beratungsstellen oder wenn die Mediationskosten übernommen werden (Prozesskostenhilfe, Rechtsschutzversicherung, Jugend- oder Sozialamt), wird zunächst nur eine bestimmte Zahl von Sitzungen bewilligt.

609 • **Was kommt bei der Mediation heraus? Ist die Vereinbarung verbindlich? Hat sie rechtlich Bestand?**

Hier kann notwendig sein, die erforderlichen Informationen, die eigentlich ins Erstgespräch gehören, in einer Kurzfassung vorab zu geben.

610 • **Welche Ausbildung haben Sie als Mediator, welche Erfahrungen mit Familien-Mediation?**

Die reine Wahrheit ist hier angebracht – auch Anfängersein ist eine Ressource, da dies meist einhergeht mit sorgfältiger Vorbereitung, großem Engagement und der Begleitung durch Supervision und die Intervisionsgruppe!

611 • **Wie arbeiten Sie? Allein, in Co-Mediation oder im Team?**

Am besten ist natürlich, wenn der Mediator alle Möglichkeiten anbietet und mit den Interessenten erörtern kann, was sie wünschen bzw. für sie am besten geeignet wäre.

- **Wie schnell bekomme ich einen Termin?** 612

  Wir empfehlen, einen Termin für ein Erstgespräch innerhalb einer Woche anzubieten, danach kann ein längerer Zeitraum liegen. Wer in aktuellen Konflikten lebt, kann oft nicht länger warten. Insofern hilft es, sich immer ein bis zwei Termine für dringliche Anfragen im Kalender freizuhalten. Allerdings lässt sich auch die Dringlichkeit am Telefon vorsichtig hinterfragen. Wer sehr überlaufen ist, arbeitet mit einer Warteliste.

  Für Familien-Mediationen kommen hauptsächlich Nachmittags- und Abendtermine in Betracht, die die Parteien nach der Arbeit wahrnehmen können. Allerdings warnen wir vor zu späten Terminen (nach 18.30 Uhr) – die meisten Leute, einschließlich Mediatoren, sind zu erschöpft, um noch fruchtbar arbeiten zu können. Für Mehrparteien-Mediationen sind Mediationsblöcke am Freitagnachmittag oder Samstag bevorzugt, damit auch entfernt Wohnende teilnehmen können. 613

- **Wie kann ich meine/n PartnerIn bzw. die anderen Familienmitglieder für die Mediation gewinnen?** 614

  Meist brauchen die Frager noch einige gute Argumente, die ihnen der Mediator geben kann. Sie möchten darin bestärkt werden, dass Mediation in ihrem Fall hilfreich sein kann. Der Mediator kann auch nach Alternativen zur Mediation fragen bzw. erörtern, welches Risiko jemand eingeht, wenn er oder sie an einer Probesitzung teilnimmt. Der Mediator kann auch anbieten, die anderen/n Parteien seinerseits anrufen, um ihnen Mediation vorzuschlagen. Das erfordert allerdings sehr sorgfältige Vorbereitung. Eine gute Möglichkeit ist auch, eine kostenlose – verkürzte – Probesitzung oder ein kostenloses Informationsgespräch anzubieten.

Wir arbeiten überwiegend mit einer Checkliste, die griffbereit am Telefon liegt und in der notiert wird, welche Fragen gestellt und welche Antworten gegeben wurden. Dies ist wichtig für den Kontakt mit der oder den anderen Parteien, damit sie dieselben Informationen bekommen. Wir sprechen auch Punkte von uns aus an, z. B. die Honorarfrage. 615

Neutralität wahren bedeutet in dieser Phase, keine Ratschläge zu geben, sich jeder Zustimmung zu enthalten und beim Zuhören gleich die abwesenden Familienmitglieder hinzuzudenken. 616

2. Vorbereitung der ersten Sitzung

Wir haben gute Erfahrungen damit gemacht, den MediandInnen Informationsmaterial (und zwar für jede/n TeilnehmerIn einzeln) zu schicken, z. B. die eigene Broschüre oder den Flyer. Wer eine gut gestaltete Homepage hat, kann darauf verweisen. Wir bestätigen zumeist allen den ersten Termin schriftlich und fügen eine Wegbeschreibung bei, um Störungen der ersten Sitzung durch Zuspätkommen und den damit verbundenen Ärger und Stress aufzufangen (es passiert sonst recht häufig, dass zumindest einer nicht die genaue Adresse hat oder den Weg nicht findet). Wir schicken den 617

Anmeldebogen und häufig die Mediationsvereinbarung vorher zu, was die erste Sitzung entlastet. Je besser die MediandInnen vorbereitet sind, umso schneller können sie mit der eigentlichen Mediation beginnen und haben schon nach der ersten Sitzung einige Ergebnisse, also Erfolgserlebnisse. Das erhöht die Motivation wiederzukommen.

V. Andere Fachleute und das Netzwerk für Familien-Mediation

1. Fachleute

An anderer Stelle in diesem Buch sind wir ausführlich auf die Beratungsanwälte (siehe oben Rn. 301 ff.), ebenso auf die Einbeziehung psychosozialer Fachleute (siehe oben Rn. 315 ff.) eingegangen. Aber auch andere Fachleute können für die Mediation wichtig sein, so dass MediatorInnen rechtzeitig Kontakt zu ihnen aufbauen bzw. sie in ihr Netzwerk aufnehmen oder in ein bestehendes Netzwerk hineingehen sollten. Auch wenn wir als MediatorInnen in den Mediationen weder Ratschläge geben noch Lösungen vorgeben, sollten wir immer einige Optionen im Kopf haben, und hierfür kann es wichtig sein, den Fall mit ExpertInnen durchzusprechen, wenn die eigenen Kenntnisse nicht ausreichen. Unkenntnis des Mediators blockiert den Prozess, die Parteien spüren seine Unsicherheit und können selbst keine Ideen entwickeln. **618**

Bei einer Trennungs- und Scheidungs-Mediation kommt es z. B. häufig vor, dass geklärt werden muss, was mit dem gemeinsamen Haus geschehen soll (wie im Fall Peters). Meistens erfolgte die Finanzierung über Darlehen, Lebensversicherungen und Bausparverträge, das Grundstück ist dinglich belastet, ein Depot haftet ebenfalls und vielleicht sind noch Eltern mit Bürgschaften beteiligt. Hier wäre es sehr klug, diesen Fall mit einem Finanzberater durchzusprechen, wenn man mit dieser Materie nicht (z. B. durch einen eigenen Hausbau) vertraut ist. Dasselbe gilt in Bezug auf die Altersversorgung, für die Rentenberater konsultiert werden können; für steuerliche Fragen sollten Steuerberater hinzugezogen werden. **619**

FamilienmediatorInnen brauchen Fachkenntnisse von Experten, die sich mit Kindern auskennen: also PsychotherapeutInnen, die mit Kindern und Jugendlichen arbeiten, Kinderärzte, Psychiater für Kinder und Jugendliche, PädagogInnen, FamilientherapeutInnen, KinderärztInnen. Wichtige Hinweise können MitarbeiterInnen von Jugendämtern und Allgemeinem Sozialen Dienst, von Jugendzentren oder Heimen geben, aber auch LehrerInnen und PfarrerInnen, die mit Jugendlichen arbeiten. Wichtig ist auch der Kontakt mit ExpertInnen im Sozialhilferecht und den Systemen öffentlicher Förderung. Das Reizvolle an der Mediation ist, dass immer wieder neue Fragen auftauchen können, die einen in neue, unbekannte Gebiete vorstoßen lassen, so dass auch die Suche nach Experten immer weitergeht. **620**

Die Einbeziehung des Expertenwissens kann – ähnlich wie bei den BeratungsanwältInnen dargestellt – auf verschiedene Weise erfolgen: So kann sich der Mediator direkt beim Experten informieren und den Fall mit ihm durchsprechen. Wenn die Parteien Expertenwissen benötigen, können die MediatorInnen die Fachleute empfehlen, mit denen sie zusammenarbeiten. Hier ist eine fertige Liste mit Namen und Adressen, die an die Medianden herausgegeben wird, eine gute Hilfestellung. Darüber hinaus können in Einzelfällen die Spezialisten auch direkt in die Mediation einbezogen werden, entweder als Berater einer oder beider/aller Parteien oder – bei ent- **621** sprechender Ausbildung – als Co-MediatorInnen. Wir rechnen damit, dass sich langfristig dadurch viele neue Möglichkeiten der interdisziplinären Zusammenarbeit ergeben werden, die über die heute überwiegend juristisch-psychosoziale Kombination hinausgehen.

2. Netzwerk

622 Mediation kann als Tätigkeit eines Einzelnen kaum Wirkung entfalten. Wir empfehlen deshalb, von Anfang an die eigene Tätigkeit darauf auszurichten, dass ein Netzwerk entstehen kann. Der Aufbau eines gut funktionierenden Netzwerks dauert etwa fünf bis acht Jahre. Inzwischen gibt es in den meisten Städten und in vielen Regionen bereits ein Netzwerk für Mediation oder zumindest Ansätze dazu. AnfängerInnen sollten unbedingt versuchen, dort aufgenommen zu werden. Das geht am einfachsten, wenn man bereit ist, einen eigenen Beitrag einzubringen oder eine Aufgabe zu übernehmen. Wir verkennen nicht, dass es manchmal schwierig ist, die „Etablierten" zu gewinnen, die oft aus Gründen der Konkurrenz, aber auch, weil man gut aufeinander eingespielt ist, den Neuen eher zurückhaltend gegenüberstehen. „Closed shops", die keine Neuen aufnehmen, sind unvereinbar mit dem Geist der Mediation, zumal die Netzwerke vom Engagement und Ideenreichtum der Jüngeren sehr profitieren werden.

623 Wir empfehlen allen AnfängerInnen, sich möglichst von Anfang an mit anderen MediatorInnen zusammenzuschließen, und zwar sowohl mit solchen, die im selben Bereich tätig sind, als auch mit auf anderen Gebieten Tätigen, wie z. B. Schul-Mediatoren. Zum Netzwerk gehören weiterhin die bereits erwähnten ExpertInnen, also Beratungsanwälte, psychologische und psychotherapeutische Ratgeber, Steuerberater, Ärzte usw. Diese sind nicht nur wichtig, um sie im Einzelfall fragen zu können. Sie sind darüber hinaus ausgezeichnete Multiplikatoren für Mediation. Durch unsere Fragen lernen sie diese kennen, unsere Gewissenhaftigkeit und Sorgfalt im Einzelfall sowie die besonderen Möglichkeiten, die durch eine Konfliktlösung im Mediationsverfahren eröffnet sind. Gerade diese ExpertInnen können oft am besten beurteilen, was die einzelnen Parteien in der Mediation „gewonnen" haben, da sie gut einschätzen können, was sie auf anderem Wege, z. B. bei einer gerichtlichen Auseinandersetzung, hätten erreichen können und welchen Preis sie hätten zahlen müssen.

624 Es empfiehlt sich, die ExpertInnen zu einem Fachgespräch in die regionalen Arbeitskreise oder Peergruppen einzuladen und sie fest in das Netzwerk einzugliedern, z. B. indem man einen gemeinsamen Flyer erstellt. Denn für Marketing und Werbung vervielfachen sich die Möglichkeiten im Rahmen eines Netzwerkes. Die gemeinsame Öffentlichkeitsarbeit ist immer wirkungsvoller als Werbemaßnahmen eines Einzelnen. Und jede/r wird an sich selbst beobachtet haben, dass es viel leichter ist, für andere Reklame zu machen als für sich selbst.

625 Wir bedauern immer wieder, dass innerhalb der regionalen Arbeitskreise und Netzwerke die Möglichkeiten viel zu wenig genutzt werden, sich gegenseitig für Mediationen zu empfehlen. Es sollte eigentlich für Media-

torInnen selbstverständlich sein, bei einem Konflikt am Arbeitsplatz, im Team, in der Gemeinschaftspraxis an eine Mediation zu denken und dafür Mitglieder des Netzwerks aufzusuchen. Wenn ich einen Fall nicht übernehmen kann, weil ich vorher in einer anderen Funktion damit befasst war, oder ich eine nähere Beziehung zu einer Seite habe, empfehle ich als Mediatoren Mitglieder des Netzwerkes. Wir vermuten, dass noch längst nicht alle Potentiale genutzt werden, die der Netzwerkgedanke für die Mediation bietet und wünschen uns, dass gerade die jüngeren MediatorInnen diesen nutzen, um die Mediationslandschaft richtig zum Blühen zu bringen.

VI. Honorare

1. Allgemeines

626 Eine für die MediandInnen natürlich sehr interessante Frage ist die nach den Kosten. Auch in der Öffentlichkeit wird genau darauf geachtet, welche Antwort MediatorInnen auf diese Frage haben. Schon allein deswegen sollte die Gestaltung der Honorare klar, präzise und transparent sein. Hier zeigt sich die Wertschätzung des Mediators für seine eigene Arbeit, seine Fähigkeit, die eigenen Interessen zu vertreten (Window I in eigener Sache) sowie die des anderen zu verstehen und einzubeziehen (Window II), evtl. sogar seine Fähigkeit beim Verhandeln. Die am Anfang dieses Teils in der Vorbemerkung (Rn. 584 ff.) erwähnten Unterschiede bei den verschiedenen Anbietern von Mediation zeigen sich vielleicht bei der Frage der Honorierung bzw. der Kosten am deutlichsten.

627 Wer Mediation in freier Praxis anbietet, z. B. im Rahmen einer psychotherapeutischen Praxis oder einer Anwaltskanzlei, wird Marktpreise nehmen, d. h. genau kalkulieren: Wie viel muss ich für die Stunde berechnen, um nach Abzug der Unkosten und unter Berücksichtigung der Vor- und Nachbereitungszeit den von mir angestrebten individuellen Stundensatz zu erreichen? Gleichzeitig müssen die Preise so gestaltet sein, dass Mediation attraktiv und konkurrenzfähig ist.

628 MediatorInnen in freier Praxis vereinbaren entweder ein Zeitstundenhonorar oder berechnen je nach Sitzung. Die Honorare liegen zwischen 80,00 und 260,00 € pro Stunde. Einige Mediatoren verlangen immer denselben Preis, andere knüpfen an individuelle Merkmale an, z. B. das gemeinsame Familieneinkommen, das vorhandene Vermögen, die Zahl der Kinder oder an die Besonderheiten des Setting: die Zahl der beteiligten Personen, die Thematik, den Schwierigkeitsgrad. Bei Mehrpersonen-Mediationen, z. B. unter Erben, wird oft mehrstündig oder über einen oder mehrere Tage verhandelt – dann werden entsprechende Stunden- oder Tagessätze vereinbart.

629 Für die Abfassung der Abschlussvereinbarung, z. B. die Umsetzung des Memorandums in einen notariellen Vertrag, schließen die juristischen MediatorInnen zumeist eine gesonderte Vereinbarung. Viele verlangen dafür eine Einigungsgebühr gem. Nr. 1000 VV RVG. Durch diese Arbeit übernimmt der Mediator noch zusätzlich Haftung, der durch die Gebühr Rechnung getragen wird. Offen bleibt bei dieser Handhabung, ob die Vertragsgestaltung noch Mediatorentätigkeit ist oder ein neuer – anwaltlicher – Auftrag. Hier ist jedenfalls große Sorgfalt bei der Auftragsklärung sowie bei der Durchführung vonnöten. Denkbar ist auch, die Vertragsgestaltung über Zeithonorar abzurechnen.

630 Demgegenüber ist die Mediation in den Jugendämtern, aber auch in einigen Beratungsstellen kostenfrei; andere verlangen Spenden auf freiwilliger Basis oder einen Unkostenbeitrag. Wenn die Mediation kostenlos ist, sind die MediatorInnen mitunter mit fehlender Motivation der Konfliktparteien kon-

frontiert. Während in freien MediatorInnen-Praxen das Geld oft einen heilsamen Druck ausübt, zum Ende zu kommen, können hier viele Konflikte aufgerollt und mehr oder weniger effektiv geregelt werden. Das kann gleichzeitig eine Chance sein, die Angelegenheit wirklich insgesamt zu bereinigen, so dass für die Zukunft weniger Schwierigkeiten zu erwarten sind.

Wir möchten dazu ermuntern, auch diese Fragen ausführlich und offen im **631** regionalen Arbeitskreis oder im Netzwerk zu erörtern. Angesichts der Konkurrenzsituation sehen die freien Anbieter die kostenlosen Angebote oft mit gemischten Gefühlen an. Dabei bieten diese gute Möglichkeiten für Familien mit beschränkten finanziellen Mitteln, die sich die Mediation in einer freien Praxis nicht leisten können oder wollen. Oft verweisen die Anbieter kostenloser oder subventionierter Mediation Interessenten, die über Vermögen verfügen oder komplexe Sachverhalte regeln wollen, an freie Mediatoren. Sobald hierüber in einer Stadt oder einer Region ein Austausch oder eine Verständigung stattgefunden hat, können sämtliche Möglichkeiten gut nebeneinander existieren und voneinander profitieren – wie es dem Geist der Mediation entspricht.

Gleichzeitig sehen wir, dass Familien-Mediation in größerem Umfang nur **632** möglich sein wird, wenn staatliche Mittel zur Verfügung gestellt werden. Denkbar wäre, analog der Prozesskostenhilfe Mediationskostenhilfe für Personen mit niedrigem Einkommen zu gewähren. Das würde die Gerichte entlasten und voraussichtlich die staatlichen Ausgaben für familiäre Konflikte und ihre Folgen (das wäre evtl. über mehrere Generationen zu betrachten) eher senken. Vereinzelt wird Mediation auch im Rahmen von Prozesskostenhilfe (z. B. im Zusammenhang mit langwierigen Sorge- oder Umgangsrechtsverfahren) oder als Maßnahme der Kinder- und Jugendhilfe im Rahmen des § 28 KJHG bewilligt. Wir hoffen sehr, dass sich der Gesetzgeber in Kürze entschließt, die notwendigen Maßnahmen zu ergreifen, um Familien-Mediation allen Bevölkerungsschichten zu ermöglichen.

2. Aufteilung der Honorare

Im Erstgespräch, oder auch später, ist zu mediieren, wer welchen Anteil am **633** Honorar trägt. Viele Mediatoren verlangen, dass jede Partei zumindest einen kleinen Anteil tragen sollte und sind nicht damit einverstanden, wenn eine/r alles zahlt. Dabei könnten sie übersehen, dass manchmal der Beitrag darin besteht, überhaupt in die Mediation zu kommen und sich mit dem/der oder den anderen zu treffen. Auch hier erfordert es Optionalität und Wachheit für die Bedürfnisse der MediandInnen. Wir empfehlen, die Bezahlung vor oder nach jeder Sitzung zu verlangen. Denn die Mediation darf jederzeit abgebrochen werden, und dann kann es mühsam sein, nachträglich sein Geld einzutreiben.

Für den Mediator ist es wichtig, die eigene Einstellung zu Geld zu klären, **634** auch dazu, was es ihm wert wäre, professionelle Unterstützung bei der Regelung der eigenen Konflikte zu bekommen und zu einer Lösung zu kommen. Wer das selbst gering achtet, wird Schwierigkeiten haben, die Honorarvorstellungen gegenüber den MediandInnen zu vertreten.

VII. Öffentlichkeitsarbeit und Marketing

635 Bereits während der laufenden Mediationsausbildung, spätestens nach ihrem Abschluss, ist für viele die dringendste Frage: Wie komme ich an Fälle? Jeder von uns hat in dieser Phase jeden Fall angenommen – und das sind häufig die allerschwierigsten und kompliziertesten, insbesondere, weil es die sog. „hoffnungslosen" Fälle sind oder sie aus dem näheren Bekanntenkreis kommen, oder der Überweisungskontext ist unklar, es ist eine Mischung von Mediatorentätigkeit und Herkunftsberuf. Oft kommen die ersten Fälle auch durch gezielte „Abwerbung" zustande: AnwältInnen bieten Mandanten, die zur Rechtsberatung gekommen sind, Mediation an; PsychologInnen versuchen dasselbe mit KlientInnen, MitarbeiterInnen im Jugendamt oder beim Allgemeinen Sozialen Dienst arbeiten mit Mediation in einer von ihnen betreuten Familie, GutachterInnen oder VerfahrenspflegerInnen nutzen die Möglichkeit einer Mediation. Dies ist gut, um erste Erfahrungen zu bekommen und zu erkennen, was geht und was nicht geht.

636 Gleichzeitig beginnen die Vorbereitungen für Öffentlichkeitsarbeit und Marketing. Oft steht am Anfang ein eigener Flyer, der die Vorstellungsrunde in den verschiedenen Institutionen erleichtert und den man als Erinnerungsstück dort lassen kann, am besten in ausreichender Zahl, die zum Auslegen und Weitergeben reizt. Der Flyer sollte optisch ansprechend sein, gut lesbar mit verständlichem einprägsamem Text – es gilt auch hier der Satz: „Wenig ist mehr." Wer mit Kindern und Jugendlichen arbeitet, wird das ebenfalls erwähnen. Man spricht einen größeren Personenkreis an, wenn man vom erweiterten Begriff der Familien-Mediation ausgeht, also sich nicht auf Trennung und Scheidung beschränkt. Wahrscheinlich werden sich in Zukunft einzelne Familien-MediatorInnen auf bestimmte Bereiche spezialisieren: Auch das könnte eine effektive Maßnahme sein.

637 Als nächste Schritte kommen eine Mediationsbroschüre und eine Homepage. Wir empfehlen, hierfür sich mit anderen zusammenzuschließen und bestehende Netzwerke zu nutzen (siehe oben Rn. 622 ff.). Denn eine gute Öffentlichkeitsarbeit beschränkt sich nicht auf die Frage, woher jede/r Einzelne Fälle bekommt, sondern hat das Ziel, Mediation allgemein bekannt zu machen und als Konfliktlösungsinstrument zu etablieren. Außerdem haben gemeinsame Werbematerialien eine größere Verbreitung und eine andere Ausstrahlung. Mancherorts bieten MediatorInnen regelmäßig offene Informationsabende zu Mediation an, die von Unentschlossenen und an Mediation Interessierten gern besucht werden.

638 Sehr wirkungsvoll sind eine oder mehrere Vorstellungsrunden – vielleicht auch nach einiger Zeit zu wiederholen, z. B. bei folgenden Institutionen:

- Jugendämter, sozialer Dienst und Adoptionsvermittlungsstellen
- Kindergärten und -horte, Kindertagesstätten
- Schulen, insbesondere BeratungslehrerInnen und SchulmediatorInnen
- Jugendfreizeitheime, Haus der Jugend, Jugendzentren

- Erziehungs-, Paar- und Eheberatungsstellen
- Volkshochschulen und andere Einrichtungen der Erwachsenenbildung
- Kirchengemeinden
- staatliche und kirchliche Beratungsstellen wie Pro Familia, Caritas, Sozialdienst Katholischer Frauen/Männer, Diakonisches Werk
- PsychotherapeutInnen, v.a. für Kinder und Jugendliche; Kinder- und JugendpsychiaterInnen; FamilientherapeutInnen
- KinderärztInnen
- Arbeitskreise von Adoptiv- und Pflegeeltern, Selbsthilfegruppen von Adoptierten und abgebenden Müttern
- Ausländerorganisationen, z. B. Verein mit Ausländern verheirateter Frauen
- Rundfunk und Fernsehen

Wichtig ist auch hierfür gute Vorbereitung. Vielerorts empfiehlt es sich, sich vorher anzumelden, dann ist es z. B. möglich, sich in einer Teamsitzung vorzustellen. Inzwischen ist Mediation so gut bekannt, dass man getrost über das Allgemeine hinausgehen kann und darstellt, wie man arbeitet, wie die Arbeit mit Kindern abläuft, wie die Beteiligten letztlich zu Ergebnissen kommen usw. Das weckt großes Interesse. **639**

Wichtig ist auch, Kontakt zur lokalen Presse und den anderen Medien vor Ort aufzunehmen und zu halten. Am Anfang steht wirklich „Basisarbeit" – d. h. „Klinkenputzen" und Artikel schreiben, auch für kleinere Blätter und Fachzeitschriften. **640**

Nicht zu unterschätzen sind der private Freundeskreis und die beruflichen Kontakte. Hieraus kommen häufig gute Empfehlungen, und das ist auch gut verständlich: sie kennen uns besser, wissen, wie wir leben und arbeiten, haben etwas von unserer Begeisterung für Mediation mitbekommen und tragen das weiter. **641**

Dennoch stellt sich der Erfolg bei jedweder Werbemaßnahme nicht gleich ein, oft dauert es ein bis zwei Jahre, bis sie Früchte trägt. Trotzdem möchten wir nicht darauf verzichten. Wir glauben, dass jeder Mediator neue und eigene Wege findet, an Mediationsfälle heranzukommen, auch, indem er/sie die bisherigen beruflichen und privaten Kontakte nutzt und ausbaut. Und: Die beste Werbung sind zufriedene MediandInnen. Schon allein deswegen lohnt es sich, sich mit anderen über die eigenen Fälle auszutauschen und die Möglichkeit zu Intervision und Supervision zu nutzen. **642**

VIII. Berufsbild und Ausbildung

643 Nach über 15 Jahren Erfahrung mit Familien-Mediation in Europa stellt sich zunehmend die Frage, ob es ein eigenes Berufsbild gibt. Waren anfangs die MediatorInnen noch überwiegend von ihrem Herkunftsberuf geprägt, der gleichzeitig Haupterwerbsquelle blieb, können wir uns inzwischen vorstellen, dass zukünftig in diesem Bereich Personen hauptberuflich als MediatorInnen tätig sind. Im Folgenden gehen wir darauf ein, wie wir uns das Berufsbild des Familien-Mediators vorstellen – was dann natürlich Konsequenzen für die Ausbildung hat.

644 Bisher gibt es kein festes Berufsbild des Familien-Mediators, geschweige denn einen gesetzlichen Schutz dieses Titels. Aus der Mitgliedschaft in der BAFM ist allerdings zu erkennen, dass der/die jeweilige Mediator/in die Ausbildung an einem von dieser nach deren Richtlinien anerkannten Ausbildungsinstitute absolviert hat und damit über eine gute Qualifikation verfügt. Wir halten es darüber hinaus für notwendig, auf ein eigenes Berufsbild hinzuarbeiten. Dieses würde das Erscheinungsbild in der Öffentlichkeit klären und den Familien die Auswahl unter den verschiedenen Angeboten für ihre Konflikte und Probleme erleichtern. Im Rahmen der Diskussionen um ein deutsches Mediationsgesetz zur Umsetzung der EU-Mediationsrichtlinie werden hier sicher Klarstellungen zu erwarten sein.

645 Ein eigenes Berufsbild der Familien-MediatorInnen würde eine gesetzliche Anerkennung und Verankerung ermöglichen, z. B. auch ein Zeugnisverweigerungsrecht für alle MediatorInnen. Gleichzeitig würden auch die Voraussetzungen für staatliche Förderung geschaffen, etwa für einzelne Mediationsprojekte oder für eine der Prozesskostenhilfe vergleichbare Einzelförderung von MediandInnen mit niedrigem Einkommen.

646 In den Anfangsjahren waren Familien-Mediatoren hauptsächlich im Bereich Trennung und Scheidung tätig. Mittlerweile gehen wir von einem erweiterten Begriff der Familien-Mediation aus, der ein breites Spektrum abdeckt, das z. B. die Mediation für Eheverträge und Regelungen für das Paar-Zusammenleben ebenso erfasst wie Vereinbarungen für Kinder, deren leibliche und soziale Eltern verschiedene Personen sind. Folglich sollten sich Familien-MediatorInnen auch in diesen Feldern auskennen oder mit anderen MediatorInnen zusammenarbeiten, die hier über Fachkenntnisse verfügen. Für die Einbeziehung von Kindern und Jugendlichen sind eigene Erfahrungen mit Kindern – nicht unbedingt eigenen – unerlässlich.

647 Selbstverständlich ist für uns, dass Familien-Mediatoren eine Ausbildung haben, die den Richtlinien der BAFM entspricht. Darüber hinaus erwarten wir die Teilnahme an berufsbegleitenden Fort- und Weiterbildungen auch nach Abschluss der Ausbildung sowie regelmäßige Super-, zumindest aber Intervision mit anderen MediatorInnen. Außerdem empfehlen wir MediatorInnen, eigene Erfahrungen als MediandIn zu suchen, d. h. bei Konflikten Mediation auszuprobieren.

648 Zum Berufsbild des Mediators gehört für uns auch die Bereitschaft und Fähigkeit, mit anderen MediatorInnen mit anderem Herkunftsberuf zusam-

menzuarbeiten, so dass Interdisziplinarität weiterhin gewährleistet ist. Dazu gehört auch, andere ExpertInnen in Zweifelsfragen zu konsultieren, also die eigenen Grenzen zu kennen und sich Unterstützung zu suchen. Einen Mediator als „Einzelkämpfer" können wir uns kaum vorstellen.

An diesen Erwägungen hat sich auch die Ausbildung zum Familien-Mediator zu orientieren. Jede Ausbildung sollte deshalb vom erweiterten Begriff der Familien-Mediation ausgehen und die Einbeziehung von Kindern ins Curriculum aufnehmen. Wichtig ist, dass die Ausbildungsteams aus Männern und Frauen bestehen, möglichst auch aus verschiedenen Generationen und mit möglichst viel eigener Lebenserfahrung oder Zugang zu den Erfahrungen anderer: Erfahrungen mit Kindern, mit Zusammenleben, mit Trennung, verschiedenen Lebensformen usw. **649**

Gute Erfahrungen haben wir damit gemacht, wenn MediatorInnen in Ausbildung bei erfahrenen MediatorInnen hospitieren dürfen. Davon profitieren alle, denn es ist von unschätzbarem Wert, einen wachen und kritischen Beobachter in der Mediationssitzung zu haben, der hinterher Feedback geben kann. Wir achten darauf, dass die Hospitanten in die jeweilige Mediation „passen", also darf bei Trennungs- und Scheidungs-Mediationen nicht ein Geschlecht Übergewicht bekommen. Wenn der Mediator ein Mann ist, sollte nur eine Hospitantin teilnehmen und umgekehrt. Außerdem müssen sie sich zur Neutralität und Teilnahme an einem ganzen Fall verpflichten, denn sie gehören zum Setting, und MediandInnen reagieren empfindlich auf deren Veränderung. **650**

Wir wünschen uns, mit diesen wenigen Gedanken der Diskussion um das Berufsbild einige Impulse gegeben zu haben. **651**

Für weitere Rückfragen, Anregungen, Gedankenaustausch stehen wir zur Verfügung unter Mediationswerkstatt Münster, mail@mediationswerkstatt-muenster.de oder MEDIATIO Heidelberg, mediation@mediatio.de

Anhang
Materialien

I. Vorbemerkung

Die angefügten Materialien sind gedacht als Vorschläge zur besseren Prozessgestaltung und als Anregung; sie basieren auf Beispielen anderer Familien aus der praktischen Mediationsarbeit. Sie sollen nicht als Lösungen von bestimmten Themen in der Mediation verstanden werden, sondern als Optionen, die uns in der Mediation von diesen Familien geschenkt worden sind. Diesen Familien sei an dieser Stelle ein Dank ausgesprochen. **652**

II. Wohnmodelle bei getrennten Familien

653 • **Residenz-Modell**

Die Kinder wohnen bei einem Elternteil und „besuchen" den anderen, verabredet oder spontan.

• **Wechsel-Modell**

Die Kinder haben zwei Wohnsitze, d. h. sie wohnen für (ausgehandelte) Zeiten bei jeweils einem Elternteil, z. B.: Wochenende – Schulwoche; wochenweiser Wechsel; Schulzeit – Ferien; Wochentagewechsel 2:5; 3:4; bei Babys oder Kleinstkindern auch vormittags – nachmittags.

• **Nestmodell I (Die Kinder bleiben im „Nest".)**

Die Kinder bleiben in der vertrauten – oder auch in einer neuen –Wohnung; die Eltern leben abwechselnd bei ihnen und haben ansonsten ihren Hauptwohnsitz woanders. Dieses Modell eignet sich eher als Übergangsmodell oder für die Ambivalenzphase.

• **Nestmodell II (Die getrennten Eltern bleiben in ihren getrennten „Nestern".)**

Die Kinder und Eltern wohnen weiterhin zusammen, z. B. im gleichen Haus, in getrennten Wohnungen auf verschiedenen Etagen, in der gleichen Wohngemeinschaft. Die Eltern leben getrennt, die Kinder haben freien – oder verabredeten, u. U. auch für verschiedene Geschwister verschieden verabredeten – Zugang zu den Eltern.

• **Sonstige Modelle**

Wohnen der Kinder im Internat, in verwandten oder befreundeten Familien, in Pflegefamilien etc.

III. Eltern-Kinder-Konto

1. Theoretische Vorbemerkung

Eltern in Trennungs- oder anderen Familienkonflikten, aber auch Mediatoren in diesen Bereichen, kennen die Schwierigkeiten, sinnvolle Regelungen für die Finanzierung von Kindern und Jugendlichen zu finden, die sowohl für beide Elternteile als auch für die Kinder gerecht und adäquat sind. Die verschiedenen Berechnungen für den Kindesunterhalt (z. B. die so genannte „Düsseldorfer Tabelle") können nur Leitlinien sein. Sie werden dem wirklichen Bedarf von Kindern nur selten gerecht. Zudem orientieren sie sich meist am so genannten „Residenz-Modell", bei dem Kinder ihren Wohnsitz bei einem Elternteil haben und den anderen nur besuchen. Außerdem wird der Kindesunterhalt häufig unregelmäßig, mit Abschlägen oder gar nicht bezahlt, z. T. mit der Ausrede, das Geld komme den Kindern nicht oder nicht vollständig zu Gute, sondern finanziere z. B. neue Partner mit. **654**

So entstand in einer Familien-Mediation im Familien-Notruf München bei Eltern die Idee, statt der üblichen Kindesunterhalt-Regelung ein „Kinderkonto" – wie sie es nannten – einzurichten. Sie verbanden damit die Hoffnung, dass sie dadurch wieder mehr Vertrauen in die gemeinsame finanzielle Verantwortung für ihre Kinder bekämen und dass sich durch die Transparenz und die gemeinsamen Entscheidungen die Konflikte um die Kinder-Finanzen entschärfen würden. **655**

2. Methodik

Auch eine solche Idee wie das Kinderkonto muss mediiert werden. Meist kommen Eltern nicht von selbst auf eine derartige Idee. Es wäre denkbar, darüber einen Informations-Zettel zu verfassen und den Eltern mit den anderen Materialien (Muster von Betreuungs- und Haushaltsplänen, Wohnmodelle etc.) auszuhändigen oder zu schicken. Ob ein solches gemeinsames Kinderkonto überhaupt in Frage kommt, wird häufig beim Mediieren der jeweiligen Interessen und tieferen Bedeutungen der Kinder und bei den Fairness-Kriterien in Bezug auf die Kinder sichtbar. **656**

Wenn ein solches Kinderkonto eingerichtet werden soll, werden alle näheren Bestimmungen nach dem Grundmuster der Mediation mediiert: **657**

- Wer zahlt wie viel ein?
- Wofür ist das Konto bestimmt?
- Wie soll der Abhebe-Modus sein (Obergrenzen, Besonderheiten etc.)?
- Welche zusätzlichen Finanzierungs-Möglichkeiten gibt es (Kindergeld, Geschenke und Gelder von Großeltern und anderen Verwandten etc.)?
- Soll es andere Namen für das Konto geben (z. B. Eltern-Kind-Konto, Kinder-Kasse etc.)?

- Soll es Bestimmungen geben, ab wann die Kinder evtl. selbst über ihr Konto verfügen können und dann einen Haushaltsbeitrag selber zahlen an den Elternteil, bei dem sie zurzeit leben?
- Welche sonstigen Vereinbarungen gibt es für dieses Konto?
- Welche Möglichkeiten der Überprüfung und Abänderung soll es geben?

3. Praxiserfahrungen

658

- In unseren Familien-Mediationen (nicht nur bei Trennung und Scheidung, sondern auch in Mediationen mit Pflege-, Adoptiv- oder anderen Familienkonstellationen) waren Eltern oft dankbar für diese Anregungen. Manchmal haben sie sogar Kontakt aufgenommen mit den Familien, die diese Art der Kinderfinanzierung schon länger praktizierten.
- Wichtig sind hier die juristischen Informationen – meist durch die Beratungsanwälte oder auch durch Vertreter des Jugendamts – über die grundsätzlichen rechtlichen Bestimmungen des Kindesunterhalts, damit das eigenständige Recht der Kinder und Jugendlichen auch hier gewahrt bleibt.
- In diesen Familien mit einem Kinderkonto kommt die „alte" Vorstellung von „Was muss ich höchstens zahlen?" seltener vor als vielmehr die mediativere: „Was brauchen unsere Kinder, wo kommt das Geld dafür her und wie können wir als Eltern gerecht und fair damit umgehen?"

IV. Pädagogische Paten

1. Allgemeines

Der Gedanke von „Pädagogischen Paten„ in Konfliktsituationen einer Familie entstand in der Trennungs- und Scheidungs-Mediation. Der Pädagogische Pate unterscheidet sich sowohl vom inzwischen von vielen Gerichten eingesetzten „Verfahrenspfleger" wie vom beraterischen Konzept des „Begleiteten Umgangs", der in vielen Beratungsstellen mit Erfolg angeboten und von den Familiengerichten immer mehr verordnet oder empfohlen wird. Der Unterschied besteht im Wesentlichen darin, dass beim Konzept des Pädagogischen Paten die Eltern selbst diese Person suchen und auch die Kompetenz selber aushandeln, die diese Person für ihre Kinder haben soll. Auch bestimmen sie die Laufzeit dieser Regelung und Überprüfungen selbst. **659**

Für schwierige Kontakt- und Umgangsregelungen in der Trennungs- und Scheidungs-Mediation werden solche pädagogischen Hilfs- und Entscheidungspersonen gebraucht, insbesondere für Kinder ab der Pubertät, weil sie in dieser Zeit entwicklungsbedingte Schwierigkeiten mit der Autorität ihrer Eltern haben, die dann noch durch die Trennungs-Schwierigkeiten verstärkt werden. Aber auch bei kleineren Kindern ist die Idee des pädagogischen Paten sinnvoll, wenn getrennte Eltern sich über bestimmte Aspekte in der Erziehung ihrer Kinder nicht einigen können. **660**

Besonders auch in Fällen, in denen es um tatsächlichen oder vorgeworfenen Kindesmissbrauch geht, macht es Sinn, einen solchen Paten oder eine solche Patin zu mediieren – manchmal sogar zusätzlich zum betreuten Umgang. Wir haben die Erfahrung gemacht, dass es fast in jeder Familie solche Personen gibt, die für diese Aufgaben geeignet sind – oft haben sie sie bereits seit Jahren wahrgenommen und sind beiden oder allen Konfliktparteien loyal gegenüber geblieben. Wichtig in Konfliktzeiten ist für sie allerdings, dass sie inhaltlich und zeitlich klar umschriebene Aufträge und Kompetenzen bekommen. Dazu bietet die Familien-Mediation das ideale Setting, evtl. auch in Sitzungen mit diesen Pädagogischen Paten gemeinsam. Wichtig ist auch hier, auf klare und überprüfbare Vereinbarungen zu achten, die möglichst auch schriftlich niedergelegt werden sollten. **661**

2. Praxiserfahrungen

Wir haben mit der Mediation dieser Pädagogischen Paten gute Erfahrungen gemacht. Oft haben wir in späteren Wiederaufnahmen oder Überprüfungen von Mediationen gehört, dass die Familien selber diese Hilfs- und Entscheidungspersonen (z. B. bei schwierigen schulischen, medizinischen oder beruflichen Entscheidungen) wieder einbezogen haben. Diese Erfahrungen aus anderen Familien kann man in der Mediation gut als eine mögliche Option einbringen. **662**

V. Muster für einen Haushaltsplan

663

Haushaltsplanung	Frau	Mann	Kind(er)
Miete/Wohnkosten/Nebenkosten			
Strom, Wasser etc.			
Telefon			
TV			
Sonstige laufende Haushaltskosten			
Ernährung			
Kleidung			
Kultur (Theater, Kino, Zeitungen)			
Urlaub, Reisen			
Versicherungen etc.			
Reparaturen, Instandhaltungen			
Geschenke, Spenden etc.			
Sonstiges			
Zusätzliche Kosten für Kind(er)			

VI. Muster für einen Betreuungs- und Kontaktplan

1. Wochenplan 664

Woche	Montag	Dienstag	Mittwoch	Donnerstag	Freitag	Samstag	Sonntag
1							
2							
3							
4							
5							

2. Ferien, Feiertage, schulfreie Tage etc. 665

Osterferien
Herbstferien
Sommerferien
Sonstige schulfreie Tage:
Heiligabend
1. Weihnachtsfeiertag
2. Weihnachtsfeiertag
Silvester
Neujahr
Geburtstage
Sonstige wichtige Tage:

VII. Muster eines Mediationskontrakts

666 Wir...

....

....

möchten für unsere Konflikte mithilfe von Mediation Lösungen und Regelungen erarbeiten. Das Ziel unserer Mediation soll eine Vereinbarung über diese regelungsbedürftigen Punkte sein.

Wir vereinbaren, dass Mediation weder psychologische noch juristische Beratung umfasst und dass wir dafür evtl. zusätzliche Fachleute in Anspruch nehmen müssen.

Wir vereinbaren, dass der Inhalt der Mediationssitzungen vertraulich ist und dass sowohl wir als auch die Mediatorin/der Mediator der Schweigepflicht unterliegen. Wir wissen, dass die Mediatorin/der Mediator in keiner Weise als Zeugen zur Verfügung stehen.

Wir vereinbaren, dass für die Mediation bestimmte Regeln gelten sollen, die wir wie folgt festlegen:

....

....

....

Wir vereinbaren ferner ein Honorar für die Mediation in Höhe von .... Euro für jede Sitzung und werden wie folgt bezahlen:

....

....

Wir akzeptieren, dass Termine, die nicht mindestens 24 Stunden vorher abgesagt werden, bezahlt werden müssen.

Wir akzeptieren, dass jeder von uns – auch die Mediatorin/der Mediator – das Recht hat, die Mediation zu beenden.

Wir vereinbaren ferner:

....

....

Ort, Datum, Unterschriften:

....

Verwendete Literatur

Bastine, R./Link/Lörch Scheidungsmediation: Möglichkeiten und Grenzen. In: Familiendynamik 4, 1992

Beck-Gernsheim, Elisabeth: Was kommt nach der Familie? Einblicke in neue Lebensformen, München 1998

Benkert, Daniel: Die „bösen" Kinder – Zu Umfang und Inhalt der Personensorge aus Sicht der Eltern, Bielefeld 2004

de Bono, Edward: Konflikte. Neue Lösungsmodelle und Strategien, Düsseldorf 1989

Diez, Hannelore: Werkstattbuch Mediation, Köln 2005

Duss-von-Werdt, Josef/Mähler, G./Mähler, H.G. (Hrsg.): Mediation: Die andere Scheidung. Ein interdisziplinärer Überblick, Stuttgart 1995

Figdor, Helmuth: Kinder aus geschiedenen Ehen: Zwischen Träumen und Hoffnung, Mainz 1994

Fisher, Roger/Ury, William: Das Harvard-Konzept: Sachgerecht verhandeln – erfolgreich verhandeln, Frankfurt 1984

Friedman, Gary J.: Die Scheidungsmediation – Anleitung zu einer fairen Trennung, Reinbek 1996

Friedman, Gary J./Himmelstein, Jack: Unveröffentlichte Ausbildungsmaterialien

Gerhardt, P./von Heintschel-Heinegg, B./Klein, M.: Handbuch des Fachanwalts Familienrecht, München 2005

Hahn, Dieter: Kindheits-, Jugend- und Erziehungsrecht, München 2004

Hammer, Stephan: Elternvereinbarungen im Sorge- und Umgangsrecht, Bielefeld 2004

Haynes, John M.: Unveröffentlichte Ausbildungsmaterialien

Haynes, John M./Bastine, R./Link, G./Mecke, A.: Scheidung ohne Verlierer. Familienmediation in der Praxis, München 2002

Klatt, Michael: Schnittstellen zwischen Familienrecht und Sozialrecht, Bonn 2005

Krabbe, Heiner (Hrsg.): Scheidung ohne Richter, Reinbek 1993

Löhnig, Martin: Das Recht des Kindes nicht verheirateter Eltern, Berlin 2001

Luxburg, Harro Graf v./Seidel, Bettina: Trennung und Scheidung einvernehmlich gestalten, Köln 2004

Paul, N. L./Paul, B. B.: Puzzle einer Ehe, Stuttgart 1977

Peukert, R.: Familienformen im sozialen Wandel, Opladen 1999

Reich, G.: Kinder in Scheidungskonflikten. In: H. Krabbe: Scheidung ohne Richter, Neue Lösungen für Trennungskonflikte, Reinbek 1993

Reich, G./Banes, G./Adam, D.: Zur Familiendynamik von Scheidungen: Eine Untersuchung in mehrgenerationalem Kontext. In: Praxis der Kinderpsychologie und Kinderpsychiatrie 35, 1986

Wilms-Fass, Antje/Symalla, Thomas: Wege aus der Eskalation, Beratungsempfehlungen für das Scheidungsmandat, Köln 2000

Stichwortverzeichnis

Die Ziffern verweisen auf die Randnummern